新时期石油企业宣传工作创新策略研究

刘子军　著

中国纺织出版社有限公司

内 容 提 要

石油企业目前已经成为我国经济结构的重要组成部分，在实际经营过程中，需要将文化宣传工作融入其中。基于此，本书分为六章，以石油企业的发展概述为基础，分析了石油企业宣传工作的内容，系统阐述了石油企业全面开展宣传工作的必要性，并且总结了石油企业宣传工作开展的现状和问题，提出了石油企业宣传工作发展的一系列创新思路。本书内容丰富，有很强的理论性、知识性和针对性，希望能对石油企业的宣传工作有所帮助。

图书在版编目（CIP）数据

新时期石油企业宣传工作创新策略研究 / 刘子军著. -- 北京：中国纺织出版社有限公司，2023.4
ISBN 978-7-5229-0522-8

Ⅰ.①新… Ⅱ.①刘… Ⅲ.①石油企业－宣传工作－研究－中国 Ⅳ.①D412.65

中国国家版本馆 CIP 数据核字（2023）第 069493 号

责任编辑：张　宏　　责任校对：高　涵　　责任印制：储志伟

中国纺织出版社有限公司出版发行
地址：北京市朝阳区百子湾东里 A407 号楼　邮政编码：100124
销售电话：010—67004422　传真：010—87155801
http://www.c-textilep.com
中国纺织出版社天猫旗舰店
官方微博 http://weibo.com/2119887771
天津千鹤文化传播有限公司印刷　　各地新华书店经销
2023 年 4 月第 1 版第 1 次印刷
开本：787×1092　1/16　印张：10.75
字数：225 千字　定价：98.00 元

凡购本书，如有缺页、倒页、脱页，由本社图书营销中心调换

随着经济的不断发展和国家能源需求的增加，石油行业成了全球范围内最重要的产业之一。在这个背景下，石油企业的宣传工作也更加重要，它不仅可以帮助企业提高知名度和形象，还可以促进企业的发展和业绩增长。

在新时代的背景下，石油企业的宣传工作也要与时俱进，与以往的宣传工作相比要有所进步，在具体的宣传工作中，不仅要塑造企业的形象，使企业的知名度和美誉度得到显著提升，与此同时，还要着重提升宣传工作的务实性、目的性。在宣传工作中，要以企业发展核心为指引推进各项工作，以此为企业的安全生产、改革发展、充分确保利润最大化等经济工作有效服务。从实践的发展过程中可以看出，石油企业的宣传工作有着至关重要的作用，可进一步提升企业的生产力，使其软实力得到显著增强，并且从某种程度上来说，已经成为企业的巨大的无形资产。因此，石油企业的领导和决策层也越来越关注企业的宣传工作。石油企业要加大投入，针对宣传组织工作进行不断的完善和优化，并且结合自身的实际情况，成立内部电视台、报社、网站、广播站等相关部门，确保各专业宣传工作者能够各尽其责，进一步构建具有相当规模和体系的运转机构，为石油企业营造更加优良高效的舆论环境。

石油企业目前已经成为我国经济结构的主要组成部分，其在实际经营时，需要将文化宣传工作融入其中。基于此，本书分为六章，首先以石油企业的发展概述为基础，分析了石油企业宣传工作的内容，系统阐述了石油企业全面开展宣传工作的必要性，并且总结了石油企业宣传工作开展的现状和问题，其次提出了石油企业宣传工作发展的一系列创新思路。本书内容丰富，有很强的理论性、知识性和针对性，希望能对石油企业的宣传工作有所帮助。

刘子军
2023 年 2 月

目录/CONTENTS

第一章 导论 ……………………………………………………………… 1
    第一节 研究背景 ………………………………………………………… 1
    第二节 研究综述 ………………………………………………………… 1

第二章 新时期石油企业及宣传工作的内容 …………………………… 5
    第一节 新时期石油企业的基本概述 …………………………………… 5
    第二节 新时期石油企业宣传工作的内容 ……………………………… 14

第三章 新时期石油企业宣传工作的地位和作用 ……………………… 37
    第一节 宣传工作是凝聚人心的渠道 …………………………………… 37
    第二节 宣传思想工作是塑造企业外部形象的渠道 …………………… 45
    第三节 宣传工作是培育企业文化的方式 ……………………………… 50

第四章 新时期石油企业宣传工作面临的形式与任务 ………………… 63
    第一节 新时期石油企业宣传工作面临的形式 ………………………… 63
    第二节 新时期石油企业宣传工作的任务 ……………………………… 79

第五章 新时期石油企业宣传工作存在的问题 ………………………… 95
    第一节 宣传队伍有待完善 ……………………………………………… 95
    第二节 宣传质量有待提高 ……………………………………………… 106
    第三节 宣传人员素质问题 ……………………………………………… 113
    第四节 宣传方式过于保守 ……………………………………………… 120
    第五节 宣传渠道过于狭窄 ……………………………………………… 123

第六章 新时期石油企业宣传工作的创新策略 129

第一节 树立"宣传思想工作出效益"的新观念 129
第二节 宣传以企业需要为出发点 137
第三节 提高宣传工作队伍综合素质 143
第四节 创新宣传工作方式 154
第五节 拓展宣传工作的渠道 157

参考文献 165

第一章 导论

第一节 研究背景

石油是全球经济和能源领域最为重要的资源之一，石油企业是国家能源安全和经济发展的重要支柱。石油企业的宣传工作是企业与社会、政府和消费者之间沟通的桥梁，也是企业推动品牌建设、提高市场竞争力的重要手段。

随着信息技术的不断发展和社会媒体的普及，人们获取信息的方式和途径发生了巨大变化，传统的宣传手段已经难以满足新时代的需求。同时，石油企业在经营过程中也面临着各种挑战，例如能源消费结构的转型、环境保护压力的增大、安全生产的风险等。

因此，石油企业需要创新宣传工作的策略和方法，以适应新时代的发展趋势和挑战，提高宣传效果，增强企业的核心竞争力。本书旨在探究新时期石油企业宣传工作的创新策略，以期为石油企业的宣传工作提供理论指导和实践经验。

第二节 研究综述

一、国内研究综述

国内研究者从不同角度和层面对石油企业宣传工作进行研究，主要关注以下几个方面：宣传对象的需求与期望、传播渠道的选择、传播内容的设计、宣传效果的评估等。研究结果显示：石油企业需要通过多渠道、多媒体的方式，加强与社会公众的沟通和互动，提高宣传的效果和满意度。下面是对新时期石油企业宣传工作国内研究的综述。

（一）石油企业宣传工作的意义与挑战

石油企业宣传工作是企业形象塑造的重要手段之一，也是企业与外界沟通交流的重要途径。在新时期，随着社会经济的发展和国际竞争的加剧，石油企业宣传工作面临着新的机遇和挑战：一方面，宣传工作可以帮助企业增强公众对企业的认知度和信任度，提高企业的知名度和影响力；另一方面，石油企业在环保和可持续发展等方面也面临着更高的社会责任，需要通过宣传工作来落实企业社会责任，树立企业形象。

（二）石油企业宣传工作的特点

石油企业宣传工作具有以下特点。

1. 技术性强

石油企业的业务涉及石油开采、储运等领域，需要向公众普及石油开采技术和生产流程等方面的专业知识。

2. 公众关注度高

石油企业的生产和经营对环境和社会有重大影响，因此，受到公众的高度关注，需要通过宣传工作来提高公众对企业的认知度和信任度。

3. 区域性强

石油企业的业务通常集中在特定的地区，需要在地方政府和社会各界中建立良好的关系，通过宣传工作来提高企业在当地的声誉和形象。

（三）石油企业宣传工作的实践与创新

石油企业宣传工作在实践中不断创新，主要包括以下几个方面。

1. 多样化的宣传形式

石油企业宣传形式越来越多样化，除了传统的报纸、杂志和电视广告等媒介，还包括微信公众号、短视频和直播等新媒体形式。

2. 绿色宣传理念

石油企业在宣传工作中越来越注重环保和可持续发展理念，通过宣传展示企业环保和可持续发展的成果和实践，可以增强公众对企业的认同感和信任度。

3. 社交媒体互动

石油企业通过社交媒体平台与公众进行互动，可以提高宣传效果，同时也能够了解公众对企业的看法和意见，以便企业及时回应和处理问题。

4. 品牌塑造

石油企业在宣传工作中注重品牌建设，可以通过品牌形象的打造和维护来提升企业的品牌价值和知名度。

（四）石油企业宣传工作的研究现状与展望

目前，国内对石油企业宣传工作的研究主要集中在宣传理论、宣传策略、宣传效果等方面。其中，关于宣传策略和宣传效果的研究相对较多，主要探讨如何制订合适的宣传策略和如何评估宣传效果。未来，石油企业宣传工作的研究可以从以下方面展开。

1. 宣传工作的影响因素研究

探讨影响石油企业宣传工作效果的因素，如企业规模、地域、社会文化背景等因素。

2. 石油企业宣传工作与社会责任的关系研究

研究石油企业宣传工作在环保和可持续发展等方面的实践以及企业宣传工作对社会责任的履行和提升的影响。

3. 新媒体时代下石油企业宣传工作的创新研究

随着新媒体的兴起,石油企业宣传工作的方式和方法也在不断创新,研究其创新的策略和效果。

总之,石油企业宣传工作在新时期面临着更高的要求,更大的挑战,需要不断创新和发展,同时也需要更多的研究来指导和优化宣传工作的实践。

二、国外研究综述

国外研究主要关注石油企业在社会、环境、经济等方面的责任和作用,以及如何通过宣传工作来传递企业的价值观和使命。研究表明,石油企业需要在宣传工作中注重可持续发展和环保理念,强化企业社会责任和形象建设,同时加强与政府、非政府组织和消费者的沟通和合作。以下是新时期石油企业宣传工作的国外研究综述。

(一)舆情管理

石油企业在国外通过舆情管理来应对社会公众和政府对企业的质疑和批评,提升企业的公信力和声誉。

(二)可持续发展宣传

石油企业在国外注重可持续发展的宣传,通过宣传企业的环保和社会责任的实践,可以增强公众对企业的认同感和信任度。

(三)社交媒体营销

石油企业在国外通过社交媒体平台与公众进行互动,可以提高宣传效果,同时也能够了解公众对企业的看法和意见,以便企业及时回应和处理问题。

(四)品牌建设

石油企业在国外注重品牌建设,可以通过品牌形象的打造和维护来提升企业的品牌价值和知名度。

(五)公司形象塑造

石油企业在国外通过多种形式的宣传手段,如赞助活动、公益事业等来塑造企业的形象,提高企业的社会责任感和公众形象。

(六)社交媒体的影响

石油企业在国外研究社交媒体对企业宣传的影响,探讨如何利用社交媒体来提高企业的宣传效果和知名度。

总之,国外对石油企业宣传工作的研究也注重宣传策略、品牌塑造、社交媒体的应用等方面,研究内容较为广泛。未来,关于可持续发展的宣传、社交媒体的应用和影响等方面的研究可能会更加深入。

第二章　新时期石油企业及宣传工作的内容

第一节　新时期石油企业的基本概述

一、石油行业文化的具体内涵

（一）石油行业文化的产生与发展

根据对现有资料的收集整理与分析归纳，将石油行业界定为以石油与天然气资源勘探与开发、石油与天然气生产及储运、石油与天然气产品加工和销售为内容的经济活动类别。按照作业和生产的具体性质将石油行业的产业链分为上、中、下游：上游包括石油与天然气的勘探与开发，涵盖石油与天然气勘探、石油与天然气开采、石油与天然气勘探开采专业设备制造、石油与天然气勘探开采相关专业技术服务等；中游为石油与天然气的储运、炼制、化工生产等，涵盖石油与天然气油品和燃料炼制、石油化工基础燃料炼制、石油与天然气制品加工、化工生产、管道输送、炼制与管输相关专业设备制造以及相关专业技术服务等；下游为石油与天然气贸易、成品销售，涵盖石油与天然气成品零售、批发、进出口贸易等。

石油在我国的发现和利用史由来已久，可以回溯到三千多年前，《汉书》《水经注》《酉阳杂俎》《博物志》《梦溪笔谈》《元一统志》等，记录了我国自东汉至元朝的石油发现与利用过程。至中华人民共和国成立之前，我国石油利用历史悠久，但石油工业基础依旧薄弱。中华人民共和国成立后，经过多次石油会战，石油工业逐步发展，成了我国工业战线上一面特色鲜明的旗帜，代表着中华人民共和国在不同的历史发展时期最先进生产力的发展方向，催生和发展了我国社会主义特色的石油文化。

石油文化依托石油行业的发展生成，又是我国石油工业产生、发展与演化的必然产物。我国石油文化源于20世纪五六十年代的玉门油田大会战，以无中生有、艰难创业的"老君庙精神"为最初基因形成的"玉门精神"为主要标志。50年代末期，以"艰苦创业、无私奉献、勇于创新、团结奋斗、科学务实"为特征的"柴达木精神"和"特别能忍耐、特别能吃苦、特别能战斗"为主的"老高原精神"，是传统信仰与革命文化契合而成的人文精神。60年代，伴随大庆油田的发现和开发而形成的以"铁人精神"为代表的"大庆精神"，秉承"爱国、创业、求实、奉献"，已经成为石油文化的核心，在其影响和推动下，一批批"献身""开拓"的石油人前赴后继，为胜利、辽河、华北、大港等大型油田的开发建设提供了重要的精神力量。此后，伴随社会主义核心价值观的不断完善和巩固，石油文化也被注入了越来越多的时代化新元素，讲求和谐、以人为本、廉洁等，与时俱进、不断发展。

（二）石油文化的要素

文化的基本构成要素离不开精神文化、制度文化、行为文化和物质文化四个层面，石油文化作为整体社会文化的一部分，四个层面也缺一不可。

1. 精神文化

精神文化是石油文化的核心，是石油使命、宗旨、愿景、精神、理念、价值观、士气、社会意识、态度、认识论等的总和。精神文化属于石油行业的上层建筑范畴，是石油行业内所有企业、组织、团体和个人行为的思想指导的基础。在石油文化伴随石油工业发展的几十年中，其精神文化也在不断深化和完善，衍生出了石油行业内众多的文化标语和企业精神。以早期的"玉门精神""铁人精神""大庆精神""胜利文化""塔里木文化"等诸多重要的典型的石油行业精神为基础，形成了当前比较有代表性的"爱国、创业、求实、奉献""爱岗敬业、求实创新""爱我中华、振兴石化"等精神理念和以"诚信、创新、安全、卓越"为核心的价值观，且已成为石油行业的特色精神文化要素，在规范和管理员工的道德与品质等方面发挥了重要的软科学管理工具的力量。

2. 制度文化

制度是被人们认可的行为和结果之间的映射，是塑造意识的主导存在。制度文化是石油文化实现的保障，也是最具权威性的石油文化要素，还是一种软环境。石油制度文化从本质上讲，是适应石油工业企业发展环境、逐渐形成并获得认同的，对待石油组织生产管理关系的一种规范化处理方式。石油制度文化充分体现着石油行业对国家法律法规的认识、对行业社会责任的落实、对自身制度体系和标准体系建设的理解，是对以精神文化为核心的石油文化的凝练，又对石油精神文化的提升有着加速和促进作用。同时，石油制度文化中制度规范性和约束性的发挥，又为石油文化中的行为文化要素和物质文化要素的发挥起着导向作用。石油制度文化是在管理实践和行为活动中形成的规范石油行业相关行为主体的带有强制性的书面形式，包括在石油行业的石油安全文化、石油环保文化、石油质量文化、石油诚信文化、石油创新文化、石油创业文化、石油和谐文化、石油廉洁文化、石油服务文化、石油节约文化、石油品牌文化、石油人才文化及石油跨文化等方面的制度化。

3. 行为文化

行为文化是石油文化的行为要素，也是石油文化得以贯彻和落实的层面，还是石油文化发挥行为导向和示范的要素。立足企业内部，行为文化对石油员工的操作规程、工作职责、工作标准、职业道德规范、礼仪习惯等方面进行了规范，具体诸如有感领导、属地管理、全员参与、直线责任、个人安全行动计划、管理评审、工作分析、安全里程碑等都是石油行为文化建设的成果和体现。从企业外部看，石油企业积极开展的爱心帮扶、关爱孤寡老人、困难家庭关注、扶助残疾人群等弱势群体的公益关爱活动，也是石油行为文化的体现。立足行业层面，石油行业内的典礼与活动、纪念节日和仪式等，是对石油文化的行为化强化的过程；石油行业中层出不穷的模范和榜样人物，在岗位上的坚守和攻坚克难，则以实际行动阐释了石油人行为文化的内涵。

4. 物质文化

物质文化是石油文化的物质要素的体现，是整个石油文化体系的外显形式和物质载体。一方面，石油物质文化体现在品牌形象标识系统（名称、旗帜、标识、标语、着装等）、办公环境和物质条件、文化宣传网络与媒介上；另一方面，石油物质文化还体现在新的科学技术的应用上，诸如石油行业新技术和新工艺的研发、应用和推广，及新的设备配置和生活设施等方面。经济学强调经济基础决定上层建筑，就石油文化而言，物质文化要素是石油文化生成和发展的基础，决定了石油文化的发展环境、速度和程度。

（三）石油文化的功能

石油文化作为社会文化的一部分，其功能与社会文化功能相较而言，既有通约性，又有独特性。概括起来，石油文化的功能主要有以下几个方面。

1. 导向功能

石油文化作为社会文化体系的重要组成部分，其所提倡的价值观念、行为规范、外化形象等是石油文化的核心和灵魂，能够提供正确的、明确的价值导向和行为导向，对于石油文化行业的发展发挥着导向作用。石油文化所蕴含的丰富的理论和知识，尤其是其具有代表意义的"玉门精神""大庆精神""胜利文化"等经典的富有特色的石油文化，在石油工业发展的几十年中鼓舞着前赴后继的石油人拼搏奉献，为石油行业的发展提供着不竭的精神动力，也为石油行业的发展提供了明确的方向性。

2. 凝聚功能

油气资源分布的不规律性和非均衡性使我国石油行业呈现出明显的地域性和分散性。我国石油行业发展至今，已经形成了以中国石油天然气集团公司、中国石油化工集团公司、中国海洋石油总公司、陕西延长石油（集团）有限责任公司等为主力的大型石油企业群，同时存在着众多民营石油企业，发展遍布全国以及东南亚、南非等诸多海外国家。对于这样一个业务范围广泛的行业的发展与管理，石油文化的凝聚作用功不可没。石油文化通过文化共识和行为的向心力作用的发挥，对石油行业内所有参与对象及其行为起到"靶心"的作用，在不同区域、不同发展阶段和不同层次的石油文化主体间建立起共同的发展目标，并将不同主体的分散的力量凝聚在一起，打破地域限制、时空限制、文化限制，从而形成了一个强有力的石油行业文化整体，为实现石油工业的价值和发展共同奋进。

3. 约束功能

文化是文化行为主体共有的心理程序，也使约束成为文化与生俱来的功能。石油资源的特殊性使得石油行业上下游业务众多，涉及勘探、开发、钻前施工、钻井、测井、录井、固井、试油、试采、运行、炼化加工、运输、销售诸多环节，具有野外、流动、点多、面广、高温高压、高劳动强度等特点，其间存在诸多不确定性和高风险性，一旦某个细小的环节失控，都可能给整个业务链带来巨大损失。

因此，对石油行业而言，除了从生产技术等硬条件方面规避风险，石油文化的约束力得以凸显。通过石油文化的传播、渗透，在石油企业和员工等所有石油文化行为主体间形成共同遵守的和共享的道德规范和行为准则，能够将强制性的、命令式的规范和指令转换为内生的自主的意识，自觉参照、规范和调整自己的行为，有着积极而正面的内生约束作用。

4. 激励功能

石油文化的激励功能就是通过石油文化的探索、凝练、建设、提升、完善、推广和普及，调动所有石油人的责任感和主人翁意识，以及为石油行业的发展不懈努力和奋斗的积极性和热情，并促使石油企业在发展过程中保持石油行业发展目标的协同一致。例如，塔里木油田坐落在自然条件极其恶劣的塔克拉玛干沙漠区域，"只有荒凉的沙漠、没有荒凉的人生"这句塔里木油田的文化精髓，从油田开发至今，激励了一代代塔里木人前赴后继、甘于吃苦、奉献青春，成就了塔里木油田的不断发展。而中国石油天然气集团公司从2004年开始，分五批命名了153个"集团公司企业精神教育基地"，这些教育基地逐渐成为中国石油天然气集团公司弘扬企业精神、激发员工爱国情感和陶冶其道德情操的重要场所，对于员工充分了解中国石油天然气集团公司的企业文化、掌握企业奋斗历史，以及充分体现企业精神的激励功能具有重要作用。

5. 辐射功能

石油文化通过无形的精神力量和有形的物质形象得以展现，在为石油工业的发展提供强大的精神动力的同时，也为其他行业树立了标杆。石油文化中的军事管理风格、民族主义情结、英雄和榜样的力量，形成了一种石油形象感染力，促使认同感、责任感、紧迫感和价值观的产生，在当前物欲横流的社会中产生着一种文化正能量的辐射作用，对于全球经济浪潮席卷下的社会主流思潮和价值取向、企业发展和管理起到了巨大的正面作用。

二、石油企业文化发展现状

（一）石油企业的范围界定及基本特点

1. 石油企业的范围界定

目前，对于石油企业的定义没有统一、权威的说法，对石油企业的生产范围也没有具体的规定。根据对已有研究资料的收集、整理与归纳，本文将石油企业界定为：经营以石油与天然气的勘探与开发为上游，以石油与天然气的储运、炼制、化工生产为中游，以贸易、销售石油及石油制品为下游的石油产业链条上的一项业务或多项业务的企业。

在石油产业链中，上游包括油气勘探、油气开采、勘探与开采相关的专业设备制造、勘探与开采相关的专业技术服务等相关企业；中游包括油品和燃料炼制、石油化工基础燃料炼制、化工生产、石油制品加工、管输、炼制与管输相关的专业设备制造、炼制与管输相关的专业技术服务等相关企业；下游包括零售、批发、进出口贸易等销售企业。上游、中游和下游三部分的所有企业与企业之间相互关联、相互合作、相互影响，共同构成石油产业链。

自中华人民共和国成立以来的几十年里，我国石油工业经历了多个发展变革时期，到目前已经建立了比较完善的石油工业体系，建设了24个油田，19个天然气基地，200多个炼油厂，中国石油、中国石化、中国海油三家具有石油勘探、开采资质的石油巨头呈现三足鼎立之势，基本形成比较稳定的市场结构格局。因此，本书所研究的对象"石油企业"是指由中国石油、中国石化、中国海油三家石油集团组成的中国石油工业体系，"石油企业文化"是指我国三大石油集团在几十年的石油与天然气勘探、开采、生产、管输、销售等过程中凝聚而成的石油文化。

2.石油企业的基本特点

石油行业作为我国的能源基础行业和支柱行业，对保障生产生活、促进经济提升、维持相关行业协调发展具有非常重要的作用，同时，也肩负着外交、军事、政治、文化发展的时代重任。要开展石油企业文化发展创新研究，首先，必须要对石油企业及其所在的行业的特点有所了解和认识。

（1）资源约束性

石油企业最基本的特点之一就是资源约束性，具体表现在两个方面：一方面，全球的石油、天然气及石油制品需求量和消费量呈现逐步增长趋势，而全球油气资源总量有限，可开采油藏储量随着开采的持续进行不断减少；另一方面，随着油层压力不断增加，勘探开发难度不断增大，石油勘探与开发方面的技术短时间内难以得到突破，使开采能力得不到快速提升，多种原因使得石油的资源约束性更加突出。

（2）风险性

石油行业属于技术密集型和资本密集型行业，开采风险极高。其风险性具体表现在三方面。

第一，石油资源一般蕴藏在地底一千米甚至五六千米以下，蕴藏的自然环境复杂多变、油藏类型多样、存储隐蔽性大，极大的地质风险使油气资源的勘探与开发任务极难开展。

第二，由于技术设备的限制，在勘探阶段发现无油气或者不具商业开采价值的油气的概率非常大，且勘探开发过程将对自然生态环境造成一定的影响和破坏，这使前期人力、物力和财力的投入回报具有较大不确定性。

第三，油气及其相关制品大多属于易燃易爆物质，若不加强安全管理，极易发生突发事故或意外事件，一旦发生将对环境、人员和社会资产带来巨大的不可逆转的破坏和损失。因此，石油企业要承受巨大风险，包括决策、地质和经济等方面的多种风险。

（3）战略性

石油是埋藏在地底下的黑色金子，石油行业是国民经济的基础行业和支柱行业之一，与人民生产和生活息息相关。一方面，石油是非常重要的基础能源和化工产品生产原料。

据统计，目前全世界以石油为原料的石油化工产品已达 7 万多种，同时，由于石油行业的行业关联性很强，辐射带动了建筑、机械、交通运输、化工、塑料制品、医药等行业的产生和发展。另一方面，石油在政治、军事和国防上也具有较大的战略意义。石油对政治、军事和国防安全的战略意义从第一次世界大战以后逐步显现，在历次中东战争中，石油的战略地位和意义更加凸显，不仅决定武器装备的先进程度、战斗能力和能量供应，影响军队的战略部署和战役进程，甚至决定最终的战局胜负。因此，无论在经济发展还是军事战役、政治外交和国家安全上，石油都具有重要的战略地位。

（4）国际性

从全球整体来看，由于地壳运动等多种原因使得石油和天然气形成的地理位置、储量多少和分布形式不尽相同，且十分不均衡，因此，各个国家拥有的油气资源储量、种类及品质差别也很大；从目前已探明可采储量来看，部分发展中国家由于地理优势，拥有的石油资源储量非常巨大；相反，部分发达国家拥有的石油资源储量相对较少。而油气勘探、开发、集输、处理各环节都需要投入雄厚的资金来研发及引进先进的设备和技术。大部分发展中国家缺乏先进设备、高新技术和雄厚资金，而部分发达国家拥有技术、资金及较大的油气消费需求，这些现实状况为国与国之间互相合作，推动石油企业国际化发展，实现双赢提供了推动力。通过国际合作，产油国的石油资源得到高效开发和利用，石油经济得到快速发展，社会劳动就业率逐步提升，而石油需求国利用自己的设备、科技和资金优势换取了大量的油气资源，大大满足了本国的石油需要量，一定程度上维持了本国的政治、经济、社会、军事的稳定和发展。

（5）规模经济性

石油企业的规模经济性体现在产业链的各个环节中。从石油生产成本的构成比例可以看出，固定成本所占比例约为 3/5，可变成本所占比例约为 2/5。大量固定成本的投入使石油企业必须要达到一定的规模才能获得经济效益，即石油企业的规模越大，单位成本才越低，最终的经济效益才越好。石油企业上游勘探开采业的人力、物力、财力投入风险比较大，但如发现可开发的油气资源时，其赢利性也会较大；中下游的油气处理加工业和贸易销售业，附加值更高，但更容易受上游油气开采企业的制约。因此，石油企业实施上下游一体化生产模式的生产成本远远低于单独经营上游或下游业务的成本，石油企业上下游一体化的经营模式更有利于发挥范围经济性效用和规模经济性效用。

（二）我国石油企业文化建设存在的问题

中华人民共和国成立以来，我国石油工业经历了一个从小到大的发展历程，石油石化企业文化也取得了丰硕的成果。中国石油工业形成了丰厚的企业文化积淀，培育了以"大庆精神""铁人精神""胜利精神"等为代表的企业精神和理念，激励了几代石油人，有力地促进了中国石油石化工业的发展。加入 WTO 之后，我国石油工业又走到了一个新的历史转折点，石油企业面临着来自内部和外部的巨大冲击和压力，需要新的建设与发展。与石油企业经营管理体制和运行机制的根本性转变相比，石油企业文化的转变还存在不少问题，主要表现在以下几个方面。

1. 企业文化建设本质认识不全面

"企业文化无用论"，持这种观点的石油企业认为，没有时间和精力搞企业文化建设，企业文化建设纯粹浪费钱。这种观点实质是没有认识到企业文化作为一种新型管理理论的价值和作用，没有认识到企业文化才是企业存活的精神支柱。企业文化"包治百病论"，有的石油企业逢会必谈企业文化，好像只要开展企业文化建设，企业的一切问题都会迎刃而解。我国石油企业在长期的集体主义教育和对国家经济建设的奉献中形成了一种强调集体力量、崇尚集体力量的观念。这种集体主义观念忽视了对员工个人能力的培养，回避了个人价值，使个人的主体意识和创造才能的实现受到一定的压制，影响了企业的活力与效率。石油企业唯有从自身实际出发，对企业内部现有文化基础和文化条件、企业外部文化环境及企业未来发展方向进行全面、详细的诊断，在此基础上对企业文化进行整体设计，才能真正突出自己的文化个性。

2. 企业文化建设战略意识不充分

石油企业文化建设和石油企业发展战略应当是密切相关、相辅相成的。不少石油企业的企业文化建设处于无序化、盲目发展的局面，随意建设，只注重眼前利益而忽视企业的长远规划，容易因周围环境的某些误导改变自己的方向，使文化建设缺乏连续性和稳定性。有些石油企业没有相应的组织和必要的制度，没有与石油企业战略相匹配。石油企业发展战略，如果没有石油企业文化理念的支撑，就不可能内化为石油企业员工的自觉行动。只有处理好与石油企业战略的关系，才能发挥石油企业文化的价值和功能。企业文化建设的延续性欠缺。从理论上来看，延续性是企业文化的重要特征，企业文化的延续性要求石油企业文化在稳定中不断整合和发展。然而，我国有很多的石油企业并没有真正继承好传统的石油文化，而是片面地强调创新，缺乏文化建设的延续性，也使得企业文化缺乏底蕴。同时，石油企业领导对企业文化起着重要的主导作用，领导个人意愿的随意性一旦发生，就必然导致企业文化失去连续性和传承性。特别是企业经营者一旦变化，要使原来的企业经营理念连续地传承下去，却很难找到文化传承的稳定机制，而石油企业员工的流动，使文化的遗传基因也很难在员工之中得到移植。

3. 企业文化建设整体观念不协调

有些石油企业将企业文化误认为是一些简单的宣传活动，认为企业文化就是进行口号建设、标识建设、唱歌、跳舞、打球，创造优美的企业环境；还有的石油企业文化缺乏石油行业和企业特色，内容空泛，流于形式。这些偏离企业文化本质、盲目的文化建设，无法产生真正的凝聚力和影响力，无法形成强大的精神文化力量来为实现企业的目标和发展服务。尤其由于受到形式主义不良风气的影响，部分石油企业简单地把传统的做法和现存的东西通过改头换面，充作企业文化。这种现象暴露了一些石油企业肤浅浮躁的通病，是企业文化建设的大敌。我国一些石油企业没有注重企业文化建设的整体性要求，如经营理念与经营战略不统一、价值标准与职业道德标准不统一等。内部不协调的企业文化使员工无所适从，难以有效地指导企业的经营实践。

三、新时期石油企业文化发展的新环境

（一）信息网络化

企业高度信息化，人与人的沟通网络化。新经济条件下，石油企业的信息化减少了中间层面的联系沟通作用和人格化的影响力，减少了人的监督与影响作用。因此，即使企业的精神、理念天天挂在网页上，也只会成为空洞的口号。同时由于沟通的网络化也导致了企业凝聚力被减弱，员工的思想倾向和体系很容易在商业化、功利化中受到动摇与分解，这就会极大地影响企业和员工之间的关系，影响企业价值观的树立，危及石油企业的稳定运行和发展。石油企业文化信息化发展环境包括以下几个方面。

技术环境：随着信息技术的快速发展，石油企业可以利用互联网、大数据、人工智能等先进技术，进行更加精准、高效、快速的信息传播和宣传工作。

社会环境：石油企业的宣传活动不仅需要满足企业的经营需求，还需要关注社会公众的需求和反馈，注重社会责任和企业形象的塑造。

政策环境：政府相关政策和法规的制定与调整对石油企业的宣传活动和信息化发展具有重要影响，石油企业需要遵守政策规定，加强与政府的沟通和合作。

人才环境：石油企业需要具备专业化、多元化、国际化的宣传团队和人才，以适应不断变化的市场需求和媒体环境，提升宣传工作的质量和效果。

竞争环境：石油企业在宣传活动中需要面对来自同行业竞争对手的压力，需要不断创新，提升宣传效果和品牌形象，保持市场竞争力。

文化环境：石油企业的文化背景和价值观念对宣传工作和信息化发展具有一定的影响，需要在宣传活动中注重文化价值的传承和塑造，与社会各界建立和谐的文化关系。

（二）经济全球化

在新经济条件下，石油企业面临的市场环境发生了巨大变化。信息网络化加快了社会经济活动的节奏，也加大了市场竞争力，通过网络及全球经济一体化，企业立刻置身于国际市场上，市场范围从区域市场变为了全球市场。从竞争角度分析信息化与网络化的结果，企业获取新的商机的机会增加了，即可以在全球市场上随时寻找可乘之机。但与此同时，竞争对手也增加了，石油企业同样无法回避全球同行厂商的竞争，不出国门也要参与世界性的竞争。石油企业面临着如何有效地守住国门，同时又能走出国门，在世界市场取得一席之地的考验。

随着经济全球化的深入发展，石油企业的文化信息化发展也受到了影响。在全球范围内，石油企业面临着激烈的市场竞争和环保压力。因此，石油企业需要通过文化信息化发展来提高其核心竞争力和企业形象。

一方面，石油企业需要利用信息化技术来提高生产效率和产品质量。例如，利用先进的数据分析技术和智能化设备来提高油田勘探和生产效率，以及利用数字化技术提高运输

和仓储管理效率。

另一方面，石油企业也需要通过文化信息化发展来提高企业形象和品牌价值。通过利用社交媒体和其他数字化渠道，石油企业可以更好地与公众互动和沟通，并传递企业的价值观和社会责任。此外，石油企业还可以通过数字化技术展示其技术和环保创新成果，以提高公众的认可和信任。

总之，随着经济全球化和数字化的快速发展，石油企业需要加强其文化信息化发展，以提高企业的核心竞争力和形象，同时也需要关注企业社会责任和环保问题，以满足公众对企业的期望和要求。

（三）资源多样化

在新经济条件下，石油企业的资源环境有了很大的变化。企业在利用本地市场的同时也可以在全国乃至全球范围内配置资源。同时，随着新经济中人员的快速流动，必然造成企业管理层和员工队伍不稳定，这直接动摇了企业文化管理存在的基础。石油企业文化资源多样化的发展环境主要包括以下几个方面。

社会文化多元化：随着社会的发展，人们的审美、文化背景、价值观等都有了较大的变化，这使得石油企业在传播自身文化时需要更加注重多元化，尊重不同文化的存在和发展。

科技创新的支持：科技创新的快速发展，为石油企业的文化资源的多元化发展提供了支持。例如，虚拟现实技术可以为企业提供更加直观、生动的文化传播方式。

全球化的影响：石油企业不仅面对着本地的文化多样性，还需要面对全球化的影响。随着全球化的深入发展，石油企业需要更好地理解各国文化背景和习俗，才能更好地适应和传播自身文化。

市场竞争的压力：在激烈的市场竞争中，石油企业需要通过多样化的文化资源来提高品牌形象和知名度，这也促进了企业文化资源的多元化发展。

政策环境的支持：政府在文化领域出台了多项支持政策，为石油企业的文化资源多样化发展提供了政策支持和经济保障。

综上所述，石油企业文化资源的多样化发展环境涉及多方面的因素，需要企业在实践中注重多元化和创新，以更好地适应和引领时代潮流。

（四）创新快速化

在新经济条件下，企业的生命力在于创新。英特尔公司在新产品与新技术研究方面的"快速折旧战略"是很令人叹服的。在全球企业快速成长的今天，也为石油企业的快速创新提供了更好的平台。石油企业创新快速化的发展环境主要包括以下几个方面。

技术创新的推动：随着科技的不断进步，石油企业在勘探、开采、加工等方面不断推陈出新，不断引入新的技术手段和装备，以满足不断增长的市场需求。

竞争压力的加大：石油市场竞争日趋激烈，石油企业需要通过不断创新来提高自身的竞争力，才能在激烈的市场竞争中脱颖而出。

政策支持的加强：政府对石油企业的技术创新、研发投入等方面提供了一系列的政策支持，这为石油企业的创新提供了重要支持。

国际合作的加深：随着全球化的深入发展，石油企业需要与国际上的企业进行合作，进行技术和资源的共享，以推动石油行业的快速发展。

在这样的发展环境下，石油企业需要不断加强自身的创新能力和技术水平，不断提高石油产品的品质和附加值，以适应日益激烈的市场竞争，实现可持续发展。

（五）全球市场竞争激烈化

目前，中国各个领域的市场化推进程度是不平衡的，中国石油企业国际化经营的意识不强，缺乏国际化经营长远的战略规划指导，对海外经营投资、扩张顾虑太多，国际化进程开展不利。据有关部门调查，中国石油企业在境外投资不赚钱甚至赔钱的约占2/3，海外投资项目中大约只有1/3是赢利的。中国石油企业经济体制改革已经不可逆转地过渡到制度创新阶段，即建立市场经济新体制框架阶段。而市场经济在本质上是一种信用经济和法治经济。因此，石油企业文化核心建设将成为其安身立命的要件。

在全球化的背景下，中国石油企业只有全方位地参与国际产权市场竞争，才能有效地参与获取资源控制权的竞争。通过产权买卖，将产品、项目、劳务和资本相结合，将原油、成品油的进出口贸易与合资、合作、国际招投标等跨国经营相结合，实现企业跨国经营的多样化、多元化和多渠道化。

目前，中国的石油企业面对激烈的国际竞争，应该也必须担当起在企业伦理建设方面的责任。企业文化核心价值的建构是每个石油企业都必须面对和正确响应的。倘若彼此推诿，一心想搭便车，只会使整个经济运行的环境愈加恶化，不仅造成经济运行质量不高、风险增大，而且也会制约我国石油企业参与国际竞争。进行石油企业文化核心价值体系建设，既是中国的市场化程度进一步提高的必然要求，也是适应中国加入企业运作和商业运作与国际惯例和国际规则接轨的必然要求，同时还是优化石油企业生存环境的必然要求。所以，构建石油企业文化核心价值体系刻不容缓、宜早不宜晚、宜真不宜假。

第二节　新时期石油企业宣传工作的内容

石油企业宣传工作是指石油企业向内外界传达企业形象、文化、价值观念、产品和服务等信息，以提高企业的知名度和美誉度，增强消费者对企业的信任度和忠诚度，从而推动企业的市场发展和经济效益的一系列宣传活动。

石油企业宣传工作的内容包括但不限于以下几个方面。

一、企业形象宣传

通过公司网站、宣传册、企业文化墙、企业标识等多种渠道宣传企业的历史、文化、品牌形象和企业的社会责任等，使消费者对企业形象有更加深入的了解，增强对企业的信任感。

（一）石油企业形象宣传的内容

石油企业形象宣传的内容主要包括以下几个方面。

1. 公司网站

公司网站是石油企业展示形象的重要平台，通过公司网站可以向客户、供应商、投资者和其他利益相关者展示企业形象、文化、产品和服务等信息，使其对企业有更深入的了解。

2. 宣传册

宣传册是石油企业展示形象的重要媒介之一，通过宣传册可以向客户和市场宣传企业的历史、文化、品牌形象、企业的社会责任等信息，提高消费者对企业的认知度和信任度。

3. 企业文化墙

企业文化墙是石油企业展示文化和形象的重要载体之一，通过文化墙可以向内外部人员展示企业的文化、使命和价值观念等信息，增强员工的凝聚力和忠诚度，提高客户对企业的信任度。

4. 企业标识

企业标识是企业形象的重要组成部分，通过企业标识的设计和应用可以传递企业的形象、文化和品牌价值观念等信息，增强客户对企业的认知度和信任度。

5. 社交媒体

社交媒体是石油企业展示形象的重要渠道之一，通过社交媒体可以与客户、供应商、投资者等利益相关者保持良好的互动和沟通，提高客户对企业的认知度和信任度。

综上所述，石油企业形象宣传是提高企业知名度、美誉度和市场竞争力的重要手段之一，需要根据企业自身特点和市场环境制定具体的宣传策略和方案，通过多种宣传手段和渠道来展示企业的形象和文化，提高消费者对企业的信任度和忠诚度。

（二）石油企业形象传播的方式

石油企业形象传播的方式包括以下几个方面。

1. 人际传播

石油企业形象的人际传播是指个人与个人之间直接面对面的信息交流和情感沟通活动。每个员工都是信息的发出者，同时又是信息的接收者，即在影响别人的同时，也受到他人的影响。人际传播是石油企业形象传播的主要形式，表现在石油企业内部成员之间的沟通和与外部公众之间的沟通。在石油企业形象的传播中，人际传播是通过某种人际关系运转起来的传播方式，具有自己的传播特点。

（1）感官的高度参与

在直接性的人际传播活动中，由于是面对面的交往，人体全部感觉器官都可能参与进来进行信息的接收和传递。

（2）信息反馈的速度快和信息量大

在面对面的石油企业形象信息传播中，石油企业可以迅速获悉对方的信息反馈，随时对企业形象传播的偏差进行修正。

（3）信息传播的符号多

石油企业形象的人际传播可以使用语言和大量的非语言符号。

（4）信息传递和接收的渠道多，方法灵活

在石油企业形象的传播活动中，人际传播具有传递企业形象信息、扩大企业影响、改善企业形象的功能。石油企业形象的人际传播能够有效地把石油企业形象的内容传递给受众。由于人际传播是通过人际关系的交流和沟通进行的，传播者是有目的、有针对性地进行信息传递，处于主动地位。石油的人际传播要把石油企业良好的产品和服务的信息传递给消费者，这也是石油企业形象传播的关键。石油企业形象的人际传播要坚持弘扬正气、正面引导、反映时代特征的原则，继续培养和宣传劳动模范、个人标兵、十大杰出青年等各级各类先进典型，进一步壮大"石油榜样"劳模群体，充分发挥典型的示范引领作用，将企业形象人格化。

2. 印刷传播

石油企业通过图书传播企业形象。图书是人类用来记录一切成就的主要工具，也是人类交流感情、获得知识、传承经验的重要媒介，对人类文明的开展，贡献很大。图书是以传播知识为目的，用文字或其他信息符号记录于一定形式的材料之上的著作物。图书是人类社会实践的产物，是一种特定的不断发展着的知识传播工具。石油工业出版社要加强对石油科技图书、石油工具书、石油专业教材、石油行业标准以及石油英语等图书的出版工作。石油工业出版社要创办类型多样的石油类刊物，以推动专家学者对石油的科学研究。石油企业要大力发展企业报刊，加大石油类图书的出版发行。石油报业和图书是统一思想、凝聚力量、鼓舞人心、动员群众的强有力工具。发展石油报业和图书必须坚持解放思想、实事求是，适应石油企业的新变化、新形势和新要求，顺应石油员工的新期待和新需求，以改革创新精神做好工作，才能增强石油报业和图书的亲和力、感染力、吸引力，才能有效提升舆论引导能力。

3. 电子传播

石油企业形象的电子传播是指石油通过借助广播、电视、电影、手机等电子媒介来传播企业正面形象的一种传播方式。

（1）石油企业形象的广播传播

石油企业形象的广播传播是指通过无线电波或导线传送声音的信息传播工具。广播传播的优势是对象广泛，传播迅速，功能多样，感染力强，成本低，接收方便。

（2）石油企业形象的电视传播

石油企业要发挥电视的优点，实时报道和宣传企业的重大决策和行为，增强石油企业的透明度，尤其是要通过电视及时发布公众急需了解的重要信息，尊重公众和利益相关方的知情权。

（3）石油企业形象的电影传播

石油企业不仅是物质财富的创造者，而且是精神财富的创造者，石油企业要用电影等文艺形式展示石油企业良好形象。石油企业要充分发挥自身的行业特点和优势，积极参与电影创作，充分挖掘石油企业历史题材，从加强创作引导、整合各方资源、建立激励机制等方面入手，拍摄出能够反映石油工人艰苦奋斗为祖国献石油的崇高精神的电影。

（4）石油企业形象的手机传播

石油企业可以通过利用手机的易携带性和信息传播的及时性来宣传石油企业产品、石油企业理念、石油企业愿景等。石油企业也可以与移动运营商合作，建立集团专网，传播石油企业的历史、理念和价值观。

4. 网络传播

石油企业要完善网络基础设施建设，建立和完善专门的网络宣传部门，充分利用网络传播的强大功能，宣传企业的理念和行为，传递社会正能量。

第一，石油企业要完善网络基础设施建设，建立和完善专门的网络宣传部门，例如，企业电视台、企业新闻网、企业微博、企业公众号等信息宣传载体。要紧跟时代发展脉搏，利用现代沟通和传播方式，宣传企业文化、企业精神和宗旨。

第二，石油企业形象的网络传播要按照及时性、真实性、公开性和客观性的原则，将事件的起因、发展、经过、结果和影响真实客观地报道给公众，树立起企业的公开和透明形象。石油企业不得为了集团利益，发布虚假消息，迷惑公众，这样的举动会严重损害企业形象。

第三，积极利用现代网络传播媒介传播企业履行的社会责任和获得的荣誉。石油企业在履行企业社会责任的同时，将企业的精神和理念也一并传播给公众，树立了负责任的企业形象，给企业带来了正面的外部效益。石油企业要运用传播媒介，将企业在履行社会责任方面做出的努力和获得的荣誉传播给公众，以赢得公众的情感支持和舆论支持，为石油企业的发展开拓生存空间。

二、产品和服务宣传

石油产品和服务宣传是指石油企业通过各种宣传手段和渠道，向外界介绍和宣传石油产品和服务的特点、优势、品质和使用价值，以提高客户对产品和服务的认知度和信任度，增加销售和市场份额的一系列宣传活动。

石油企业的产品和服务主要包括石油和石油化工产品、加油站服务、润滑油和化学品等。石油企业在宣传石油产品和服务时，需要根据不同的产品和服务特点以及市场需求,制定相应的宣传策略和方案,选取合适的宣传媒介和渠道,最大限度地传递产品和服务的信息,提高客户对产品和服务的认知度和信任度,进而促进产品和服务的销售和市场发展。

以下是几种常见的石油产品和服务宣传手段。

(一)产品展示

通过在展览会、路演等场合展示产品与服务的特点和应用效果,向客户展示产品与服务的品质和使用价值。

石油产品展示的内容通常包括以下方面。

1. 石油产品的品种和种类

石油公司通常会将其各类产品按照种类、用途等分类展示,比如按照燃料类型、精制程度等分类,让观众了解不同种类的石油产品的特点和用途。同时,展示馆中通常会配以大型立体模型、真实的样品等形式,让观众更加直观地了解各类石油产品的外观、颜色、密度等特征。

2. 石油产品的特点和性能

石油产品的特点和性能是石油展示的核心内容之一,通常会以文字、图片、视频等形式进行介绍。比如,展示馆中会强调石油产品的高效性、节能性、环保性、安全性、耐久性等特点,让观众了解石油产品的品质和优势。同时,展示馆还会通过科普视频、实验演示等形式,展示石油产品的物理化学特性和燃烧性能等技术细节。

3. 石油产品的生产过程

石油产品的生产过程是石油展示的重要内容之一,通常会通过模型、图文、视频等多种形式进行展示。比如,展示馆中会介绍石油勘探和开采、原油运输和储存、精炼和加工等环节的生产过程,让观众了解石油产品从采掘到炼制再到销售的完整流程。

4. 石油产品在各领域的应用

石油产品在各领域的应用是石油展示的重要内容之一,通常会通过图片、视频、模型等形式进行展示。比如,展示馆中会展示石油产品在交通运输、能源、建筑、化工等领域的应用,让观众了解石油产品在现代社会中的广泛应用和贡献。

5. 石油公司的技术实力

石油公司的技术实力是石油展示的重要内容之一,通常会通过实验演示、技术交流、专家讲座等形式进行展示。比如,展示馆中会介绍石油公司的技术研发成果、新产品开发、技术优势和创新能力等方面的情况,让观众了解石油公司的技术实力和技术优势。

6. 石油产品的未来发展

石油产品的未来发展是石油展示的重要内容之一,通常会通过文字、图片、视频等形式进行展示。比如,展示馆中会介绍石油公司在新能源、节能减排、数字化技术等方面的技术创新和发展计划,让观众了解石油产品在未来的发展方向和趋势。

7. 石油产品的互动体验

展示馆中通常会设置一些互动体验环节，比如模拟油田开采、油品品质鉴定、环保科普等，让观众更加深入地了解石油产品和企业。

除了以上内容，石油产品展示还可能涉及一些其他方面的内容，比如石油公司的历史沿革、重要事件和里程碑、石油产业链中的其他企业和机构等。总之，石油产品展示的内容多种多样，目的在于让观众了解石油产品的各个方面，增强对石油产业的认知度和信任感，从而推动石油产业的可持续发展。

总之，石油产品展示的内容除了介绍石油产品本身的特点和性能外，还包括了石油公司的技术实力、环保理念、品牌形象等方面的展示。通过这些内容的展示，可以让观众更加全面地了解石油产品和企业，增强观众对石油产品和企业的认知度和信任感，促进企业的品牌建设和市场营销。

（二）服务体验

石油产品的服务体验是指在石油产品的使用过程中，用户获得的服务和体验。它主要包括以下几个方面。

1. 产品质量保证

石油产品的质量对于用户而言非常重要，因此在销售和使用过程中需要进行充分的质量保证。石油公司通常会通过多种途径，如提供产品技术说明书、严格质量控制和监管、优质客服等方式，为用户提供高质量的产品和服务，确保用户能够放心使用石油产品。

2. 安全保障

石油产品的使用涉及一定的安全风险，比如，火灾、爆炸等。因此，石油公司需要为用户提供全方位的安全保障，包括产品设计、制造、储运和使用过程中的安全控制和管理。同时，石油公司还需要为用户提供及时有效的应急服务和救援支持，确保用户能够在出现意外情况时获得及时的帮助和支持。

3. 使用便捷性

石油产品的使用便捷性是用户使用体验的一个重要方面。石油公司需要为用户提供方便快捷的购买渠道、完善的配送服务和现代化的支付方式，确保用户可以在最短的时间内获取到所需的石油产品，并能够方便地完成购买和支付等相关操作。

4. 服务质量

在使用石油产品的过程中，用户可能会遇到各种问题和疑问，如产品使用、售后服务等方面的问题。因此，石油公司需要提供优质的客户服务，包括在线客服、电话咨询、上门维修等多种服务方式，以满足用户的不同需求和要求。

5. 环保和可持续性

石油产品的使用和生产会对环境和社会产生影响，因此石油公司需要重视环保和可持续性问题，并为用户提供环保友好型产品、绿色供应链、社会责任等方面的服务保障，以推动石油行业的可持续发展和环保事业的发展。

三、市场推广宣传

下面是石油市场推广宣传的几种方式。

（一）广告宣传

通过电视、报纸、广播等媒介发布广告，向客户宣传产品和服务的特点和优势，增强客户对产品和服务的认知度和信任度。石油产品广告宣传的内容可以包括以下几个方面。

产品特点和性能：石油产品广告通常会强调其产品的特点和性能，比如高效、节能、环保、耐用等。

安全可靠：石油产品广告也会强调其产品的安全可靠性，以吸引消费者的信任和支持。

用途和应用：石油产品广告还会介绍其产品的用途和应用，比如，汽车、飞机、船舶、建筑等领域，让消费者了解其产品在不同领域的使用效果。

品牌形象：石油产品广告也会加强品牌形象的塑造，提升品牌知名度和认可度，比如通过与名人合作或参与公益活动等方式。

环保理念：近年来，石油产品广告中也越来越注重强调环保理念，强调企业对环境的保护和可持续发展。

创新技术：一些石油公司也会在广告中介绍其研发的创新技术和产品，以突出其技术实力和领先地位。

（二）促销活动

通过打折、赠品等促销活动，吸引客户关注和购买产品和服务，提高销售和市场份额。石油产品促销活动可以包括以下几个方面。

价格优惠：石油产品促销活动中最常见的方式是提供价格优惠，如打折等。

购买返利：石油公司可以通过购买返利的方式，吸引消费者购买其产品。消费者在购买石油产品后，可以获得一定的返利金额，鼓励他们继续购买该品牌的产品。

积分兑换：石油公司可以通过积分兑换的方式，鼓励消费者购买其产品。消费者在购买石油产品时，可以获得一定数量的积分，积攒到一定额度后，可以兑换赠品或抵扣券等。

促销活动：石油公司可以通过组织促销活动的方式，增加产品的知名度和销量。比如开展满减、送礼活动等。

合作活动：石油公司可以与其他品牌或商家合作，通过搭配销售的方式，吸引更多的消费者。比如与汽车厂商合作，推出购车送油的活动。

线上促销：随着电商平台的发展，石油公司也可以通过线上促销的方式，吸引更多的消费者。比如开展网上商城活动，推出线上优惠券等。

（三）电子商务推广

随着信息技术的发展，电子商务在企业中得到广泛的应用和发展。电子商务的发展改变了石油企业的销售模式，不断开拓石油企业发展市场，提高石油企业的经济效益。

1.电子商务的内涵及特点

电子商务指的是企业、个人等具有商业活动能力的实体，利用网络信息技术开展商业活动的全过程。电子商务改变了传统商务贸易的固定模式，使流速渠道不断扩大，有效降低了生产交易成本，并突破传统交易在时间和空间上的限制。与传统营销方式相比，电子商务交易虚拟化，通过网络的方式完成，产品交易可以随时随地进行；卖方将产品信息发布到互联网上，使信息对号入座；电子商务的运作通过互联网操作实现，运作成本低廉。

2.电子商务在石油企业市场开发中的作用

一方面，电子商务有利于改善企业形象，提高在全国市场上的影响。传统石油企业给人一种地处偏远、自然条件恶劣、环境差、管理落后的形象，石油企业运用电子商务有利于提高企业科技水平和经济水平，通过电子商务在网络上传递信息、宣传企业新面貌、树立企业新形象，为企业未来进一步的发展吸引资金、人才和信息。在电子商务的应用下，通过互联网的传播，增加了石油企业对市场需求的敏锐度，使生产的产品顺应市场的需求，提高产品质量，降低生产成本，提高石油企业在市场中的综合竞争力。

另一方面，电子商务有利于开拓石油企业国内外市场。石油企业可以根据自身的发展计划，将研发出的新产品发布到互联网上，并在网上详细介绍新产品的信息，使产品信息通过互联网传播到世界市场中，不仅宣传了石油企业的形象，扩宽了企业的发展市场，还为企业在市场中寻找合作伙伴和商业机会提供了有利的条件。电子商务的发展和应用，扩大了企业的营销、采购、融资、合作等经营活动范围，企业面临的是全球市场，并为客户提供全新的个性化服务，为自身赢得了更大的生存和发展空间。

3.电子商务在石油企业市场开发中的应用与推广

（1）完善企业内部网络，实施企业内部电子商务

首先，要建设和完善企业网络基础，在企业内部建立企业局域网络系统，按照ERP系统的要求制定详细的系统，系统软件的建设在企业信息中心和开发人员的配合下完成，保证企业网络的顺利整合。

其次，要完善企业销售网络系统，加强对网络销售的开发和利用，将销售网络中的物流、信息流、资金流等充分结合。

最后，要加强对财务网络系统的开发和利用，石油企业财务系统中的交易会计、财务分析、财务规划等都需要适合电子商务的要求。除此以外，石油企业是围绕石油产品链而发展的，石油集团企业之间存在大量的交易，从而企业之间存在大量的物流和资金流，企业内部建立电子商务，实施供应链管理，实现库存的网络管理，有利于降低企业成本，也能够实现盘活资产存量，降低企业库存积压，因此企业要建立统一的电子货币结账系统。

（2）开展网络营销，加快信息化建设

首先，石油企业要加强电子商务网站策划，建立网站可以抢占网络商机，通过网络销售、网络宣传提高石油企业的形象，提高网络营销服务水平，实现经营成本的降低和经济

效益的提高；建立统一的石油企业采购和销售网络平台，使采购和销售相结合，重点突出电子营销产品的内容。

其次，要加强网络广告策略，在企业网站上发布生产产品的信息和广告，增加企业产品的宣传力度，并加强利用公共网站、新闻传播网、电视媒体等传播媒介宣传产品广告信息。

最后，要加强石油企业网络营销渠道的开发，可以采用网络直销、网络间接销售相结合的方法，降低石油企业产品的交易成本，扩展销售市场，增加企业的经营效益。

（3）提供电子商务新服务，扩展国内市场

石油企业的电子商务策略主要体现在成品油终端销售方面，利用电子商务开发新的服务方式，为客户提供满意、方便的服务，提高石油企业在国内市场的综合竞争力，抢占国内消费市场。石油企业可以利用加油站网络向客户提供新的服务，借助石油企业强大的销售网，为不同客户用油情况提供详细的管理资料，客户还能够通过专用软件进行查询用油及消费情况，同时可以为客户提供有效的控制服务；建设和完善国内成品油交易网络，将连锁加油站资源进行整合，形成加油站的联合网络服务平台，扩大石油企业销售网络，提高在国内市场的消费吸引力，增加石油企业的市场竞争力。

（4）摒弃传统观念的束缚，利用各项资源

电子商务在全球经济发展中具有重要作用，世界各国政府不断重视电子商务的发展。电子商务已经进入迅猛发展时期，因此我国石油企业要跟随时代的发展潮流，树立电子商务理念，大力推进企业营销转型，充分抓住电子商务发展的契机，在国内、国际开拓新的市场，加强自身综合竞争力，提升企业的经济效益。石油企业还要重视电子商务人才的引进和培养，充分利用政府对石油企业开展的电子商务的优惠政策，增强企业的综合实力。

（四）参展和赞助

石油公司可以通过参加各类展览会和赞助重要的赛事、活动等方式，展示品牌形象和产品特点，吸引潜在用户的关注和购买，提高品牌知名度和美誉度。以下是石油企业参展和赞助的一些具体情况。

1. 参展

石油企业可以通过参加国内外各种展览会、展销会、技术交流会等方式，展示企业的技术实力和产品特点，扩大企业在市场中的知名度和影响力。比如，中国石油天然气集团公司（CNPC）曾多次参加中国国际工业博览会、中国石油展览会等重要展览会，展示企业的技术和产品特点，吸引了大量观众和客户的关注和询问。

2. 赞助

石油企业可以通过赞助重要的赛事、活动等方式，提高企业的知名度和美誉度，吸引潜在用户的关注和购买。比如，中石油曾赞助过2008年北京奥运会、2010年上海世博会、2014年南京青奥会等重要赛事和活动，促进了产品销售和企业发展。

3. 主办

石油企业还可以通过主办各种行业会议、峰会等方式，展示企业的技术和管理实力，提高企业的知名度和美誉度，促进行业的发展和创新。比如，中石油曾主办过国际石油炼制技术研讨会、中石油科技创新论坛等重要会议和活动，吸引了大量专家和学者的关注和参与。

总之，石油企业参展和赞助是重要的市场推广宣传方式，可以通过多种方式展示企业的技术实力和产品特点，提高企业的知名度和美誉度，促进销售和企业发展。同时，企业应该根据自身的情况和市场需求，选择合适的参展和赞助项目，制定有效的推广策略和营销计划，确保推广宣传的效果和效益。

四、企业社会责任宣传

通过参与慈善事业、环保、能源节约、人才培养等社会公益活动，加强企业与社会之间的联系和沟通，提高企业社会责任感和公众形象。

（一）企业社会责任理论概述

研究石油企业社会责任，必须要对企业社会责任理论的含义、内容及意义有透彻的理解。

1. 企业社会责任的内容

对于中国石油企业社会责任的内容，应该在一般性的社会责任内容基础上，综合考虑和谐社会建设的要求、石油企业的性质以及石油行业生产运营的特点。

一方面，石油企业是关系国计民生的国有特大骨干型企业，是国民经济的基础，因而石油企业的使命就是实现中国特色的社会主义生存目的、实现国家各种战略以及维护社会整体利益。石油企业的这种天然的公益价值性决定了石油企业社会责任的公共性。再加上石油企业作为国有企业本身就占据了大量社会资源，享受一定的政策倾斜，因而与一般企业相比，应承受更广泛的社会责任，主要体现在满足国家对其政治性诉求和更广泛的道德诉求。国家对石油企业政治诉求是指石油企业作为国有企业要维护全国人民利益、为经济社会发展服务、维护社会稳定、配合国家各项政策的实施。在卡罗尔企业社会责任金字塔框架下，企业的慈善责任和道德责任是自愿、自觉行为，而石油企业则应把道德责任和慈善责任放到经济性责任和法律性责任同等重要甚至更重要的位置，即便是对经济责任和法律责任的追求也是为了更好地辅助道德责任和慈善责任的履行。

另一方面，从石油企业生产运营特点来看，石油的勘探和开发涉及勘探、钻井、测井、井下作业、采油和油气集输等复杂过程，且产品具有易燃易爆的特点，属于高危行业。极易发生安全和环境等问题，这些问题一旦发生将在社会上造成极大负面影响，阻碍和谐社会建设，因而石油企业要承担更多的社会责任。

鉴于此，从构建和谐化社会的角度对中国石油企业社会责任内容初步界定为以下几方面：保证能源供应，油汽资源供应情况直接关乎社会稳定，社会稳定又是构建和谐社会的重要条件。建设和谐社会要求石油企业必须保证能源供应；发展经济，创造财富，石油企业要努力带动经济发展，确保国有资产增值保值，为构建和谐社会提供雄厚的物质基础；以人为本，即对利益相关者负责，做到对内既要保障员工的各种权益，又要对股东负责，积极与股东沟通；依法经营管理，和谐社会是一个民主法治、安定有序的社会，严格遵守国家的法律法规，依法经营，坚决拒绝腐败和商业贿赂的发生；保护环境，石油企业作为环境"高危"企业必须做好环境保护工作，不断加强管理，尽量从源头杜绝环境污染事件发生，对已造成的损害及时处理修复，把对环境的损害降到最低。

2.企业社会责任的意义

（1）企业承担社会责任是当今构建和谐社会的需要

企业创造的财富为和谐社会建设提供了雄厚的物质基础，其利益相关者的安居乐业更是构建和谐社会的关键。而如若企业在劳动报酬、产品质量、安全生产、劳动保障等方面做得不到位，出现相关的问题，将会有可能引发各种社会矛盾，直接影响社会的安定，阻碍和谐社会的建设。因而企业对构建和谐社会的担子重、责任大。

（2）企业承担社会责任是企业自身发展壮大的需要

首先，企业承担社会责任对企业的发展和壮大有着深刻的影响。企业社会责任不仅是社会对企业的要求，还代表着企业的声誉和形象，能够极大地促进企业竞争力增强和经济效益提高。现如今越来越多的国家已将企业社会责任情况作为贸易衡量的重要条件之一。因此，企业要适应世界经济发展的潮流，必须承担社会责任。

其次，企业承担社会责任有利于企业与利益相关者构建和谐的关系及人才的吸引。一个健康的企业必然要与外部环境的各个利益相关者之间建立一种良好的关系，从而达到一种共赢结果。为利益相关者服务意味着企业承担了相应的社会责任，只有保证了利益相关者的利益、积极改善与利益相关者的关系才能保证企业的可持续发展，从而提升企业的竞争力和地位。保证利益相关者的利益的企业必定是积极承担社会责任的企业，也就必定能吸引人才。因为企业社会责任的核心理念之一就是倡导以人为本，当然更包括对人才的重视，人力资源特别是人才资源是企业重要的创造性资源，积极承担企业社会责任的企业重视人才，自觉构建发展平台，创新发展机制，帮助人才脱颖而出，进而达到留住人才的目的。

最后，企业承担社会责任可以提高劳动者的归属感，从而提高劳动者的积极性。企业积极承担社会责任，更好地保护劳动者的利益，无疑会给员工增加归属感，使员工以企业为家。强调平等对待员工、平衡利益、保护劳动者基本权利，都是社会责任的基本体现。

（二）中国石油企业履行社会责任取得的成绩

和谐社会要求企业履行社会责任。中国石油企业作为国有企业，积极践行社会责任：保障能源供应，维护能源安全；发展经济，为和谐社会建设提供雄厚的物质保障。

1.中国石油企业保障能源供应，维护能源安全

油气资源供应情况事关能源安全与社会稳定，这二者是构建和谐社会的重要条件。中

国石油企业要以保障国家油气安全，维护社会稳定为己任，不断提高油气产品的产量，努力构建清洁、高效、安全、可持续的能源体系。中国石油企业不断加强国内常规油气资源勘探，十分注重新能源的开发和利用，不断提高调峰能力，保障特殊时期的油气供应，使整个社会的能源需求得到满足，让国家能源安全得到了保障，为社会的稳定、进步和发展提供了良好的外部条件，也使和谐社会建设的基础更加牢固。

2. 中国石油企业发展经济，为和谐社会建设提供物质保障

化解各类社会矛盾、缩小城乡之间的差距、协调各方利益等都是构建和谐社会的重要内容，而这些内容的实现则需要强大的物质基础做支撑。中国石油企业作为国有企业，是最重要的经济主体，也是国家获取财政收入的关键渠道，而国家的宏观调控又需要强大的财政收入做支撑。这就要求石油企业把发展作为第一要务，源源不断地为社会和国家创造丰厚的物质财富，尽可能地提高盈利数额，保证财政稳定收入，为和谐社会的建设提供物质保障。

近年来，中国石油企业面对复杂严峻的内外部发展环境，按照绿色低碳、安全环保和可持续发展要求，进一步统筹传统产业与新兴业务，积极推进混合所有制经济和投资主体多元化，坚持市场需求导向，强化科技创新驱动，严谨把控投资规模，深入优化投资组合，突出优化配置创效益和绿色低碳促和谐，取得了不凡的业绩。中国石油企业不断调整结构，转变经济发展方式，创造了巨大财富，带动了整个国民经济发展，不但实现了国有固定资产的保值，还极大地促进了它的增值，为国家和社会创造了巨额财富，使和谐社会建设的构建有了十分充足的物质保障。

（三）石油企业社会责任宣传的方式

石油企业作为一种能源企业，承担着巨大的社会责任，包括环保、安全生产、人文关怀等方面。因此，石油企业在推广宣传的同时，也应该注重社会责任宣传，强调企业的社会责任和公益事业，提高社会的认可度和支持度，为企业的可持续发展打下良好的基础。以下是石油企业社会责任宣传的一些具体方式。

1. 环保宣传

石油企业在生产过程中会产生大量的废气、废水等污染物，因此，企业应该注重环保宣传，强调企业的环保责任和行动，促进环境保护和可持续发展。比如，中石化曾在全国范围内开展了"青春环保行动""绿色中国行动"等系列环保宣传活动，宣传企业的环保理念，号召公众积极参与环保行动。

2. 安全生产宣传

石油企业在生产过程中存在很多安全隐患，因此，企业应该注重安全生产宣传，强调企业的安全责任和行动，保障员工和公众的安全。比如，中国石油天然气集团公司（CNPC）曾在全国范围内开展了"安全生产月""安全行动计划"等系列安全生产宣传活动，宣传企业的安全生产理念，提高员工和公众的安全意识和防范能力。

3. 人文关怀宣传

石油企业作为一种能源企业，也承担着关爱员工和公众的责任。因此，企业应该注重人文关怀宣传，强调企业的人文关怀理念和行动，促进员工和公众的健康和幸福。比如，中石油曾开展过"关爱天使行动""阳光心愿计划"等系列公益活动，为贫困地区的孩子们送去温暖和关爱。

总之，石油企业社会责任宣传是一种重要的推广宣传方式，企业应该根据自身的需求和情况选择合适的宣传媒介。

五、内部员工宣传

通过内部资料、员工培训、员工公告栏等方式，向企业内部员工宣传企业文化、使命和目标，激励员工的积极性和创造性，提高员工的凝聚力和忠诚度。以下是石油企业内部员工宣传的一些具体方式。

（一）内部资料

石油企业可以通过内部资料的方式，向员工宣传企业的文化、理念、业务等方面的信息。通过内部资料，员工可以了解企业的最新动态和政策，增强对企业的认知度和信任感。以下是石油企业内部资料的一些特点和要点。

1. 内容丰富

石油企业内部资料的内容应该丰富多样，包括企业的最新动态、政策、业务、技术、文化等方面的信息。同时，还可以通过这些资料，向员工介绍企业内部的先进人物和典型事迹，提高员工的荣誉感和自豪感。

2. 形式多样

石油企业内部资料的形式可以是纸质的资料，也可以是电子版的邮件、微信公众号等形式。不同形式的资料可以适应员工的不同需求，比如纸质资料适合不方便使用电子设备的员工，电子版资料则方便员工随时随地查看。

3. 定期发行

石油企业内部资料应该定期发行，比如每月或每季度一次。定期发行可以保证资料的时效性和稳定性，让员工能够及时了解企业的最新动态和政策。

4. 设计精美

石油企业内部资料的设计应该精美，符合企业的形象和风格。内部资料的排版、插图、配色等方面要符合美学原则，让员工在阅读的过程中感受到视觉上的愉悦。

5. 互动性强

石油企业内部资料应该具有互动性，让员工参与到资料的制作和发布中。比如可以通过征集员工的文章、照片、视频等形式，增强员工的参与感和归属感。

总之，石油企业内部资料是一种重要的内部宣传方式，可以增强员工对企业的认知度和信任感，促进员工的凝聚力和团队合作精神，进而提升企业的综合竞争力。企业应该注重内部资料的制作和发布，并根据员工的需求和反馈不断改进和完善资料的内容和形式。

（二）内部培训

石油企业可以通过内部培训的方式，向员工传授企业的知识和技能。内部培训可以是针对特定部门或职位的技能培训，也可以是针对企业的价值观、文化、战略等方面的培训。通过内部培训，员工可以提升自身的专业水平和综合素质，同时也增强对企业的认知度和归属感。以下是石油企业内部培训的一些特点和要点。

1. 培训内容全面

石油企业内部培训应该针对员工的不同层次和不同岗位需求，开展全面的培训内容。比如技能培训、管理培训、职业素质培训等，可以让员工在不同方面提升自己的能力和水平。

2. 培训形式多样

石油企业内部培训的形式可以是课堂培训、现场观摩、实践操作、在线学习等。不同形式的培训可以适应不同类型的员工需求，提高培训效果。

3. 培训师资力量强大

石油企业内部培训需要具有专业的师资力量，包括企业内部的专家、高级管理人员、培训师等。他们应该具有丰富的行业经验和专业知识，能够为员工提供全面的培训服务。

4. 培训计划科学合理

石油企业内部培训应该有科学合理的培训计划，包括培训内容、培训形式、培训时间、培训地点等方面的规划和安排。培训计划需要考虑员工的工作岗位、工作性质、发展方向等因素，让员工在培训中获得实际的收益。

5. 培训效果评估及时

石油企业内部培训需要及时评估培训效果，采取多种方式对员工的学习效果进行评估和反馈。评估结果可以为企业提供参考，调整和改进内部培训计划，提高培训的效果和质量。

（三）内部文化行为

通过内部活动，员工可以更好地了解企业的文化和价值观，同时也可以加强员工之间的沟通和合作。要保证企业行为文化建设健康、有序，应重点把握以下几个环节。

1. 企业制度文化建设

（1）制度建设必须配套完备

一个好的企业，在管理过程中必须保证有严格的制度约束，不能有制度控制不到的环节的疏漏和缺失。完备的制度一般包括领导职责、现场管理规定、职工日常行为规范、服务标准、服务规范、跟踪服务制度、岗位绩效评估制度等。

（2）制度建设必须上下顺畅、配合默契、奖惩分明、形成合力

制度的制定既要符合企业自身发展的特点，又要保证机制运作有活力，相互关联顺

畅。只有顺畅的制度,才能使生产流程、服务流程、管理流程有效率、有活力。

(3)实现制度的习俗化过程

一个好的制度不是墙上的制度或本子上的制度,而是要把制度习俗化到每一位员工的日常行为中。在这个习俗化过程中,首先要加强教育,通过耐心细致的教育,把制度内化到员工的心灵中,使制度成为员工的习俗化行为。其次,制度贯彻的前提是全体员工对制度的高度认可。为此,作为企业领导人在制定制度时,切忌坐在办公室里空想,应当深入职工,深入一线,做调查研究,通过广大职工广泛讨论的基础上形成的制度才有生命力、说服力。没有员工广泛讨论为基础,制度只能是空中楼阁或一纸空文。

2. 保证企业组织运作高效化的基本原则

(1)统一性管理原则

统一性管理原则按亨利·法约尔的管理理论,包括统一指挥原则和统一领导原则。统一指挥原则是一个重要的管理原则,按照这个原则的要求,一个下级只能接受一个上级的命令。如果两个领导人同时对同一个人或同一件事行使他们的权力,就会出现混乱。在任何情况下,都不会有适应双重指挥的企业组织。与统一指挥原则有关的还有下一个原则,即统一领导原则,是指:"对于力求达到同一目的的全部活动,只能有一个领导人和一项计划。人类社会和动物界一样,一个身体有两个脑袋,就是个怪物,就难以生存。"统一领导原则讲的是,一个下级只能有一个直接上级。它与统一指挥原则不同,统一指挥原则讲的是,一个下级只能接受一个上级的指令。这两个原则之间既有区别又有联系。统一领导原则讲的是组织机构设置的问题,即在设置组织机构的时候,一个下级不能有两个直接上级。而统一指挥原则讲的是组织机构设置以后运转的问题,即当组织机构建立起来以后,在运转的过程中,一个下级不能同时接受两个上级的指令。

(2)例外原则

例外原则是管理的一项重要原则。例外原则就是领导者只管规章制度中没有规定的"例外"的事,凡是已有规定的,就由下一级或职能部门按章办事即可。贯彻这个原则,对于企业各个层次的管理者尤其重要。作为企业领导人普遍认为工作忙、头绪多,但如果检查一下,是不是忙了制定规定之内的事情?如果是这样,我们就要贯彻例外原则,在贯彻例外原则时应当注意三点。①经常检查作业流程是否顺畅,衔接如何。领导者不干预下层的事,随意干预的后果是,一方面浪费自己的宝贵时间和精力,另一方面造成下属没有主见,没有责任感。②当领导者发现忙不过来时是否做了下级做的事?确实有就要放权。③不直接回答下级的问题,只回答下级关于问题的建议,一个只会向上级汇报问题而不善于提出建议的下级是不称职的。

(3)团队组织要以理性为指导的原则

维系公司中人员的关系,工作中有感情远近、亲疏是正常的,但不能形成派系,不能让感情来代替理性规则。对此最好的办法就是用严格的组织管理规范来约束。

（4）对员工进行恰当激励原则

掌握激励理论是管理的一项重要内容，激励有物质激励、精神激励、工作激励和成就激励等。我们重点了解一下成就激励。成就感一方面表现在对个人贡献的体验，个人贡献越大，成就感越强；另一方面表现在个人贡献的优势体验，比别人有优势也是一种成就。为此，管理的关键是如何提供竞争的平台。当需要大刀阔斧地开展工作时，就尽可能多地提供竞争的平台；当一个部门矛盾突出时，就提供少一点平台。成就激励原则要求我们工作中尽可能做到：尽量缩小工作团队，明确每一个人的职责，放手让员工自己干，构造公正透明的业绩平台。

3.建立一种学习型企业组织

市场竞争越来越激烈，面对市场我们必须要不断适应这个环境，及时应变。这个过程就是要学习，学习分两种形式：一是吸收式学习，二是重构式学习。建立学习型企业组织的主要内容是：不是个别学，而是团队学。学习不单单是领导干部的事，而是全体人员共同的事。不仅读书培训，还要立足岗位创新管理。学习的目的是创新，搞形式的、无用的学习要尽可能避免。任何把学习当作"毕其攻于一役"的想法都是不对的。不是某一层次地学，而是所有层次地学。第一层：公司高级经理，主要是重构式学习，每年要参加1~2次高层研讨会。第二层：各部门经理或负责人，主要学习凝聚团队精神的本领，团结十分重要。第三层：一线职工，主要是吸收式学习，学习各种规章制度，熟练掌握现场操作的基本技能，举办各种形式的技能培训（公关礼仪）。

（四）内部通信

石油企业可以通过内部通信的方式，向员工传递企业的信息和政策。内部通信可以是针对全体员工的邮件、短信、电话等形式，也可以是针对特定部门或职业的内部论坛、微信群等形式。通过内部通信，员工可以了解企业的最新动态和政策，增强对企业的认知度和信任感。以下是石油企业内部通信的一些特点和要点。

1.内容丰富

石油企业内部通信的内容应该丰富多彩，包括企业内部新闻、业务动态、市场动态、行业资讯、员工文化活动等。通过丰富多样的内容，可以满足员工的不同需求，提高员工对企业的认知度和归属感。

2.媒介多样

石油企业内部通信的媒介可以是企业内部网站、内部邮件、内部电视台、内部资料等多种形式。通过多种媒介，可以覆盖到不同层次、不同地区的员工，让信息传递更加及时和有效。

3.反馈机制完善

石油企业内部通信应该建立反馈机制，让员工可以对内部通信内容进行反馈和提出意见建议。通过及时的反馈机制，可以提高员工对内部通信的参与度和认可度，让企业内部的信息传递更加顺畅。

4. 创新性强

石油企业内部通信应该具有创新性，不断创新和改进内部通信的形式和内容。通过不断创新，可以激发员工的创造力和创新能力，增强员工的归属感和凝聚力。

5. 战略性明显

石油企业内部通信应该有明显的战略性，与企业的战略目标紧密结合。内部通信应该传达企业的战略目标、业务战略、企业文化等重要信息，让员工更好地理解和支持企业的发展。

总之，石油企业内部通信是企业加强内部沟通和信息传递的重要手段，可以增强企业内部的凝聚力和协同性，提高企业的综合竞争力。企业应该注重内部通信的规划和安排，建立反馈机制，加强内部通讯的创新和改进，让内部通信成为企业内部沟通的重要支撑。

六、思想政治工作内容

石油企业思想政治工作内容的形成是一个历史发展过程，体现了石油企业思想政治工作内容不断与时俱进的历程。同时，石油企业思想政治工作内容时代化是在石油企业这个特定主体下进行的。因此，对石油企业、思想政治工作内容与思想政治工作内容时代化三者进行界定与剖析是石油企业思想政治工作内容时代化研究的首要环节与基础工作。

（一）石油企业思想政治工作内容的概念与特征

1. 石油企业的特点

明确石油企业的特点对于深化理解石油企业思想政治工作内容具有基础性意义。石油企业是对直接从事石油、天然气开采并对油气产品进行加工的生产、经营类经济组织的总称。目前，中国大型的石油企业均是国有企业，这是由社会主义制度与石油资源的特殊性共同决定的。因此，有学者提出石油企业具有区别于一般企业的两个特点："行政隶属关系"与"多功能特点"。"行政隶属关系反映的是国家与国有企业的关系"，而所谓"多功能特点"指的是国有企业除了具有一般企业的经济价值外，还具有政治与社会保障等多项功能。

具体来看，石油企业的特点主要体现在以下两个方面。

（1）石油企业与一般企业相比存在特殊性

就全国范围看，我国的石油企业多是大型或特大型企业，由于石油资源的特殊性，石油企业是由中国石油工业部直接领导的，每个石油企业都是独立的法人实体。因此，多数石油企业具有国有企业的性质与特点。

（2）石油企业具有目标多元性的特点

发展经济、追求利润并不是石油企业的唯一目标，保障国家资源的战略安全，以国家的需要为生产前提也是石油企业的重要目标。除此之外，石油企业是承担政治责任、经济责任、社会责任三重责任的统一体。这也是石油企业目标多元性的生动体现。

2. 石油企业思想政治工作内容的概念

无论是石油企业思想政治工作内容还是思想政治教育内容，二者均在思想政治教育（思想政治工作）过程中承担的是教育介体的职能，是思想政治教育系统中最基本的要素之一。张耀灿学者在其著作中明确提出："思想政治教育内容是根据一定的社会要求，针对教育对象的思想实际，经教育者选择设计后有目的、有计划地传导给教育对象的带有价值引导性的思想政治信息。"这一定义目前是被学界广泛认可的。而"石油企业思想政治工作内容"与"思想政治教育内容"二者最大的区别在于前者将思想政治教育内容限定在石油企业的范围内，这就导致在进行石油企业思想政治工作的过程中，思想政治工作内容的前提条件、作用对象、工作重点等发生改变。

为此，可以得出"石油企业思想政治工作内容"的内涵如下：石油企业思想政治工作内容是根据一定的社会要求和石油企业发展的需要，针对石油企业内部员工的思想实际，思想政治工作者有目的、有计划地传导给石油企业员工的思想观念、价值引导、道德教育等信息。

3. 石油企业思想政治工作内容的特征

明确石油企业思想政治工作内容的特征是了解石油企业思想政治工作的前提条件，也是区分石油企业思想政治工作与石油企业其他工作的重要标志，对于明确思想政治工作对石油企业的作用具有积极意义。

（1）政治性特征是石油企业思想政治工作内容的首要特征

无论是思想政治工作活动还是思想政治教育活动都是一定社会或阶级用特定的教育内容来影响人，从而巩固一定阶级统治的活动。无产阶级政党旗帜鲜明地指出，无产阶级政党就是要用马克思主义理论教育人民，为无产阶级培养人才。因此，思想政治工作虽然包括众多方面，但是从根本上讲，思想政治工作是具有鲜明的意识形态性的，这也是石油企业思想政治工作区别于石油企业其他工作（如管理工作、行政工作等）的根本特征。正如有学者提出的："不管企业的改革力度如何加大，不管企业的管理方式、机构设置、运营形式如何变化，企业的思想政治工作的第一要务就是保障企业的社会主义方向以及社会主义经济建设的性质。"这既是石油企业思想政治工作内容的灵魂所在，也是石油企业思想政治工作的根本特征。

（2）石油企业思想政治工作内容具有鲜明的实践性特征

思想政治工作的基本含义决定了思想政治工作内容具有实践性的特征，具体来说，体现在以下两个方面。

一方面，石油企业思想政治工作建立在长期实践的基础上并作用于实践活动，它的形成和发展都依赖于实践。石油企业思想政治工作中的党员教育、爱国主义教育、职业道德教育等大多以实践活动为载体才能得以开展。例如，石油企业的党员教育可以通过组织党员参观革命根据地等实践活动开展，在增加对革命史的了解的同时激发出党员的爱国情感。

另一方面，思想政治工作对于指导石油企业的工作具有重要的意义。思想政治工作虽然作为一种软性力量，却可以指导石油企业的工作，促进石油企业更好更快发展。例如思想政治工作包括对员工进行创新、创业精神教育，这对于点燃员工创新热情、调动员工主动性、从而激发企业活力具有重大价值。

（3）综合性特征也是石油企业思想政治工作内容的重要特征之一

石油企业思想政治工作内容的综合性特征集中体现在以下两个方面。

一方面，石油企业思想政治工作相比学校思想政治教育而言受到更多样、更复杂的因素影响。就思想政治工作的教育对象来看，石油企业思想政治教育的对象相较于学校的受教育者更具复杂性。石油企业员工在家庭背景、专业背景、受教育程度、地域等方面存在较大的差异，因此石油企业思想政治工作开展的过程中要充分考虑到对象复杂性这一因素，使得思想政治工作的难度加大。

另一方面，石油企业思想政治工作的内容以思想政治教育学为核心，依托于政治学、教育学、社会学、法学、伦理学等多门学科，综合借鉴和运用相关理论知识进行研究。但是，借鉴不等同于生搬硬套，而是通过对内容的整合加工，最终形成丰富且和谐的内容体系。这同样对石油企业思想政治工作者的素质与能力提出了较高要求。

（二）石油企业思想政治工作内容时代化的含义

目前，学界关于"石油企业思想政治工作内容时代化"的定义未形成统一定论。其中具有代表性的观点认为，石油企业思想政治工作内容时代化是以继承传统思想政治工作内容为基础，结合现代企业的管理理念、管理制度、科技手段和信息手段，探索石油企业思想政治工作新内容的过程。

目前，学界关于石油企业思想政治工作内容时代化的概念表述虽不同，但主旨清晰，具有以下三个共同特点。

1. 概念表述均对历史背景有所考量

一般来说，学者在界定企业思想政治工作时代化的内涵时会优先考虑时代背景的问题。学者多数从两个方面着手：一是以新形势、新时期为背景，二是以我国正在进行的社会主义现代化建设为背景。个人比较认同将石油企业思想政治工作时代化融入社会主义现代化的大环境中去。这是因为：一方面体现了石油企业思想政治工作时代化是社会主义现代化建设的真实写照；另一方面社会主义现代化建设的完成需要社会各行各业逐步迈向现代化，石油企业思想政治工作内容的时代化也应包括其中。

2. 时代化与科学化密不可分

石油企业思想政治工作内容在追求时代化的同时也要追求科学化。所谓思想政治工作科学化是指思想政治工作要符合人的发展规律和社会发展规律，运用合理的手段方法，辅之以现代化的科学技术，不断追求思想政治工作的向前发展。这具体体现在思想政治工作的诸多方面，例如利用科学、系统的心理学理论实施石油企业思想政治工作中的心理健康教育。

3. 学者均重视对现有思想政治工作内容的转化

与以往的创新不同的是，学者在说明思想政治工作时代化时充分肯定现有思想政治工作内容的作用，特别是中华人民共和国成立后形成的石油行业精神。多数学者主张根据社会发展要求对思想政治工作进行改造，使之与现阶段的实际相适应。

综上所述，"石油企业思想政治工作内容时代化"这一概念界定需要包含时代背景、追求科学化目标与肯定现有内容价值三个重要部分。因此，石油企业思想政治工作内容时代化是指社会主义现代化建设的历史背景下，石油企业在继承与弘扬思想政治工作优秀传统的基础上与时俱进地更新与调整思想政治工作内容，不断增强其科学性与实效性的过程。

七、石油企业公关宣传活动

（一）企业公关的重要性

21世纪以后，中国发生了巨大的变化，尤其是改革开放以来，让一个新生的中国产生了无限的希望和可能。这其中受益最大的莫过于我们的经济市场的发展，以及我们生产企业的发展。我们的生产企业越来越多地在新的市场经济环境中进行转变，旧的思想被淘汰，新的理念不断地出现和运用于新的市场中。我们的企业也不再拘泥，开始更多地向社会开放，企业的制度也开始更多地开放。中国的企业开始逐渐地向全世界发起挑战，这就需要更多的宣传，也需要更多地考虑提高产品质量，还有公关质量。因为只有有效的公关才能够更好地把高质量的产品推销出去，才能够让我们的产品有更好的销售业绩，让企业获得更多的利润。所以说宣传离不开公关，公关的重要性在不断地提高。

（二）公关功能简介

1. 组织本身实际就蕴含了公共关系

企业本身就是一定的组织形式，而公关也就是为了满足企业和周边环境的有效融合的公共关系。尤其是我们的社会关系本身就是非常复杂的，我们的社会关系也是高度分化的，这就构成了我们高度复杂的社会系统。为了适应这样的复杂环境，就必须要通过公关来保持企业和周围环境的有效联系，通过公关来保持这些关系的合法性。只有这样才能够保证企业组织的运行处于一个正常的环境中。

2. 以双向沟通塑造组织形象

通过比较完善的、比较有效的公关活动，能够有效地进行企业形象的树立，也就能够在复杂的社会关系中，获得更多的支持、更多的理解，能够获得更多的决策、计划信息，这就是公关的重要作用之一。

3. 求得合作，以利发展

通过有效的公关工作，能够建立健康的社会关系，保证自身企业和其他企业之间的有效合作，这样才能够让企业在面对社会复杂挑战的时候，有更多的支撑力。通过有效的公关活动，能够更好地适应环境，保证生存和发展。

4. 沟通信息，增进效益

作为一门新兴的管理科学，公共关系在短短的发展历程中已经显示出很高的实用价值和社会效益，备受人们的青睐。

首先，我们通过公关能够及时地发现市场的情况，能够洞察市场的变化，能够及时地清除企业发展的障碍。

其次，通过有效的公关工作获取的信息，能够掌握到企业所需的一手资料，然后就可以利用这些资料进行有效地分析，科学合理地作出企业的决策。

最后，通过有效的公关手段，能够不断地扩大企业的知名度，能够树立起企业的良好形象，能有效地获得更多的经济效益，所以公关工作是需要不断地推进的。

（三）石油企业公关危机处理的总体思路

现代石油企业的经营环境是一个多维、多变量、多层次、多结构的纵横交错的网络系统，其中，既有一个从市场到市场的增殖过程，又有一个从企业到社会以及从社会到企业的相互的反馈过程。这是一个十分复杂的交叉关系。企业时时充满了危机感。参与竞争，赢得胜利，在一定程度上是要靠企业公关宣传来作助推器的。

1. 早期开发阶段的契机

这是一个新生企业的起跑线，其起点高低，对企业今后的成长至关重要。这一阶段如能及早抓住开业之机、扩展之机考虑企业公关策略，以及同步设计企业公关宣传与企业发展程序，可以为处于早期开发阶段的石油企业在面对挑战和竞争的不确定情景下，提供发展指南和奠定发展基础。企业公关在这一阶段的主要功能是提供各种有关信息，以确定企业在同行业和竞争对手中的形象定位。它的主要意义在于使一些问题变量从比较模糊的状态中变得清晰，使企业可以相对有效地控制这些变量，乃至把握企业发展的脉搏。

2. 中期稳产阶段的契机

这一阶段，石油企业综合效益的增长减缓甚至停滞：一方面，企业背负的包袱易使自身对变革产生一定的惰性；另一方面，有一些企业的领导往往比较关注具体的生产经营流程，而非常容易忽视这一时期中职工的心理变化流程。这就会在不同程度、不同侧面妨碍企业的顺利运转与危害企业的形象声誉。在这不进则退的关键时刻，企业公关的契机如下。

（1）停滞之机

这个时候，必须依靠公关活动的催化作用，强化与内外各界公众的联系，进行有针对性的双向沟通，无论是增强职工的参与感方面或者是心理满足方面，企业公关都可以扮演非常积极的角色。例如，企业公关开展各种以职工为主体的活动，让职工在这些活动中得到参与感，使他们体会到自己在企业中的存在价值；又如，企业公关的上下沟通和交流能够使领导者与职工群众之间建立起一座无形的桥梁，它就像润滑剂，减少企业内部的摩擦与损耗，使可能渐渐停滞不前的组织机器继续正常运转。

（2）拓新之机

中期稳产阶段的企业处在一个进退维谷的十字路口，要保证企业有更大发展，就必须开拓新的道路，大力开发其他（如第三产业）性质的项目。一方面为发展企业筹措资金，另一方面解决越来越多的富余人员的问题。但是开发的新项目需得到社会的认同与接受方有前途，不然投入巨资开发新项目却不为社会所了解、所欢迎，则企业必然遭受重大损失，使本来就处于困境的企业雪上加霜。因此，应及时开展有力的公关活动，使企业的目标意向广泛地为社会各界所理解、所接受，以获得多方支持，重新前进。

3. 后期衰竭阶段的契机

如果企业在中期稳产阶段的拓新精神差，那就会加速企业进入后期衰竭阶段的进程。一旦进入后期衰竭阶段，企业就难以靠自身改革来恢复元气，这时，也许只能通过内部改组或外部联合来注入新鲜血液，那就要毫不犹豫地抓住改组之机或更名之机开展企业公关工作，增强自身的生命力。

（1）改组之机

企业进入后期衰竭阶段后，企业内部机构设置必然随之显得臃肿、效率低下，甚至某些部分、某些方面开始失去效能。那么，这时企业组织内部必须施以改组，以求迅速减缓衰退的进程。改组中，由于内部组织中有为内外公众所不熟悉的人与事，就需要及时开展企业公关活动，尽早让公众重新熟悉。另外，当企业的某一部分需与其他企业合并或联合时——这算是企业外部在改组，同样应该通过大众传播媒介向公众做好宣传，以维持企业原有的影响，并趁此时机扩大新的联系。

（2）更名之机

名称为一个企业、一个产品之代表与象征，但在企业改组过程中，企业名称或产品名称往往要发生变化（如变成股份制企业等）。但是更换名称，无论是更换企业名称还是产品名称，对于一个已取得一定名誉和影响的企业来说，都意味着要暂时放弃或失去原有的联系与影响，这无异于另起炉灶。在这一非常时刻，倘能恰当地开展公共关系活动，则可以使企业在知名度上的损失减少到最小限度，并可借此增添新联系，扩大企业的影响范围。

第三章　新时期石油企业宣传工作的地位和作用

第一节　宣传工作是凝聚人心的渠道

石油企业的发展，离不开企业完善的发展制度和相关决策，将这些内容深入企业员工的思想中，离不开企业宣传思想工作的开展，员工通过对企业文化进行学习和思考，及时接收企业相关规章制度，并且在这一过程中认同企业文化，对企业的规章制度自主遵守并维护。除此之外，宣传思想工作还加强了企业和员工之间的沟通，不仅是向员工传达企业思想和决策的路径，员工也可以以此为途径，向企业宣传思想管理层的工作人员提出员工需求和企业发展建议。在这样一种积极的企业宣传思想模式下，员工值得称赞的事迹可以得到及时的表扬和宣传，大大提高了员工的工作积极性，增强了员工之间的团队协作意识，将集体的力量凝聚在一起，共同推进石油企业的发展进步。石油企业宣传工作对员工之间的团队协作意识具有重要的作用，具体表现在以下几个方面。

一、增强员工归属感和认同感

石油企业通过宣传工作向员工传递企业的文化、价值观和战略目标，使员工更好地理解和认同企业的发展方向和发展理念，从而增强员工的归属感和认同感。这种认同感可以促进员工之间的协作和团队精神，形成共同的目标和愿景，从而提高团队协作意识。

（一）石油企业文化与员工归属感的关系

1. 石油企业物质文化培育员工归属感

企业物质文化是石油企业最表层的文化，需要以石油企业生产产品、提供服务、企业设备、企业名称等为载体而表现出来，并依靠这些载体才能在石油企业文化建设与石油企业生产或服务中发挥作用。

企业产品或服务是石油企业物质文化的核心，是在市场上体现石油企业核心竞争力的依据，而石油企业的产品或服务往往是通过员工来实现的，因此，石油企业产品或服务具备核心竞争力就离不开优秀的员工。良好的企业物质文化能够为石油企业产品或服务提供附加值，而获得附加价值的产品或服务则更容易在市场中获得竞争优势，进而使石油企业获得成功，这部分成功则需要将功劳归属于石油企业员工，进而使得员工获得企业荣誉感，激发员工更加尽职努力，提升员工的企业归属感。

2.石油企业行为文化增强员工归属感

企业行为文化是石油企业文化的浅层文化，包括集体行为文化和个体行为文化。一般来说，石油企业的个体行为文化是指石油企业领导在石油企业经营决策中所展现出来的精神和价值观。一个优秀的企业家需要具备卓越的才能和全局的思维，才能够在石油企业运营决策中展现自己的才能，引领石油企业向更高的层面发展。这样的个体行为文化往往能够感染员工，使员工潜移默化地增强对石油企业的认同感。

此外，企业集体行为文化则是由石油企业全体员工共同构成的文化，其代表了石油企业的文化氛围，积极向上的集体行为文化能够使全体员工认识到石油企业行为文化是自己宝贵的精神财富，进一步增强员工的企业归属感。

3.石油企业制度文化激励员工归属感

企业制度文化是石油企业文化的中层文化，它是石油企业各种规章制度、行为规范的总和。制度在石油企业日常生产运营中发挥重要的作用，它是规范石油企业员工思想行为的重要手段。通常来说，石油企业的制度不仅需要具有规范性、纠正性和引导性，还需要具有较强的说服力和信服力，这样才能使员工愿意接受该制度，进而使石油企业文化更加稳定。石油企业制度文化具有一致性，对于每位员工具有同等约束力和规范性，因此良好的石油企业制度文化能够增加员工对石油企业的满意度和认同感，能够在从事石油企业生产或服务过程中感受到安全感和依托感。"以人为本"的石油企业制度文化可以体现对员工的尊重和重视，使员工感受到自己是石油企业不可或缺的一员，这无疑能够激励员工的企业归属感。

4.石油企业精神文化提升员工归属感

企业精神文化是石油企业文化的核心层，通常对于一个石油企业而言，企业经营哲学、石油企业精神、石油企业价值观和道德观共同构成了石油企业精神文化，这也代表了石油企业文化的精髓和内涵。良好的石油企业精神文化能够营造出积极的氛围，能够激起员工内心的情感共鸣，增强企业活力。

石油企业精神文化并非人们有意识地建立的，它是在长期的企业经营活动中由石油企业领导层与员工共同自然而然地构建形成的，因此优秀的石油企业精神文化能够在石油企业价值观与员工价值观之间找到均衡点，使员工的个人精神需求得到满足，激发他们的内在感召力和企业归属感。

（二）基于员工归属感的石油企业文化建设目标与原则

1.石油企业文化建设目标

基于员工归属感的企业文化建设目标一方面是为了培育新时代的先进文化，另一方面是为了培育新时代的先进人才。在社会主义文化体系下，新时代文化发展目标是"以马克思主义为指导，发展面向现代化、面向世界、面向未来的，民族的科学的大众的有中国特色的社会主义文化"。石油企业只有在这个新时代文化背景下，坚持同一目标，建立与社会主义文化、社会主义人民相一致的文化体系，才能够使员工为石油企业提供源源不断的竞争力。石油企业文化是需要依靠员工来发展的，而石油企业文化建设的目标也是促进石油企业与员工的共同发展，这样才能够使石油企业与员工在共同的进步中实现蜕变。

2.石油企业文化建设原则

首先，石油企业文化建设需要遵循以人为本的原则，这是激发员工企业归属感的根本。石油企业文化建设要时刻关注员工的思想、情感、道德、人格等需求和状态，要尊重和注重员工的心理，做到全方位关心员工。

其次，石油企业文化建设需要遵循继承与创新兼顾的原则，既要继承石油企业传承下来的优秀石油企业文化精髓，又要紧跟时代发展步伐而不断创新，确保石油企业文化与时俱进。

再次，石油企业文化建设需要遵循整体发展原则，要从石油企业文化的物质层、制度层、精神层和行为层四个层面共同入手，实现共同发展。

最后，石油企业文化建设需遵循集体参与原则，要重视石油企业中每个员工的参与，切不可实行单独领导制，因为石油企业文化是围绕员工而展开的，必须让员工参与进来，让员工始终感受到企业的尊重，这样才有利于激发他们的企业归属感。

二、促进沟通和交流

石油企业宣传工作可以促进员工之间的沟通和交流，让员工了解彼此的工作内容和专业领域，增强彼此之间的合作意愿和信任度，形成更紧密的团队合作关系。在日常工作中，员工之间能够更好地协作和配合，提高工作效率和工作质量。

（一）提高员工对企业整体情况的了解

通过石油企业宣传工作，员工可以了解企业整体的发展战略、市场状况、竞争对手等信息，从而更好地把握企业的发展方向和战略。石油企业宣传工作可以帮助员工更好地了解企业的整体情况，具体方法包括以下几个方面。

企业文化宣传：通过企业文化宣传，向员工介绍企业的使命、愿景、价值观、核心理念等方面的信息，让员工了解企业的文化背景和价值导向，从而加深员工对企业的认知。

组织文化活动：通过组织文化活动，如公司年会、团队建设、员工生日会等，增强员工的集体归属感和凝聚力，让员工更好地融入企业文化。

组织内部交流会议：组织内部交流会议，例如管理层与员工代表的座谈会、员工代表会议等，让员工了解企业的决策过程和发展方向，提高员工对企业整体情况的认知水平。

宣传企业新闻和成果：通过内部资料、企业网站、微信公众号等途径，向员工宣传企业的最新动态、技术成果、市场表现等信息，让员工了解企业的发展状况和成就，增强员工对企业的认同感和荣誉感。

总之，石油企业宣传工作可以通过多种方式，提高员工对企业整体情况的了解，让员工更好地融入企业文化，增强员工对企业的认知度和归属感，从而激发员工的工作热情和创新能力，提高企业的综合素质和竞争力。

（二）加强部门之间的联系

石油企业宣传工作可以通过各种形式展示企业不同部门的业务领域、职责范围、工作成果等，让员工更好地了解各部门之间的联系，从而增强团队合作和协作。石油企业宣传工作可以通过加强部门之间的联系，促进团队合作和协作，具体方法包括以下几个方面。

1. 展示企业部门职责

通过企业内部资料、企业网站、内部培训等方式，向员工展示不同部门的职责范围、工作重点和业务领域等信息，让员工更好地了解各部门之间的联系和配合，从而增强团队协作。

2. 组织跨部门合作项目

在企业内部组织跨部门合作的项目，让不同部门的员工共同合作、互相配合，从而增强员工之间的协作能力和团队合作精神。

3. 组织部门交流会议

定期组织不同部门的员工交流会议，让各部门员工分享彼此的工作经验和问题，相互学习和交流，从而增强部门之间的联系和协作能力。

4. 强化项目管理和沟通

通过建立良好的项目管理制度和沟通渠道，让不同部门的员工在项目中有更多的沟通和合作机会，从而提高团队合作和协作的效率。

总之，石油企业宣传工作可以通过多种方式，加强不同部门之间的联系和协作，提高团队合作的效率和协作能力，从而推动企业的整体发展。

（三）提高员工的工作积极性

通过石油企业宣传工作展示企业的技术、产品、服务等成果和优势，可以激发员工的工作热情和创新能力，提高员工的工作积极性和创造力。

1. 石油企业文化对员工品质的塑造功能

石油企业是一个大群体，在大群体中，人的心理不仅受到他人的影响，也受到群体机构、管理方式、技术设备、企业文化等因素的影响，这些因素产生更为复杂的相互作用。通过这些相互影响，群体成员可能产生共同的认知、共同的感受、共同的规范等。企业文化通过结构、管理、技术等，调节改变人的心理，从而优化企业文化，让员工通过实践认识新概念的正确性。员工可以发现已有的观念和行为模式与当前内外环境的不适应，并且根据当前的环境变化与企业条件，提出新的观点和行为方式。企业文化正是凭借这些新的观点和行为方式，注入员工新的思维、新的活力，促使他们品质的良性变化。

石油企业实施文化战略最根本的就是要培育员工一种思想、一种精神，培养企业一种适应性氛围，让员工在潜移默化中去接受企业、赞同企业、维护企业。这种文化氛围明确表达或暗示了企业反对什么和禁止什么，支持什么和鼓励什么，宣扬什么和传播什么。它重在发挥集体的个性和智慧，是要发散员工的思维，而不是限制员工的思维。它要规范员工的集体行为，但不是行为细节。它对员工行为的规范不是为了规范而规范，而是通过文化积累形成"集体无意识"。因此，当员工形成集体无意识的积极进取的态度时，他们所展现的行为方式必然是积极性的。

学习不仅是人类的天性，也是生命趣味盎然的源泉。优秀的企业文化从根本上说是在向员工传递一个理念：企业是一所大学校，即学习型组织，员工在为企业做出贡献的同时，自身素质也会提高。企业文化就是要培养企业内部的一种重视学习、善于学习的文化氛围，使员工不断接受新知识、新思想，从而提高自信心，在企业中乐观地做人做事，使企业跟上时代，使员工与企业共同学习、共同成长。

通过企业文化良好的气氛效应，为企业的思想政治工作更具有吸引力和感染力提供了有效载体。企业文化十分重视文化氛围，重视情景效应，如赏心悦目的企业容貌、和谐的人际关系，甚至一首催人奋进的好歌、一幅有感染力的宣传画，都会有效地激发员工的团队意识，强化自豪感和归属感，催人向上。

2.加强石油企业文化建设有助于提高员工积极性

提高石油企业员工的积极性与企业文化建设联系紧密，我们应该塑造具有自我特色的优秀企业文化，为发挥员工积极性提供助推器。石油企业的发展在管理，管理的基础在文化，优秀的文化可以促成优秀企业的形成和发展，优秀的企业也必定有优秀的文化，没有优秀文化的企业将无法形成持久的凝聚力、战斗力。企业文化是企业发展的灵魂。在企业文化中，公开、公正、公平是其基本内容，背离了这个基本准则，企业做再多的绩效考核、薪酬福利也只能是流于形式，达不到真正的激励效果。因而，我们要不断转变管理理念，通过把"两个维护"的共同价值观作为企业文化建设最根本、最核心的内容，提炼出具有自己特色的企业文化理念，完善制度建设，努力逐步构建一套优秀、完整的企业文化体系，有共同的目标追求，有共同的价值取向，有良好的精神风貌和平常心态。同时，要用丰富多样的文化活动来促进企业文化体系的形成，真正发挥出文化力量的软实力作用，使文化融入企业管理，成为"导航灯"，融入企业发展，成为"助推器"，融入广大企业员工中，成为和谐的"黏合剂"，充分发挥员工的聪明才智与积极性，推动企业的健康平稳发展。

（四）增强员工的职业素养和行业认知

石油企业宣传工作可以向员工介绍行业内的前沿技术、行业标准和最佳实践等信息，提高员工的职业素养和行业认知水平，为员工的个人发展和企业的长期发展奠定基础。石油企业宣传工作可以增强员工的职业素养和行业认知，具体作用如下。

1.提高职业素养

石油企业宣传工作可以通过传递企业的文化、使命和价值观等信息，增强员工的职业素养。这些信息可以帮助员工更好地理解企业的目标和要求，从而激发员工的工作热情，提高员工的自我认知和自我管理能力。

2.增强行业认知

石油企业宣传工作可以向员工介绍石油行业的发展动态、技术趋势、市场变化等信息，帮助员工了解石油行业的发展状况和行业规律，从而增强员工的行业认知。这些信息可以帮助员工更好地掌握石油行业的专业知识和技能，提高员工的专业素养和工作能力。

3.促进职业发展

石油企业宣传工作可以向员工介绍企业的战略规划、人才培养计划等信息，帮助员工了解企业的未来发展方向和人才需求，从而促进员工的职业发展。这些信息可以帮助员工规划自己的职业生涯，提高自己的竞争力和发展潜力。

总之，石油企业宣传工作可以通过不同的方式，增强员工的职业素养和行业认知，帮助员工更好地融入企业文化和行业发展，提高员工的工作能力和职业发展前景。这对于石油企业的长期发展和员工的个人成长都具有重要的意义。

三、激发员工的激情和创造力

石油企业宣传工作可以激发员工的激情和创造力，让员工在工作中充满激情和动力，从而更加积极地参与团队协作。通过创新和有趣的宣传形式和内容，可以增加员工对工作的兴趣和投入度，促进员工之间的团队合作。

（一）石油企业文化激励员工的作用

1.物质文化激励有助于员工形成良好的价值观

在石油企业文化中，起到最主要作用的是物质文化，而物质文化激励所产生的效果是直接的。物质文化激励所起到的作用就是使员工形成对企业发展有益的共同价值观。在企业组织中，员工是作为独立的个体存在的，因此，员工的个人价值观势必和企业的价值观存在一定的差异甚至是冲突。因此，在没有任何企业价值观的感染下，员工是很难团结在一起为企业的大目标而奋斗的。而对于那些与企业价值观背离较远的员工来说，物质文化激励能够以最快的速度和最有效的方式将企业的价值观加诸于员工的精神思想之上。这样就消除了企业组织中所存在的个人主义和小团体主义现象，可以有效地促进企业的发展和进步。而对于员工来说，企业的发展是个人发展的基础。只有把企业的价值观同员工个人的价值观相联系，才能从根本上使员工自发主动地朝着企业的正确发展方向努力。

2.行为制度文化激励为员工提供良好的组织环境

行为制度文化是石油企业文化组成的另外一部分。行为制度文化指的是在企业制定发布的规范、条例、准则的基础上建立的以明确成员权利和义务、约束成员行为为目的的企业文化的组成部分。因此，优秀的行为制度文化能在很大程度上为企业成员提供一个良好的组织环境。在传统的激励理论研究中，学者们一直认为组织环境的优良与否直接影响着激励作用的强弱。

因此，石油企业文化能否为企业成员提供相称的组织环境会不可避免地影响到企业文化对企业成员的激励作用，并进而影响到企业的发展和进一步拓展。而优秀的企业文化不但能为企业成员提供相应的工作环境，产生足够的激励作用，还能使企业成员认同企业文化并将其作为执着的事业追求，减少企业中的摩擦和争斗，最终使员工的工作绩效得以提高，并带着极大的热情投入下一轮的工作中。

3. 精神文化激励有助于满足员工的精神需求

精神文化激励也是企业文化中不可或缺的一部分，良好的精神文化激励能够在很大程度上满足员工在精神层面的追求，尤其是对文化企业和高新技术企业来说，精神文化的激励显得尤为重要。而对于精神激励，是独立于物质激励之外的层次。要想做好精神激励，达到与物质激励相同甚至更好的结果，起到锦上添花的作用，就要从员工的个人需求下手。除了物质之外，员工更关心的是自己的未来发展和个人能力的实现。所以，除了对员工进行物质激励外，精神层面的激励也是必不可少的。这不仅是对员工能力和个人价值的肯定，也为员工的个人发展指明了方向。因此，精神层次主要涉及了考核、解聘、续聘制度、升迁机会、工作兴趣度、管理的开放度、权限职责、上司的赏识程度以及正面的回馈和各种自我提升的培训等方面。如果能将这些方面综合利用并有效组合，必将形成有效的精神激励机制。

（二）石油企业文化与个体创新行为

1. 石油企业文化与个体创新行为

企业文化分为三个层次：首先是组织表象层，属于企业文化的最外层部分，即可见的组织架构、过程和物理特征，如建筑、标语横幅、服装等肉眼可见的事物；其次是外显价值观层，在表象层下，主要是指战略、目标及经营哲学；最后是位于核心位置的基本潜在假设层，指潜意识的或想当然的信仰、知觉、思想和感觉等，是价值观和行为的最终来源。企业文化的基本假设是稳定的，一般不会或者很难改变，因而防止了内外部变化的不确定性和焦虑、混乱的产生。

此外，四层次结构的划分方法也比较普遍，它将企业文化由表及里分为物质文化、行为文化、制度文化和精神文化四个层次。这种分法把行为和制度要素有层次地区别和强调。其中企业的行为文化被认为是企业文化的必要条件，因为企业家行为引导和扶持企业文化的建立，而员工行为可以塑造企业的物质文化、制度文化和精神文化。

2. 员工创新行为

员工创新行为是从心理层面和人力资源的角度关注个体的创新。个体创新行为是在工作角色下，有意识地产生、推动并实施新想法，这个过程能提高个体、群体和组织绩效。员工的创新行为是一种角色外行为，因此即使组织没有鼓励和嘉奖这种行为，员工的创新行为依旧能帮助员工有效地完成任务，提高组织的绩效。员工创新行为的定义紧扣个体层面上的创新行为，是指员工个体在组织的相关活动中，产生、推进和应用新的想法或事物的过程。这个过程包括了新想法或新产品、新技术的形成和开发，也涉及了提升工作效率的现有的管理流程的改进。个体创新行为包括了确立问题和提出解决思路、寻找解决方案和支持的构想、产生创新的标准并完成创新构想这三个阶段。个体创新行为体现的是个体产生创新构想、推广和完善执行方案的能力和行为。进一步细化后，创新行为可扩充为五个阶段，分别是：机会探索、产生想法、进行调查、支持想法和最后的应用。

员工创新行为大致包括两方面内容，即代表创新性想法的员工创造性，以及如何推动和实施创新性想法的行为。

员工要有区别于其他一般事物和想法的能力，这种特性能为组织带来短期或长期作用。员工创造性在员工的工作中形成和产生，是创新过程的基础和起点，这种能力能帮助企业在激烈竞争的市场环境中得以存活和发展。

另外，员工创新行为还需要在员工创造性的基础上将其付诸行动，表现为员工为实现创新构想而调配资源，积极付出和影响结果的执行举动。因此，影响员工创新行为的因素很多，包括个人的创造性和特征、领导的风格、组织的结构和氛围、工作特征、团队、人际关系和环境等。

3. 石油企业文化与员工创新行为的关系

文化在促进创新中起着很重要的作用。企业文化帮助企业应对变幻莫测的外部环境，并在激烈竞争的市场中生存下来。有研究指出，创新能刺激增长，但是这种增长是不受控制的，而只有企业文化能为其增长提供持续的保证。因此，任何一个优秀的组织都需要创造一种可以为创新提供持续旺盛生命力的企业文化，并且，这种文化还要能根植于企业的员工之中。

人是石油企业拥有的核心资产，石油企业的创新能力本质上与企业全体员工的创新能力紧密相连。人是产生、推进、讨论、修正和最终实现新想法应用的主体，因此创新的来源和基础离不开员工的创新行为。企业文化对创新行为的影响是通过个体的认知和心理指引，以及组织的氛围这些方式和途径来展开的。企业文化通过影响组织成员价值观、工作态度、工作氛围，进而影响其工作的努力程度、改善工作的方式，最终也是为了提升员工的效率，提高组织整体的绩效。石油企业文化对行为有规范作用。企业文化通过培养员工的认同感和归属感，使个人的行为与企业相统一，形成相对稳定的氛围，这种无形的趋向能激发出员工的主观能动性，使其努力的方向和行为与企业目标一致。在企业文化的影响下，即使没有明确的条文规定，员工往往都会遵守一定规范，并且文化通过对人的思维方式、思维取向和思维结论的规范作用，也会对员工的行为产生影响。从组织层面来看，企业文化会对组织公民行为产生影响，组织公民行为的角色界定在这个关系中起到了中介作用，而企业文化的吻合度对这种影响产生调节作用。以目标导向理论为基础的研究验证了学习目标的导向对员工的创新行为有促进作用，并且员工对组织高度的承诺也会推动创新。特别地，组织学习型的文化也会促进个体创新行为的产生，感知到的组织的个体学习和组织学习程度对个体创新行为有显著影响。这表明个体的创新行为受个体学习、动机的影响的同时，组织和团队也会影响个体的创新行为。

创新型人才需要创新型的环境，只有在创新的环境中，员工才能产生创新行为。工作环境氛围为员工的创新努力提供了创新的源泉、动机和充分的支持，因此，石油企业文化和组织氛围的建立，是提高组织创新能力的必要因素。

随着石油企业的发展壮大，文化是促进更高层次创新所必需的氛围，而领导又是企业文化建立的关键因素之一。领导因素和心理氛围上的创新支持对创新行为具有显著的正向影响。通过对不同国家背景下的企业文化对其技术创新影响的比较分析发现，企业文化的差异对技术创新的影响是不同的。

因此，技术创新是在特定文化背景和组织结构中发生的，文化背景和组织结构的不同会导致技术创新的性质不同，也导致员工创新行为的不同。石油企业文化通过精神、制度、行为、物质四个方面影响和促进企业的技术创新，注重创新、倡导创新、积极创新的创新思想通过企业文化渗透到员工的意识中，最终形成行为习惯。企业文化通过人力资源的开发管理、企业家精神和研发管理这三种途径对技术创新产生影响。企业文化对技术创新的贡献就是形成创新的价值导向和氛围，促进员工的创新意识和创新行为，提高技术创新的水平。

第二节　宣传思想工作是塑造企业外部形象的渠道

石油行业中，石油企业需要对自己的品牌进行建设和维护，良好的品牌树立，能够使石油企业在行业和市场上的知名度得到提升，还能够增强在石油行业内的竞争力，甚至在国际上提高影响力。企业宣传思想工作的开展力度，决定了企业品牌树立的效果，并且增强企业内每一位员工的使命感和荣誉感，提升员工的工作热情。

一、石油品牌文化的概念与内涵

（一）品牌文化概述

品牌文化（Brand Culture，简称 BC），就是指通过建立一种清晰的品牌定位，在品牌定位的基础上，利用各种内外部传播途径形成受众对品牌在精神上的高度认同，从而形成一种文化氛围，通过这种文化氛围形成很强的客户忠诚度。这种忠诚度是将物质与精神高度合一的境界，人物合一是对品牌文化的总结。它代表了某一种人群的生活方式、价值观和个性。石油品牌文化建设的目标应包括：企业形象突出、社会信誉度高，企业精神鲜明、职工凝聚力强，企业实力雄厚、核心竞争力强。企业形象突出、社会信誉度高是品牌文化对外的辐射功能；企业精神鲜明、职工凝聚力强是品牌文化对内的凝聚作用；企业实力雄厚、核心竞争力强是建设品牌文化的归宿，三者之间相互影响、相互作用、互为条件。

（二）品牌文化的内涵

1. 品牌文化战略是品牌战略的最高境界

品牌文化战略（Brand Culture Strategy，简称 BCS）是经盛公司根据多年的咨询经验创立的一种品牌战略模型，它指的是在品牌核心价值体系指导下，通过各种途径传播品牌的核心价值观，建立一种品牌文化，以此培养顾客忠诚度，最终通过品牌文化营销的方式建立一个强大的品牌。品牌文化战略可以初步分为两种，一种是企业品牌文化，另一种是产品品牌文化。企业品牌文化是指在企业品牌基础上形成的一种品牌文化。

2. 品牌文化是企业文化的外延

品牌文化不能仅仅通过外部传播形成，它的内涵是企业文化。从品牌文化金字塔的构成可以知道，一个品牌文化的形成其实是由两部分组成，一部分是品牌本身的资源所形成的文化，另一部分则是由企业文化所构成的部分，这两部分组成的综合体就是品牌文化。在品牌文化的建设上，我们经常说要表里如一，就是品牌对外传播和表达的内容，要和企业内部文化理念一致。大庆精神、铁人精神是石油企业文化的重要组成部分，随着油田开发建设形成的大庆精神和优良传统作风，构成了企业文化寓于企业管理中的完整体系。

在新形势下，大庆精神、铁人精神仍然是我们企业精神之魂，是我们必须继承和弘扬的精神财富。文化接轨，绝不能"接鬼"。正确处理舶来文化与中国文化的关系，在借鉴国内外先进企业文化经验的同时，一定要在继承自身传统的基础上，创建适合自己企业特点的个性文化。

3. 品牌文化是企业整体社会形象的外在表现形式

品牌文化定位于目标消费市场的需求，服务于消费者的需要，目的是要与既定的目标消费者产生对于品牌文化认同的共鸣，进而促进产品的销售。通俗地说就是产品在实际使用价值之外给予消费者的一种印象、感觉和附加价值，比如归属感、身份感、荣耀感等。品牌文化代表了特定消费群体的价值观、社会地位、风格和气质，即品牌文化的后面是顾客；企业文化是一个企业价值观念和行为方式的总和，企业文化代表了企业员工的价值观、行为方式，即企业文化的后面是企业员工。企业文化的四大功能（凝聚功能、导向功能、约束功能、激励功能）只会对企业内部员工起作用。消费者一般不会理会企业理念是什么，不会理会产品是如何生产出来的，不关心企业能做多大、做多强，他们关心的是企业给他们提供什么样的品牌，是不是他们需要的，是否代表他们的观念、他们的梦想，是否让他们得到了消费满足。他们真正关心的是消费这种产品、选择这种品牌能够给他们本身从功能上和情感上带来什么利益。

4. 品牌文化的内涵应从顾客着想

真正意义上的强势品牌所传达出的信息，表达了顾客的追求和期望，代表着顾客的生活方式，能够与顾客产生共鸣。品牌作为企业与顾客沟通的载体，不是要传达企业想做什么和怎样做，而是应该传达消费者想做什么和怎样做。品牌文化必须体现顾客的思想、行为方式以及追求。

（三）培育石油品牌文化的作用

1. 培育石油品牌文化，是提高企业核心竞争力的迫切需要

随着经济全球化进程的加快，市场竞争日益激烈，品牌形象已经成为主要竞争力，品牌文化在企业的兴衰、发展中所起的作用越来越大，已经成为衡量企业经济实力和发展能力的核心要素，成为企业参与市场竞争、实现可持续发展的主要资本。

2.培育石油品牌文化，是增强职工队伍凝聚力的迫切需要

一个企业的向心力、凝聚力及发展动力，都来源于这个企业的文化。成熟的企业品牌和成功的品牌文化，是凝聚职工队伍、培养团队精神和推动企业发展的核心动力。

3.培育石油品牌文化，是提升企业社会影响力的迫切需要

一个成功的品牌，在市场上就是一面旗帜。社会认识一个企业，是从认识企业的品牌开始的；社会接受一个品牌，又是从接受这个企业的核心文化开始的。因此，培育企业品牌文化，是企业扩大知名度、提高社会影响力的迫切要求。

二、创建石油品牌文化的步骤

如何创建一个强大的品牌文化，是每一个品牌战略的核心使命，尽管不是所有最终拥有强大品牌文化的建设都是从一开始就有意识去按照这样的一个流程去铸造品牌文化，但无疑他们在实施过程中基本都是根据这种流程操作，因此最后的结果是使品牌"穿上了文化的嫁衣"而焕发新生。创建石油品牌文化需要以下几个步骤。

（一）确定品牌定位

品牌定位是品牌文化的基础，需要根据市场需求和竞争情况，确定石油品牌的核心价值和差异化特点。这有助于制定品牌的目标和策略，以及为品牌文化提供方向和支持。

（二）建立品牌形象

品牌形象是品牌文化的外在表现，需要通过视觉、声音、文字等多种方式，展现石油品牌的特色和形象。这可以通过品牌标志、广告、宣传册、网站等多种渠道来实现。

（三）建立品牌理念

品牌理念是品牌文化的内在核心，需要明确品牌的使命、愿景和价值观。这有助于提高品牌的吸引力和忠诚度，增强品牌的文化底蕴和感召力。

（四）建立品牌文化

品牌文化是品牌形象和品牌理念的有机结合，是品牌在市场和消费者中的文化价值和地位。需要通过内部和外部的宣传、活动和交流等多种方式，加强品牌文化的建设和传播，以形成石油品牌的文化认同和品牌忠诚度。

（五）建立品牌管理体系

品牌管理体系是品牌文化的实施和保证，需要建立品牌标准、流程、监控和反馈机制，确保品牌形象和品牌理念的贯彻和执行。这可以通过品牌经理、品牌团队、品牌咨询等多种方式来实现。

总之，创建石油品牌文化需要在品牌定位、品牌形象、品牌理念、品牌文化和品牌管理体系等方面进行系统性的设计和实施，以形成独具特色和竞争优势的石油品牌文化，为企业的长远发展和品牌价值的提升打下坚实基础。

三、宣传思想工作与石油企业外部形象的关系

随着经济的不断发展和全球化的加剧，石油企业在国际市场上的竞争也变得越来越激烈。在这种情况下，企业的外部形象显得尤为重要。一个好的企业外部形象可以增强消费者的购买意愿、提高投资者的信任度和吸引更多的人才。而宣传思想工作则是石油企业进行外部形象塑造和品牌宣传的重要手段之一，两者之间的关系非常密切。

（一）宣传思想工作对石油企业外部形象的塑造具有重要作用

企业的外部形象是企业在外界留下的印象，包括品牌形象、企业文化、产品质量、服务态度等多个方面。宣传思想工作可以通过广告、宣传、公关等手段，向外界传递企业的核心价值和优势，塑造企业的形象，提升企业的声誉和认可度。例如，石油企业可以通过广告宣传展示自己的技术实力、产品质量、环保意识等方面的优势，吸引更多的投资者和消费者。宣传思想工作对石油企业外部形象塑造起着重要的作用。一个企业的外部形象是企业品牌形象的重要组成部分，是企业在市场上展示自己形象的重要窗口，而宣传思想工作是企业塑造外部形象的重要手段之一。

首先，宣传思想工作可以通过广告、宣传、公关等手段，展示企业的实力和能力，传递企业的价值观念和文化特色，提升企业在社会上的知名度和影响力，从而塑造企业的良好形象。例如，企业可以通过广告宣传自己的产品和服务的特点，展示自己的技术实力和创新能力，吸引更多的客户和合作伙伴，提高企业的市场份额和品牌知名度。

其次，宣传思想工作可以通过企业的社会责任表现，展现企业的良好形象和公众形象。石油企业在其生产和发展中需要关注环保问题，宣传企业的环保措施和环保理念，可以为企业赢得良好的社会形象和公众声誉，从而塑造企业的社会责任形象。

最后，宣传思想工作还可以为企业提供与外界沟通的平台，及时回应和解决外界关注的问题和质疑，增强企业与外界的互动和联系，建立起企业与社会之间的信任和合作。通过积极回应社会关切，宣传企业的发展成果和企业文化特色，可以提高社会对企业的认可度和信任度，从而塑造企业的公众形象。

综上所述，宣传思想工作对于石油企业外部形象的塑造至关重要。通过宣传思想工作，企业可以展示自己的实力和能力，传递企业的价值观念和文化特色，提高企业的知名度和影响力，增强企业的市场竞争力。同时，宣传思想工作还可以展示企业的社会责任形象，提高企业在社会上的认可度和声誉。因此，石油企业应该加强宣传思想工作，通过不断改进和完善，塑造企业的形象和声誉，增强企业的市场竞争力和发展动力。

（二）企业外部形象对宣传思想工作的开展有着重要的指导意义

企业外部形象反映了企业的实际情况和市场需求，这有助于宣传思想工作更加准确地把握企业的发展方向和市场定位。通过对外部形象的分析和调研，宣传思想工作可以更好地制定宣传策略和传播方案，提高宣传效果和回报率。石油企业外部形象对宣传思想工作的开展有着重要的指导意义。一个企业的外部形象是企业品牌形象的重要组成部分，它直

接影响着企业在市场上的竞争力和发展前景。而宣传思想工作是企业塑造外部形象的重要手段之一，因此，在开展宣传思想工作时，需要充分考虑企业外部形象的要求和特点，根据实际情况有针对性地开展宣传工作，从而达到更好的宣传效果。

首先，石油企业外部形象可以为宣传思想工作的开展提供基础。一个企业的外部形象是由诸多方面的因素共同决定的，如产品质量、服务态度、品牌价值等，这些因素直接影响着企业在市场上的竞争力和发展前景。因此，企业在开展宣传思想工作时，应充分考虑自身的优势和特点，针对自身的定位和目标受众进行宣传，从而更好地展现企业的特点和优势，提高企业的市场竞争力。

其次，石油企业外部形象可以为宣传思想工作的内容提供参考。企业在开展宣传思想工作时，需要根据实际情况确定宣传内容和方式，以达到更好的宣传效果。而石油企业外部形象可以为企业提供参考，企业可以借鉴其他成功企业的宣传方式和策略，以及行业内的最佳实践，从而更好地开展宣传思想工作，提高宣传效果。

最后，石油企业外部形象可以为宣传思想工作的目标和效果提供评估依据。企业在开展宣传思想工作时，需要根据目标和效果对宣传工作进行评估，以便及时发现问题和调整策略。而石油企业外部形象可以为宣传思想工作的目标和效果提供评估依据，企业可以通过分析市场反馈、客户满意度等指标来评估宣传效果，及时调整宣传策略和方法，以达到更好的宣传效果。

（三）宣传思想工作与企业外部形象的协调配合的作用

宣传思想工作可以为企业带来更好的商业机会和竞争优势。一个好的宣传思想工作需要有一个好的外部形象作为基础，这可以吸引更多的消费者、投资者和合作伙伴，增加企业的业务量和营收。同时，企业外部形象的提升也需要有一个有力的宣传思想工作来推动，这可以加快企业的市场开拓和品牌传播。例如，如果石油企业想要扩大业务，进入新的市场领域，那么就需要有一个有力的宣传思想工作来配合，向外界展示企业的实力和能力，增加外界对企业的信任度和认可度。同时，宣传思想工作也能够促进企业的文化建设和人才培养。一个企业的形象不仅是产品或服务的形象，更是企业文化的体现。宣传思想工作可以通过宣传企业文化、价值观念等，强化企业内部员工的认同感和凝聚力，增加企业内部的协作和团队精神。这可以促进企业内部的创新和发展，提高员工的工作积极性和创造性。另外，宣传思想工作也可以为企业提供一个吸引人才的平台，通过宣传企业的理念和价值，吸引更多优秀的人才加入企业。

首先，宣传思想工作需要与石油企业的战略规划协调配合。企业的战略规划是企业的长期发展方向，宣传思想工作需要基于企业的战略规划来制订宣传计划和宣传策略。通过宣传思想工作向外界传递企业的战略规划和愿景，塑造企业的长远形象，提高企业的知名度和美誉度。

其次，宣传思想工作需要与企业文化建设协调配合。企业文化是企业内部的精神支柱，宣传思想工作可以通过传递企业文化来表达企业的价值观和理念，加强企业与社会的互动与共鸣，增强企业的社会形象和公信力。

再次，宣传思想工作需要与企业产品和服务协调配合。企业的产品和服务是企业的生命线，宣传思想工作需要通过对产品和服务的宣传来展现企业的实力和特色，促进消费者对企业的认知度和信任度，形成良好的品牌形象和口碑效应。

最后，宣传思想工作需要与企业社会责任协调配合。企业是社会的一份子，除了经济效益外，还需要承担一定的社会责任。宣传思想工作可以通过宣传企业的社会责任行为来展现企业的社会形象和公民形象，提升企业的社会影响力和品牌形象。

总之，宣传思想工作与石油企业外部形象的关系密不可分，两者相互依存、相互促进。宣传思想工作可以通过广告、宣传、公关等手段，塑造企业的形象，提升企业的声誉和认可度；而企业的外部形象反映了企业的实际情况和市场需求，可以为宣传思想工作的开展提供指导和参考。宣传思想工作与企业外部形象的协调配合，可以为企业带来更好的商业机会和竞争优势，同时也有助于企业文化的建设和人才培养。因此，石油企业应该重视宣传思想工作，通过不断改进和完善，提升企业的形象和声誉，增强企业的市场竞争力和发展动力。

第三节　宣传工作是培育企业文化的方式

石油行业内竞争激烈，企业之间的竞争力需要从经济效益扩大到全面发展上来，不仅局限于经济发展层面，良好的企业文化氛围也是促使企业蓬勃发展的重要条件。企业通过开展宣传思想工作，将企业文化深入人心，传递给每一个员工，并且将企业文化和企业运营每个环节融合在一起，促进员工思想工作教育的开展，树立起员工正确的价值观念，对企业的文化精神深刻认同并且大力发扬，从根本上提高企业的核心竞争力。

一、企业文化概述

企业文化是企业在长期的生产经营活动中形成的并且为企业员工普遍认可和遵循的具有本企业特色的价值观念、群体意识和行为规范，以及反映企业文化特质的规章制度、组织结构和物质实体。企业文化既是企业成员共同的精神支柱，也是企业可持续发展的潜在生产力和内在驱动力，是企业保持永久竞争优势的源泉。企业文化是企业在长期的生产经营实践中形成的。

（一）企业文化的特征

1. 民族性

企业文化作为文化系统中的一种亚文化，不可避免地要受到作为主文化的民族文化和社会文化的影响和制约。从企业文化的形成看，企业文化是企业全体员工经过长期的劳动交往而逐渐形成的、被全体成员认可的文化，这些成员的心理、感情、行为不可避免地受到民族文化的熏陶,因此在他们身上必然表现出共同的民族心理和精神气质,即文化的民族性。企业文化又是在社会政治、经济、法律、文化的综合作用下产生并发展的。在市场经济条件下,企业是一个独立的经济实体,但它不是封闭的,它的生产、经营活动是社会经济活动的一部分,同时还要受到国家法律和规章的约束,接受国家方针、政策和计划的指导以及行政上的管理,受到政治文化环境的制约和影响,受到社会价值取向、风俗、风气的感染。

2. 客观性

不可否认,企业文化是一种文化的积淀。它是在其所处的社会物质环境(包括文化传统、社会组织方式、社会交往方式、社会心理素质等)的合力作用下,在具有一定生产工艺、运行机制及其传统、风俗、信念、意志等的企业生产经营实践中形成的。因此,也有学者称之为"企业文化的固有性,即企业文化是企业所固有的,即使你不进行引导,不进行建设,它也是存在的,只是它没有经过系统的梳理和提炼,很可能会成为企业成长的阻碍力量"。当然,企业文化的客观性,并不否定人们在创造企业文化方面的主观能动性,恰恰相反,优良的企业文化,都是企业成员长期塑造的结果。

3. 继承性

企业文化是在企业长期的生产经营实践过程中产生和发展起来的,是企业在实践过程中形成的优秀精神。通过深入细致地进行企业内部、外部调研,广泛征求意见和建议,择善而从,充分挖掘、认真提炼企业内部的优秀文化元素,这是打牢企业文化基础的要求。企业文化的继承性也反映出企业文化的累积性,即一方面指它是由无数的细节组合而成的,另一方面指它是在企业发展的过程中累积而成的。

4. 时代性

企业是在特定的社会经济环境中生存和发展的,会受到社会环境和时代精神的影响。社会经济环境是宏观因素,而企业发展环境则属于微观因素,社会经济环境是影响企业发展的重要因素之一,对企业的经营方式产生巨大的作用。优秀的企业文化,必然凝聚时代的精华,具有鲜明的时代特色。

5. 独特性

企业文化的产生和发展是与企业的生产、经营行为相适应的,它有自身的发展规律。企业文化究其本质来讲,它主要是一种经济文化,反映着人们从事企业经济活动的观念和方式;就其内容来讲,它取决于企业发展的历史,所处的社会、地理环境,生产、经营的特点,企业员工尤其是企业高层领导人的素质及价值取向等因素。所以,在建设企业文化过程中,一定要结合企业自身的特点,形成自己的个性特征。

(二)企业文化的功能

企业文化作为一种理性的和自觉的文化,具有其特定的功能。所谓企业文化的功能是指企业文化发生作用的能力。企业文化的功能分为对内功能和对外功能两大类。

1. 企业文化的对内功能

（1）企业文化具有导向功能

企业文化的导向功能是指企业文化能对企业整体和企业员工的价值取向及行为取向起导向作用，使之符合企业使命。企业文化集中反映企业员工共同的价值观念、理想信念和共同利益，将人们的事业心和成功的欲望转化成具体的目标、信条和行为准则，形成企业员工的精神支柱和动力，引导着企业及其员工朝着既定的发展目标前进，对企业中的每一位人员都具有一种无形的巨大感召力。具体体现在：经营哲学和价值观念的指导、企业目标的指引、建立企业的规章制度。

（2）企业文化具有自我调节功能

企业文化作为企业共同价值观，并不对企业成员具有明文规定的具体硬性要求，而是通过不断向个体价值观渗透和内化，用一种无声的号令、无形的管制，使企业自动地生成一套自我调控机制，操纵着企业的管理行为和实务活动。具体体现在：企业各部门之间、员工之间，由于各种原因难免会产生一些矛盾，解决这些矛盾需要各自进行自我调节；企业与环境、顾客、其他企业、国家、社会之间都会存在不协调、不适应之处，这也需要进行调整和适应。

（3）企业文化具有凝聚功能

企业文化的凝聚功能是指企业文化能够使企业员工通过共同价值观、精神理念凝聚在一起，产生一种强大的向心力和凝聚力，形成一种"强力黏合剂"，发挥企业巨大的整体效应。具体体现在：价值凝聚、目标凝聚、排外凝聚。

（4）企业文化具有激励功能

企业文化的激励功能是指企业文化以人为中心，形成一种人人受重视、人人受尊重的文化氛围，以激励企业员工的士气，使员工自觉地为企业而奋斗。具体体现在：企业价值观的激励作用、企业精神的激励作用、企业伦理道德的激励作用、企业文化物质层的激励作用、关心的激励作用。

（5）企业文化具有约束和规范功能

企业文化的约束和规范功能是指企业文化对每个企业成员的思想行为具有约束和规范作用。具体体现在：能将对员工的心理约束和对工作的约束一致起来；能使自我约束与强制约束结合起来；能使软约束和硬约束结合起来；能使事前、事中、事后的约束相结合，三者互为约束，环环紧扣。

2. 企业文化的对外功能

企业文化的对外功能主要表现在，企业文化具有辐射和穿透功能。这是指企业通过各种渠道，在输出产品、服务、公关和广告的同时，也传播着企业文化，在公众心目中树立起企业的形象。优秀的企业形象是企业成功的标志，包括两个方面：一是内部形象，它可以激发企业员工在本企业的自豪感、责任感和崇尚心理；二是外部形象，它能够更深刻地反映出该企业文化的特点及内涵。

企业文化的辐射和穿透功能具体体现在：一是企业文化影响着社会文化；二是企业文化通过企业精神、价值观、伦理道德向社会扩散，与社会产生某种共识，并为其他企业或组织所借鉴、学习；三是企业文化通过员工的思想行为所体现的企业精神和价值观，向社会传播和扩散企业文化；四是企业文化是提高企业核心竞争力的内在需要。

二、石油企业文化的困境及其成因分析

在经济飞速发展的今天，文化占据着日益重要的地位，人们的日常生活和思想也越来越多地受到文化的影响。古今中外很多学者对文化都有自己的理解和研究，但是，他们受当时社会和时代的局限，或被自身学术研究视角所困，很难对文化做出整体和科学的理解。马克思和恩格斯通过批判继承前人的理论成果，在对当时资本主义社会的深刻剖析和对人类社会发展规律的深刻阐述的基础上，对文化在社会生活中的作用做出了辩证科学的解读，为我们理解文化的内涵、本质和功能有着重要的启示作用。因此，在全球化背景下，马克思主义文化观为当代世界文化发展的趋势做出预测，并为社会主义和谐文化建设进行理论指导，具有重要的价值。

（一）中国石油企业文化的困境

中华人民共和国成立后，我国的石油工业从无到有、从弱到强地迅速发展起来，逐步成为国民经济的重要组成部分和支撑国民经济快速增长的主要力量，给中国石油企业这块深厚的沃土留下了浓重的文化印迹。创业时期的"大庆精神""胜利精神"等一大批凝聚着中国石油企业特色的精品文化，构筑起了石油人赖以生存的精神家园，奠定了建设中国特色石油文化的坚实基础。随着中国加入WTO，中国的石油工业面临着前所未有的市场竞争压力，这日益成为人们关注的一个重要问题，中国石油工业能否在国际市场上立足发展，关键在于提高自身竞争力，加快跟国际接轨的步伐。而在与国际接轨过程中必然要接触和学习发达国家的文化与经营模式，由于不同国家的历史背景、人文观念以及社会体制的差异形成了多种文化的主体，在接触中势必导致文化的冲突与碰撞，对于中国石油企业而言这是一种必然的文化困境。

1. 企业文化建设本质存在的误区

优秀的企业文化可以在企业内部营造一个公平、信任、良好的工作环境，在提高员工整体素质的同时，还能提升企业品牌的影响力，为企业的快速发展创造良好的环境。而有些石油企业由于受文化、理念等方面的局限，对"虚幻"的企业文化既不了解也不重视，忽视了本质在个人价值中所起到的作用，没有认识到企业文化才是企业存活的精神支柱，从而使个人的主体意识和创造才能的实现受到一定的压制。因此，在企业目标的制订上极少考虑对员工个人能力的培养。面对这样一种既定的现实，他们将自己的主要精力都集中在了与产生经济效益直接相关的生产、销售等工作环节之中。石油企业唯有从实际出发，以开放、兼容的学习精神，积极主动地吸纳各类优秀的企业文化，才能为自身的文化建设奠定良好基础。

2. 企业文化建设战略意识薄弱

石油企业的建设发展离不开企业文化，而企业文化建设是一个长期的、动态的过程，并不是"企业"与"文化"的简单结合体，也不是镶嵌在企业华丽外表上的文化，它们是相互依存的关系。然而我国有很多石油企业在文化建设上没有目标，整体布局不合理，战略意识不充分，认为文化建设对石油企业的整体发展影响不大，企业文化可有可无，把企业文化建设简单化、单一化。企业文化建设的前提是要对所有资源进行整合，分析这些文化资源开发利用的状况。由于文化的受众者是石油工人，因此，要对企业员工的构成以及他们对文化的不同需求有一个详细的了解，在深入调查研究的基础上，制订切实可行的发展规划，明确企业文化发展的方向和战略目标。

3. 企业文化整体观念偏颇

宣传文化在人们的常识中往往被等同于企业文化，认为企业文化是通过新闻、娱乐等手段把影响力逐渐放大的一种形式，由于受众体在认知上不够了解，使这种形式比较空洞，缺乏想象力。而这些脱离文化根本所衍生出来的企业文化建设在凝聚力和影响力上，都无法达到企业发展要求，无法形成强大的精神文化力量来为企业的目标和发展服务。企业文化建设的整体观念之所以不协调，是因为一些石油企业只看重眼前，不考虑长远利益，促使整体与局部不相称，使企业员工在体现自我价值上盲目追求。无论是在国企还是私企乃至当今社会，表面形式都普遍存在，受这股不良风气影响，某些石油企业把过时的东西反复使用，换汤不换药，在表面上充作企业文化，这是部分石油企业的通病，也是文化建设道路上的荆棘。

4. 企业家精神缺失

成功的企业取决于杰出的企业家。企业家精神就是企业家这一特殊社会阶层所具有的精神气质和人格特征，是他们在企业经营管理活动中所表现出来的价值观念、思维模式和行为模式。长久以来，由于制度约束，石油行业为我国的工业化提供了无尽的血液，但随着现代企业制度和法人治理结构的建立，石油企业却无法为市场输送个性化的优秀企业家。只有石油企业领导者和管理者真正具备创新、开拓、追求卓越经营业绩的企业家精神，才能自觉地推动石油企业管理和企业文化的创新，重塑石油企业的市场竞争力。优秀的石油企业家应具备以创新精神为核心的企业家精神，应能以敏锐的市场意识带领企业根据市场需求，采用先进的管理模式，不断开拓新市场，提高经营能力，自觉地推动石油企业管理和企业文化的创新。

（二）中国石油企业文化困境的成因分析

1. 对石油企业文化理解存在片面性

一是与思想政治工作混为一谈的企业文化格局。企业文化与思想政治工作同属于社会大文化的范畴，是企业的软管理。从落脚点和归宿来看，二者都以人为本，研究并作用的是人情、人性、人的思想观点和价值观念，这就决定了二者在结合、运行过程中具有互补性。可就其功能和运作方式来说，思想政治工作主要把握"政治导向"，靠理论灌输、思想教育来提高人们的思想觉悟,而企业文化主要着力于企业的深层管理,展示企业的风貌,以文化为载体,培养职工对企业的认同感、归属感以及共同的价值取向。石油企业在传统管理的态势下,往往把企业文化习惯性地作为思想政治工作来抓,过分地强调对企业的政治领导,"以政代文",使企业管理简单、僵硬,缺少情感色彩,使企业建设失去了生机与活力。这样既弱化了思想政治工作的力度,又失去了企业文化在管理科学上的本义。

二是以偏概全的企业文化视觉。企业文化是以人为管理主体,以企业精神的共识为核心,以群体行为为基础,以形成最佳的经营管理机制为目的的企业管理学说。绝不是现代管理科学与文化的简单相加,更不是"打打球、跳跳舞、唱唱歌"的职工文化活动。但在我们石油企业内部,确有一些企业的主管领导,对企业文化建设的基本内容缺乏深入的了解与认识,把职工文化活动等同于企业文化建设,使企业文化在一个浅层次和有形的区域内活动,其"原动力"的功能没有、也不可能充分地发挥出来。当然,利用文化活动的方式创造一个浓厚的文化氛围是无可非议的,但这绝不是企业文化的全部。

2.企业文化建设战略意识不充分

优秀的企业文化对企业发挥着重要作用。

首先,企业文化具有凝聚作用。企业文化是一种"黏合剂",可以把广大员工紧紧地黏合、团结在一起,使员工明确目的、步调一致。从根本上来说,企业员工队伍凝聚力的基础是企业的事业目标。企业文化的凝聚力来自企业根本目标的正确选择,如果企业的事业目标既符合企业的利益,又符合绝大多数员工个人的利益,即是一个集体与个人双赢的目标,那么说明这个企业凝聚力产生的利益基础就具备了;否则,无论采取哪种策略,企业凝聚力的形成都只能是一种幻想。

其次,企业文化具有导向作用。导向作用包括价值导向与行为导向。企业核心价值观与企业精神发挥着无形的导向功能,能够为企业提供具有长远意义的、更大范围的正确方向与重要方法,从而把企业与个人的意志统一起来,使企业更快、更好、更稳定地生存与发展。

再次,企业文化具有激励作用。激励是一种精神力量或状态。企业文化所形成的文化氛围和价值导向是一种精神激励,能够调动与激发员工的积极性、主动性和创造性,把人们的潜在智慧诱发出来,使员工的能力得到全面发展,并提高下属机构和员工的自主管理能力、自主经营能力及活力,增强企业的整体执行力。

最后,企业文化具有约束作用。企业文化包含规范管理的相关内容,而且管理本身也体现着企业文化。在企业行为中哪些不该做、不能做,正是企业文化、企业精神发挥的"软约束"作用的结果,是一种免疫功能。约束力能够提高员工的自觉性、积极性、主动性和自我约束,使员工明确工作意义和工作方法,从而提高员工的责任感和使命感。加强企业文化建设、提高核心竞争力是企业在市场竞争中取胜的关键性要素,而在企业实际运作中,文化纽带、精神纽带、道德纽带、产权纽带、物质纽带、利益纽带则对形成核心竞争力起着重要作用。建设优秀的企业文化,提高核心竞争力无疑是企业制胜的法宝。

3. 企业文化建设整体观念不协调

许多石油企业在对中国传统文化的继承与对外来文化的借鉴上都不能恰当地把握，主要表现出这样一些不足：其一，对传统文化与西方文化的割裂，不同类型的企业在文化理念的选择中出现非此即彼的极端倾向，不能有机地把两者进行结合创新；其二，对传统文化理解肤浅，因此许多企业对传统文化的继承流于形式，没有真正挖掘出传统文化的丰富内涵；其三，在企业文化建设中本末倒置，对国外成功企业经验进行借鉴时更多地集中在企业文化的最终表现上，没有更好地研究其形成的背景和机制，因而难以建立适应自身特点的企业文化。产生这些不足的原因主要是对企业文化本身认识不准确，有几种典型的心态是应当加以纠正的：其一，完全依赖心理，过度夸大企业文化的作用，甚至认为只要导入了一个成功的企业文化就可以使企业的所有问题迎刃而解；其二，急于求成心理，一些企业的决策者看到了企业文化对于企业发展的巨大支持作用，但不清楚企业文化的发展规律，寄希望于在很短的时期内"开发"出或"引进"先进的企业文化，结果欲速而不达；其三，轻视心理，我国一些传统行业的企业错误地把企业文化定位在职工业余文化生活的丰富上，认为搞文艺活动、组织旅游、进行体育比赛等行为就是企业文化，这种对企业文化的曲解严重阻碍了其自身的发展。

4. 企业文化空想化现象

与无文化现象相反，另一种具有迷惑性的现象是文化空想现象，即表面上看企业具有鲜明的文化特征和文化理论体系，但实际上又不能对企业发展提供应有的支持作用，主要表现有：其一，企业文化理念过于空泛，远离企业实际，给人以可望而不可即的感觉；其二，企业文化内容掺入了非企业的因素，即企业文化不是企业经营特点与文化主体行为的提炼，而是从企业外部"赋予"企业的任务，超越了企业的承载范围；其三，为了"文化"而文化，企业管理者热衷于企业文化氛围的创造，却忽视了对企业实践的总结，使企业文化丧失了针对性和生存基础，华而不实。这一现象产生的原因有：其一，企业领导者过于自信，急功近利，幻想在一夜之间创造出企业文化的奇迹；其二，企业定位不准确，没有认清组织的任务与目标；其三，社会使命感过强，承担了超出企业范围的公共职能，而恰恰忽略了企业生存的基本意义。这些错误的定位与想法不但无助于企业文化的建设，相反会给企业带来经营力量分散、不务实的工作风格蔓延等对组织运作有害的影响。

三、石油企业文化与宣传工作

企业文化是公司在长期发展过程中形成的内在力量，是员工认可的价值。一般来说，一家企业的文化包括经营理念、经营使命、发展愿景以及企业价值观等几个方面的内容，要求所有的职工必须充分理解，并且将其积极运用到日常的工作和生活之中，以增强对企业的认同感、自豪感和归属感，并树立良好的形象，推动企业的内部管理和发展，提升核心竞争力。宣传工作就是指企业为了弘扬自身的理念、传达精神等，需要借助媒介以及特定的方式将其外显出来，使得企业内部的情况能够及时被外界所了解和知晓，记录企业的发展过程，展示企业的精神，为企业的发展创造良好的舆论环境和氛围，最终服务于企业形象。宣传在企业文化建设中起着重要作用，它是营造企业文化氛围的重要途径，挖掘和树立榜样、宣传企业文化，让职工了解企业的文化体系，并将其作为引领工作发展的依据，而宣传的过程就是企业的价值观和管理目标得到彰显和传播的过程。

石油企业文化是指在石油企业内部逐渐形成的，具有自身特点、价值和意义的一种文化体系，它代表了企业的核心价值观、企业形象和企业精神。而宣传工作则是在石油企业中传播和宣扬企业文化的方式之一。

石油企业文化的核心价值观是企业所倡导的行为准则和价值观念，是企业精神的表达和体现。一个优秀的石油企业文化必须具备强烈的企业使命感、对客户服务的承诺、对员工的关爱、对社会的责任感等特征。在这些特征的基础上，企业可以形成自己独特的文化标识和文化形象，从而在市场竞争中获得更大的竞争优势。

宣传工作在培育石油企业文化方面具有重要作用。首先，宣传工作可以向员工和社会传达企业的价值观和精神，引导员工遵循企业文化建设方向，形成良好的企业文化氛围。其次，宣传工作可以向外界传递企业的形象，让公众对企业有更深入的认识和了解。最后，宣传工作可以增强企业的影响力和美誉度，提高企业在市场中的竞争力和地位。

四、宣传工作对企业文化的先导作用

做好宣传工作有助于对石油企业文化建设进程的推进，由于企业文化是随着其发展阶段和目标的不同而不断变化和完善的，因此，在宣传企业文化的过程中，工作人员要随时关注企业在新形势下贯彻的理论、方针和政策，并根据企业文化建设的实际情况，积极总结经验，在宣传工作中充分体现企业的意志，并通过定期开展有组织、有纪律的文化宣传活动，让企业文化建设走进职工的日常生活中，最大限度地调动职工的工作热情和积极性，这对于弘扬优秀的企业文化也是十分有帮助的。宣传工作在培育石油企业文化方面的具体作用包括以下几个方面。

（一）传递企业价值观和精神

宣传工作可以通过各种渠道向员工和社会传递企业的价值观和精神，引导员工在工作中遵循企业文化建设方向，从而形成良好的企业文化氛围。

宣传工作是石油企业传递企业价值观和精神的重要手段之一。在当今社会，石油企业在追求经济效益的同时，也必须关注企业的社会责任和企业的道德责任。宣传工作能够通过宣传企业的价值观和精神，强化员工的道德观念和职业操守，从而提高员工的工作效率和工作质量。

石油企业的价值观和精神主要包括企业的文化理念、经营理念、服务理念和社会责任等。通过宣传工作，企业可以向内部员工和外部社会传递这些重要信息，从而在员工和社会中形成一种正确的价值观和精神氛围。这样不仅能够提高企业的社会形象，也能够增强员工的归属感和荣誉感，进而激发员工的积极性和创造力。

例如，一些石油企业通过举办文化活动、发表企业报告和文章等方式宣传企业的价值观和精神，强化员工的道德观念和职业操守，从而提高员工的工作效率和工作质量。这些宣传工作不仅能够加强员工的归属感和荣誉感，也能够提高企业的社会形象和竞争力。

总之，石油企业通过宣传工作传递企业的价值观和精神，不仅能够提高员工的道德观念和职业操守，也能够提高企业的社会形象和竞争力。因此，石油企业应该加强宣传工作的力度，形成正确的价值观和精神氛围，从而推动企业的可持续发展。

（二）塑造企业形象

宣传工作可以向外界传递企业的形象，让公众对企业有更深入的认识和了解，从而树立企业的形象和品牌。宣传工作是塑造石油企业形象的重要手段之一。石油企业作为一个具有重要影响力的行业，需要通过宣传工作来打造良好的形象，增强公众对企业的认同感和信任度。在这个过程中，宣传工作发挥着至关重要的作用。

首先，宣传工作能够增强企业的品牌形象。石油企业通过宣传工作，向公众展示自己的品牌形象、企业文化和产品特点，从而建立起强大的品牌形象。通过广告、宣传片、公众演讲等方式，企业能够向公众传递自己的品牌信息，提高公众对企业的认知度和信任度。

其次，宣传工作能够提升企业的社会形象。石油企业作为一个高度关注环保和社会责任的行业，需要通过宣传工作向公众传达自己的环保理念和社会责任意识，提高公众对企业的认同感和信任度。通过组织各种公益活动和社会责任项目，企业能够增强自己的社会形象，促进与公众的良好互动。

最后，宣传工作还能够加强企业与客户之间的联系。石油企业通过宣传工作向客户传递自己的产品信息和服务理念，提高客户对企业的信任度和忠诚度。通过客户见面会、客户答谢会等方式，企业能够与客户建立良好的关系，促进企业的发展和壮大。

总之，宣传工作是塑造石油企业形象的重要手段之一。通过宣传工作，企业能够增强品牌形象、提升社会形象、加强与客户之间的联系，从而推动企业的可持续发展。因此，石油企业应该加强宣传工作的力度，形成良好的企业形象，提高企业的竞争力和影响力。

（三）增强企业影响力

宣传工作是石油企业增强影响力的重要手段之一。在当今激烈的市场竞争环境下，石油企业需要通过各种渠道和方式来扩大自身的影响力，从而在市场中占据优势地位。而宣传工作正是帮助企业实现这一目标的关键。

首先，宣传工作可以帮助石油企业扩大知名度和认知度。通过各种形式的宣传，比如广告、新闻稿、社交媒体等，企业可以将自身的信息和产品服务推向更广泛的受众，从而提升知名度和认知度。这样的宣传可以让潜在客户更容易找到企业，从而促进销售和业务增长。

其次，宣传工作可以帮助石油企业树立形象和信誉。宣传可以强化企业的品牌形象和价值观，让受众对企业的信任感和忠诚度得到提升。同时，通过及时公开信息，积极回应社会关切，企业可以更好地应对负面舆情和危机事件，保护企业的信誉和声誉。

最后，宣传工作可以帮助石油企业增强影响力和话语权。通过宣传工作，企业可以积极参与公共话题和社会议题的讨论和解决，建立良好的社会形象和公众形象，从而为企业在政策提议、社会责任、行业规范等方面发挥更大的作用，提高企业的话语权和影响力。

总之，宣传工作是石油企业增强影响力的重要手段，可以帮助企业扩大知名度和认知度，树立形象和信誉，增强影响力和话语权。在当前市场竞争日益激烈的环境下，石油企业需要重视宣传工作，积极开展宣传活动，提升企业的市场竞争力和品牌影响力。

（四）维护企业形象

对于石油企业而言，宣传工作不仅是一种推广和宣传自身的方式，更是维护自身形象、增强企业影响力的必要手段。宣传工作可以帮助石油企业树立良好的形象，提高企业的公信力和市场认知度，进而增强企业在行业内的竞争力和影响力。下面我们来具体分析宣传工作如何维护石油企业形象。

首先，宣传工作可以帮助石油企业塑造良好的形象。通过各种宣传手段和途径，石油企业可以向外界传递自身企业文化和价值观，弘扬自身品牌形象，展现自身的企业形象和实力，以此树立企业的良好形象。例如，在各种展会和活动中，石油企业可以通过展示自己的技术、产品和服务等方面来提高市场认知度，树立品牌形象和企业形象。在企业形象建设中，宣传工作可以起到关键作用，通过精心策划和执行的宣传活动，可以让企业在公众心目中形成一个正面、专业、创新、高效的形象。

其次，宣传工作可以提高石油企业的公信力。石油企业作为一个特殊的行业，其所提供的服务和产品对于社会经济发展和国家能源安全至关重要，因此石油企业需要通过宣传工作来增加公众对自身的了解和认知，以增强公众对企业的信任和支持。例如，通过在媒体上发布企业动态、科技创新和社会责任等方面的信息，可以让公众更加全面地了解石油企业的经营状况和社会责任，提高公众对企业的信任度和认可度，从而进一步增强企业的公信力。

再次，宣传工作可以提高石油企业的市场认知度。石油企业需要不断开发新的市场、产品和服务，从而增加企业的收益和市场份额。而宣传工作可以为石油企业提供一种有效的市场推广方式，让更多的潜在客户和市场了解企业所提供的产品和服务，提高市场认知度和竞争力。当外部环境发生变化、出现危机时，宣传工作能够快速响应、及时处置，防止负面影响进一步扩大，同时通过有效的传播，帮助企业维护好形象。比如，石油企业在油品质量、环保等方面遭遇质疑时，及时通过宣传工作积极回应和解释，向公众和利益相关者展示企业秉持的诚信、质量、环保等方面的价值观和承诺，同时表达企业愿意与外部利益相关者合作、共赢的态度，从而减轻负面影响，维护企业形象。

最后，宣传工作还能够对石油企业在社会各界的认知和评价产生积极影响。通过积极传播企业的价值观和发展理念，让公众和利益相关者对企业有更深入的了解和认知，进而提高企业在社会中的声誉和形象,增强企业在行业中的影响力。

总之,石油企业宣传工作在塑造企业形象、维护企业形象、增强企业影响力等方面发挥着至关重要的作用,必须高度重视。同时,需要不断加强与外界的沟通和交流,了解外界对企业的期望和关注点,及时回应外界的关切,树立企业良好形象,促进企业持续健康发展。

五、利用宣传工作提升石油企业文化软实力

石油企业的文化软实力是指石油企业通过其内在的文化品质和外部表现,传达出的一种文化氛围和内涵,是石油企业在国际竞争中提高自身竞争力的重要因素之一。而宣传工作作为一种重要的传播方式,可以有效地提升石油企业的文化软实力。

(一)宣传工作可以帮助石油企业传达其文化价值观

石油企业的文化价值观是其内在文化的核心,是企业行为和决策的指导思想和精神支柱。通过宣传工作,石油企业可以将自身的文化价值观传递给公众和员工,让他们更好地理解和认同企业的文化理念和核心价值观。这不仅可以提高员工的归属感和忠诚度,也可以为公众树立一个积极的企业形象,增强石油企业的文化软实力。

1.通过品牌传播石油企业文化

品牌是企业文化的一种载体,是企业在市场中塑造形象的重要手段。石油企业可以通过品牌建设来传达自己的文化价值观。例如,壳牌公司将"更好的能源未来"作为自己的品牌主张,这既传达了公司对于环保和可持续发展的关注,也体现了公司的战略愿景和未来规划。

2.通过企业形象塑造传播石油企业文化

企业形象是企业文化的外在表现形式,宣传工作可以通过塑造企业形象来传达企业文化的价值观。例如,石油企业可以通过自身的企业形象来传达自己对于环保、安全、科技等方面的关注和追求,从而形成自己的文化形象。

(二)宣传工作可以提升石油企业的文化品质

通过宣传工作,石油企业可以向内部和外部传达其文化品质,包括企业文化、员工文化、产品文化等。这可以让公众和员工更好地了解石油企业的文化内涵和品质特点,同时也可以促进企业文化的不断发展和完善,从而进一步提高石油企业的文化软实力。

宣传工作可以提升石油企业的文化品质。一个企业的文化品质是由其员工的价值观、行为方式、业务规范、企业形象和声誉等多个方面共同构成的。通过积极开展宣传工作,石油企业可以在以下方面提升自己的文化品质。

1.增强员工的文化认同感

企业文化是企业的灵魂和精神内核,要想实现企业文化的有效传播和强化,必须让员工深入了解和认同企业的价值观和行为方式。通过宣传工作,石油企业可以向员工宣传企业文化理念、传达文化内涵,增强员工的文化认同感和责任意识。

2.塑造企业形象

石油企业作为大型国有企业,在宣传上要注重树立企业的形象,让公众更好地认识石油企业,对其产生更多的信任感和好感度。通过宣传企业的技术实力、文化底蕴、社会责任等方面,塑造企业形象,提升企业品牌价值。

3.强化企业责任意识

石油企业在社会经济发展中扮演着重要角色,要想不断提升企业的文化品质,必须要有强烈的社会责任意识。通过宣传企业在环保、安全、公益等方面的努力和成果,强化企业的社会责任感,为企业树立良好形象。

综上所述,宣传工作对于提升石油企业的文化品质至关重要,可以有效地传播企业文化理念,树立企业形象,强化企业责任感,为企业的可持续发展奠定坚实基础。

第四章　新时期石油企业宣传工作面临的形式与任务

第一节　新时期石油企业宣传工作面临的形式

在新时期，石油企业宣传工作面临着以下几种形式。

一、新媒体时代的挑战

新媒体如微信、微博、抖音等平台的出现，改变了信息传播的格局和方式。石油企业必须紧跟时代的潮流，抓住新媒体的机遇，积极建设自己的宣传平台，以更加灵活、快速和多元化的方式，传递企业的形象和价值。

（一）从管理发展的趋势角度看

数字化管理是管理工作本身的必然发展，因为管理本身的价值在于在组织环境内部实现对于多种资源的利用和优化，并且通过多方面的控制达到其产出的最优。而数字化管理本身作为管理与信息化技术的一种衍生产品，其不仅仅具有传统管理工作的控制特征，更加具备当前信息化相关技术反应敏捷以及支持大运算量等特征。与此同时，信息技术的不断纵深发展，也从技术层面对于组织的管理工作给予了更多的支持。

（二）从石油企业环境中看

可以发现其本身在管理领域中所呈现出来的复杂特征，也从客观上要求信息化技术在该领域应用地更加深入。具体而言，就是以井、站以及管线等油田领域中的相关基本生产单元作为核心节点，对其不同工作环节的工作过程展开监控，实现工作状态以及过程的相关数据的采集、监控，并且在此基础上实现动态分析，形成必要的预警机制，最终用以决策支持。具体而言，在石油企业环境中，一个相对完整的信息数字化管理系统，可以从三个层面实现对于石油企业日常工作的支持。

一是在于基层。以基本生产单元过程控制为核心功能的生产管理系统，主要用于实现对于整个生产过程的实时监控，及时实现相关数据的采集，其主要工作内容包括实现对于单井、管线、站（库）等基本生产单元的监督和控制。

二是处于石油企业环境的中层。主要是面向生产展开对应的指挥和调节的系统，其基本职能主要包括生产指挥调度、安全环保监控以及应急抢险和告警等。

三是以整个石油企业发展、工作状态以及综合趋势作为基础和出发点的决策支持系统。其职能主要包括油气藏管理以及经营管理等，重点核心在于对数据的深入加工和分析。

（三）从应用的角度看

石油企业环境中的数字化管理系统，其工作的重点在于面向每一个工作细节展开数据的实时采集，并且通过对应的通信系统将数据传输到相应的数据节点上展开深入分析，在核心环境中，进一步加深人工智能的应用，从而实现更为有效的决策支持职能。在这样的一个体系之下，相对于以往比较初级的信息数字化管理系统而言，当前通信领域中的相关技术以及物理链路的建设已经趋于完善，因此未来的发展以及近年来已经取得的改进主要体现在基层以及高层两个方面。对于基层而言，更为全面的基础数据获取方式成为当前的应用重点，之前偏重于仪表数据的数据体系被当前更为综合性质的数据体系所打破。而对于高层而言，人工智能以及相关数据分析方法，必然成为未来应用的重点。

二、公众对石油企业的关注度和质量要求的提高

公众对石油企业的社会责任、环保、安全等方面的要求不断提高，石油企业在宣传工作中需要更加注重传递企业的社会责任和环保理念，增强公众对企业的信任感和好感度。

（一）公众对石油企业的关注度

在新时期，公众对石油企业的关注度越来越高，主要表现在以下几个方面。

1. 环保问题

随着全球气候变化和环境污染问题的日益严峻，公众对石油企业的环保问题的关注度不断提高。公众期望石油企业能够采取更加环保和可持续的生产方式，减少对环境的污染和破坏。

2. 安全问题

石油企业的生产活动往往涉及高风险和危险性较大的环节，如勘探、开采、储运等，公众对企业的安全问题也越来越关注。公众期望石油企业能够加强安全管理，保障员工和周围居民的安全。

3. 社会责任问题

公众希望石油企业能够承担社会责任，积极回馈社会，在为当地居民提供就业机会、改善生活条件等方面做出贡献。

4. 价格问题

石油价格的波动对社会经济和人民生活有着重要影响，公众对石油企业的价格问题也越来越关注。

5. 企业形象问题

企业形象是企业的重要资产之一，公众对石油企业的形象问题也越来越关注。企业需要通过各种途径，包括宣传、公关、社交媒体等，传递企业形象，增强公众对企业的信任

感和好感度。

综上所述,公众对石油企业的关注度在新时期呈现出多方面的特点,石油企业需要认真倾听公众的声音,积极回应公众的关切,为社会和人民群众提供更好的服务。

(二)公众对石油质量要求的提高

在我国社会经济持续高速发展的背景之下,各个领域中都取得了一定成果,除去对石油能源的需求量不断提升之外,还会对石油产品的质量提出更高的要求。传统型石油产品质量检测技术难以满足现代化检测领域中提出的要求,我国市场中的石油产品质量难以得到保证。

1. 石油产品质量快速检测技术的需求和发展

在科学技术发展和应用速度不断提升的背景下,现代分析仪器技术研发领域中逐渐取得了一定成果,在我国石油产品质量检测工作的进行过程中提供一定支持。现代化质量检测技术实际应用的过程中,逐渐展现出来精准性强以及分析速度快等特征,因此得到了各个领域中相关人士的关注,不仅如此,日后肯定会成为石油产品分析仪器的重要发展趋势。在此背景之下,针对石油产品质量快速检测技术的需求和发展进行研究,具有一定现实意义。

2. 石油产品质量快速检测技术的需求概述

石油储存及生产领域当中,油料储存及运输是石油产品生产过程中的重要环节,假如在这些环节当中,可以实时动态的检测,那么可以节省下来大量资金,对各项工作的效率做出保证。在质量检测工作进行的过程中,应用到的一般是过程分析技术,不单单可以促使油品检测效率得到大幅度提升,也可以促使石化行业走上一条稳定发展的道路。但是因为离线分析及检测结果都存在一定滞后性,因此我国研究人员使用手持型辛烷值开展产品离线检测工作。在科学技术发展和应用速度大幅度提升的背景之下,在线分析以及近红外光谱分析技术逐渐涌现出来,逐步实现了实时动态检测目标,还可以对检测结果的精准性做出一定保证,从而也就可以在我国社会经济发展进程向前推进的过程中,做出一定贡献。

在油品应用领域当中,我国倡导的是节能环保这一项政策。因此推动汽车等行业的油品和添加剂技术不断取得新进展,油品质量检测占据的地位越发重要。不仅如此,发动机油品质量检测技术逐渐得到较为广泛的应用,为了能够满足社会发展过程中提出的实际需求,各个国家争相提升研发力度,各种类型的快速检测仪器逐渐涌现出来,尤其是美国使用光谱分析技术对发动机氧化物进行实时动态的管理及控制,取得了较为明显的成果。

综上所述,石油产品质量检测技术是评价产品质量的重要措施。假如想要对检测效率及检测结果的精准性做出保证,就应当切实提升资金投入力度,不断地在原有技术的基础上进行创新,从而也就可以满足我国社会经济发展过程中提出的实际要求。

3. 石油产品质量快速检测技术的发展

为了能够满足高新技术局部战争提出的燃料快速检验要求,我国为了解决外场常规型油料化验仪器占地面积大、操作复杂以及效率低等问题，积极地应用先进的石油产品快速分析技术，研发出来了适合在外场应用的石油产品快速、自动分析仪器，替代以往的常规型实验室化验仪器，以便于部队野外油料检验的高效、精准等要求得到满足。先后研发了手持型数字密度计、润滑油黏度计以及近红外油料质量分析仪等小型仪器设备。

在国际新石油产品检测方法不断向前推进的过程中，未来一段时间内我国石油产品分析仪器发展的过程中，应当推动分析仪器逐渐向着国产化的方向发展，为本土仪器制造业的发展提供支持，尽可能规避引进太多的进口仪器设备，形成软硬件更新换代以及人员培训等资金浪费问题。要切实提升石油产品检验仪器的自动化及智能化水平，新仪器设备的操作应当比较简单，并且维修时间比较短，从而也就可以满足我国社会经济发展过程中提出的实际需求。

三、外部竞争的加剧

随着市场竞争的不断加剧，石油企业需要通过宣传工作，提升企业品牌影响力，树立企业形象，增强市场竞争力。

（一）我国石油企业发展现状分析

我国经济的高速增长及居民消费水平的不断提高，拉动了对能源的巨大需求，尤其是石油资源。但更为重要的是，新油田开发速度以及开发力度却很难跟上需求增长的步伐。目前，我国石油企业业务构成主要包含上游、中游、下游三个方面，即上游业务为石油的开发勘探、生产储运；中游业务为石油的加工；下游业务为石油的流通。

纵观我国石油行业，目前有且仅有中国石油化工（以下简称中石化）、中国石油天然气（以下简称中石油）、中国海洋石油（以下简称中海油）这三大石油公司具备石油开发、加工、贸易以及产销一体等经营资格。商品需求的走势攀升导致石油巨头逐步放弃开发产量低的油井。而所有这一切似乎在给我国三大石油企业施加压力，且激烈程度绝非一般。

我国本土的石油企业若想要持续地为我国经济发展保驾护航，并且在激烈的市场竞争环境中长期保持其优势地位，在某些方面推行相应的竞争合作战略就势在必行。通过对石油产业链的不断优化、供应链体系的规模化建设、利用技术及信息等方面的资源共享，达到为企业降低成本，增加企业收益，最终实现资源高效配置的目的。通过采取有效的竞争合作策略，分析并研究各个主体之间的竞争与合作关系，将竞争对手纳入合作视野，以此优化企业效益，寻求群体利益的最大化，这对行业的良性发展具有十分重要的实际意义。

（二）我国石油企业竞合关系发展变化

传统的竞合理论观点认为，企业之间的互动只存在竞争与合作这两种完全对立的模式。竞争是在知识共享的过程中单单追求个体收益，而合作则表现为汇聚群体的知识并加以运用，以实现共同的目的。虽然二者均是以知识共享为基础，但结果却大相径庭。现如今的竞合理论则更多的是，强调在博弈过程中参与者为了追求更高的个体利益，而选择相互依存、共享收益。

目前，国内外的大多数石油公司已基本实现从上游到下游的全面覆盖，包含石油开发勘探、加工、储运、销售等经营环节，业务已基本涉足以石油产品为核心的全部产业链。其竞合理论的核心是对资源的有效控制。从目标市场来看，石油公司之间既存在本国市场内的资源竞争，也存在我国企业对第三国市场以及第三国企业对我国市场中资源、项目等方面的一系列竞争；从直接影响我国原油消费量的进口来看，石油公司间的竞争主要表现在争取有限石油资源与选用石油运输渠道两方面。

众所周知，我国石油产业长期以来保持着寡头垄断型的市场竞争结构，并且从目前的形势来看，会一直保持下去。虽然民营资本进入石油行业并未被设置明显障碍，也并未对该行业的部分业务进行投资限制，但是此类特殊行业的进入门槛较高，且经济学方面的市场竞争法则在该领域内并不完全适用，因此很难有一家私营企业能够与三大石油企业进行抗衡。

1998年之前，我国三大石油公司上游及下游业务环节采用分割垄断的形式，彼此间的交集甚少，不具备竞争的基本条件。随后石油行业重组，初期阶段，三家石油公司分别处于不同地域范围，中石化主要占据南方市场，中石油主要占据北方市场，而中海油主要以海洋为主。地域分治格局的形成，致使竞争局面很难出现，也很少有机会进行合作。

经过多年的发展与变化，三大石油公司的竞争状况逐渐开始涌现，如上下游交错、南北方交互发展、海油"登陆"等，由此我国石油企业间的竞争日益激烈。中石化在保持炼化和成品油销售方面的优势的同时，大力发展上游的油田业务和管道输送业务。中石油保持了上游油田开发开采和管道输送的优势，同时发展下游的炼化和成品油销售业务。中海油在维持开展海上业务优势的同时，逐步"登陆"，虽然在陆地上的地位不如另外两家坚固，但中海油的国际化程度较高，因此在国际上具有一定的影响力。

近几年，三大石油企业已经在各个领域内开展了广泛的合作。由于全球石油资源的争夺战愈演愈烈，我国石油企业中石化、中石油和中海油利用国内外的市场及资源，大力实施国际化经营战略，并且已在部分地区取得了重要成果。例如，中石油与中石化为了提高塔里木盆地的石油产量，广泛开展合作；中石油和中石化每年会进行原油互供，具有一定资源优势的中石油，每年都会按照双方协议，向具有市场优势的中石化供应原油，通过此方式来增加双方的销量及收益；中海油与中石化在华北、华南地区进行异地油源置换，通过双方优势的互补，减小运输半径及运输成本，这在很大程度上提高了双方的经济效益。

四、国际化的挑战

随着全球化进程的加速，石油企业必须面对国际化竞争的挑战，需要更加注重宣传工作在国际化进程中的作用，提升企业的国际形象和品牌价值。

（一）石油公司全球化经营面临的挑战

1. 在风险管理层面

目前，中国国家石油公司的海外资产主要分布于非洲、中东、拉美等发展中国家。这些重点投资区域的形成与中国石油公司跨国投资的起点、采用的进入战略与优势密切相关。但是，近年来，中东、非洲和拉美地区若干资源国的政治、经济和社会动荡，合作方式出现了重大调整，给中方公司的海外人员安全和资产安全带来了很大冲击，致使海外项目风险大幅提升，甚至导致局部区块石油生产、运输和出口中断。这是中国石油公司由于初期进入机会和进入战略的原因而带来的地理上的"硬伤"，难以在投资区位和目的地上作出灵活的规避，相反，只能不同程度地成为风险的承担者。

2. 在投资方式层面

由于国际经营环境变化，若干海外项目陷入经营困境。这一状况是过去20年国内粗放型投资方式和扩张型海外产业发展方式推动的，也与海外公司不掌握和不突出项目价值管理相关，致使某些公司热衷于盲目扩张，热衷于买资产和买公司，但不会卖资产和卖公司。这是体制上和发展方式上的"硬伤"。

3. 在公司能力层面

目前中国国家石油公司的优势往往限于单项（例如资金、技术或劳动力）优势和某一个领域（例如陆上油气综合开发、浅海油气开发和某些下游加工利用），难以在未来的若干领域同时具有优势，形成综合竞争优势。而且，目前中国石油公司的海外油气资源和产量大多位于陆上和已开发的成熟地区。

4. 在知识和经验结构层面

在全球能源需求东移和供应多中心化的背景下，全球能源治理规则发生了重大变化，多边合作和建立新的国际治理规则成为共识。例如，联合数据倡议（JODI）和采掘业透明度倡议（EITI）等在非洲等发展中国家和发达国家广泛推广；"最佳实践指导"在发达国家得到推崇和推广，并在G20框架下得以贯彻。这些都将成为各国政府必须遵守的规则。发达国家在全球气候变化和环境保护措施方面，对中国国家石油公司提出了更加严格的要求。

（二）中国三大石油企业的发展现状分析

1. 中国三大石油企业发展现状

（1）中国三大石油企业国际化发展现状

我国石油工业运营主体主要是以中国三大石油企业为支撑，形成了具有中国特色的石油工业运行模式。为应对20世纪90年代末国际石油价格的大幅波动给我国带来的巨大冲击，2001年国家正式提出要实施国家石油战略，其中就包括"走出去"战略，要求三大石油企业积极开展国际业务。

中石化是目前中国第一大成品油和石化产品供应商、第二大油气生产商，也是世界最大的炼油公司、第二大化工公司，加油站总数位居世界第二，全球业务遍及70多个国家和地区。截至2020年年底，中石化在全球24个国家和地区投资了40多个油气勘探开发项目，形成了海陆兼顾、油气并举、多样化的总体境外油气战略布局；在全球37个国家执行石油工程项目（合同）397个，合同总额162.7亿美元；在全球16个国家执行炼化工程项目55个,合同总金额超过50亿美元;与"一带一路"沿线59个国家的154家采购商和125家供应商建立起密切合作。

中石油是全球主要的油气生产商和供应商之一,是集国内外油气勘探开发和新能源、炼化销售和新材料、支持和服务、资本和金融等业务于一体的综合性国际能源公司。截至2020年年底,在全球35个国家和地区开展油气投资业务,在全球49个国家开展物探、钻井、测井、录井、井下作业、海洋工程等油田技术服务。自1993年实施"走出去"战略、开展国际化经营以来,坚持"互利共赢,合作发展"的理念,积极参与国际油气合作与开发。主要国际油气业务围绕中亚—俄罗斯、中东、非洲、拉美和亚太五大国际油气合作区,优化投资结构和区域布局,以"一带一路"沿线为重点,持续推动海外油气合作,稳步提升全球化运营管理能力。经过多年努力,海外业务规模和实力不断增强,在全球油气市场发挥着越来越重要的作用。

中海油是中国最大的海上油气生产运营商,主要业务板块包括油气勘探开发、专业技术服务、炼化与销售、天然气及发电、金融服务等,并积极发展海上风电等新能源业务。中海油通过一系列资产并购等资本运营方式在全球范围迅速扩张,海外业务呈现了跨越式发展。自成立以来到2019年年底,中海油基本完成全球资产布局,海外业务遍及六大洲40多个国家和地区;与来自21个国家和地区的81家国际石油公司共签订228个对外合作石油合同,累计引进外资近2200亿元,海洋石油成为我国吸引外资最多的行业之一;在"一带一路"沿线国家的油气投资力度持续加大,国际油气生产及贸易规模不断扩大。

事实表明,中石化、中石油和中海油三家国家石油企业的国际化水平已经达到很高的层次,是世界石油工业中不可忽视的重要力量。

(2)中国三大石油企业绿色化发展现状

随着全球能源供应结构正进入以清洁能源为主导的多元化时代,对石油企业所提供的产品与服务的绿色化要求越来越高。全球多家大型能源公司纷纷表态,将进行去碳排放转型,将化石能源逐渐向可再生清洁能源过渡并最终实现零碳排放,同时为完成中国碳达峰、碳中和"3060"的目标。作为碳排放的重要主体,三大石油企业都在积极提高自身的绿色化水平。

中石化深入贯彻"四个革命、一个合作"国家能源安全新战略,主动顺应能源转型变革趋势,着力构建以能源资源为基础,以洁净油品、现代化工为两翼,以新能源、新材料、新经济为重要增长极的"一基两翼三新"产业格局。积极发展页岩气、煤层气、地热、氢能、光伏、风电等清洁能源,推广使用生物航煤、生物柴油等生物质能源,创新研发和升级洁净油品,构建清洁低碳、安全高效的现代能源体系和产供储销体系,实现能源的洁净多元、安全供给。2014年启动"能效提升"计划,2016年启动绿色企业行动计划,2020年启动碳排放、碳达峰、碳中和战略研究,设立了到2023年捕集二氧化碳50万吨,减排二氧化碳1260万吨,回收利用甲烷2亿立方米的目标。2020年,中石化共实施各类节能项目2892项,实现节能458万吨标准煤。

中石油着眼于未来清洁能源可持续供应，大力发展天然气，把天然气作为战略性、成长性和价值性业务，持续加大勘探开发力度，推进致密气、页岩气、煤层气等非常规天然气开发，多渠道引进国外天然气资源，构筑多元化清洁能源供应体系，2020年天然气在油气结构中占比首次超过50%。加快新能源、新材料布局，2020年增设新能源新材料事业发展领导小组，加强新能源发展战略和规划，继续拓展地热能、太阳能、生物燃料，以及充（换）电站等新能源业务，特别是在氢能领域取得了长足进展。坚持环境保护与清洁生产，2020年实现节能79万吨标准煤，节水1033万立方米，节地1190公顷，污染物排放持续减少。

中海油积极探索绿色转型发展之路，差异化布局以海洋资源为主体的新能源产业，着力构建清洁低碳、安全高效的能源体系，努力打造贯穿油气田、终端、炼厂、电厂、LNG接收站、制造基地、码头的绿色低碳产业链。坚持绿色低碳战略，积极推进"碳达峰、碳中和"行动方案的研究部署，将节能低碳任务指标纳入公司"十四五"发展目标。2020年，共实施了92个节能改造项目，投入资金3.99亿元，节能22.6万吨标准煤，超额完成节能减排考核任务，绿色可持续发展取得重要突破。

2. 中国三大石油企业面临的问题及发展趋势

（1）面临的问题

资源约束。随着我国工业化、城镇化的持续推进，对能源消费的需求也持续增加，是世界第二大石油消费国和第三大天然气消费国。2020年我国能源消费总量约50亿吨标准煤，超过世界能源消费总量的四分之一，且仍在不断上升，2020年能源消费增长为2.2%，是世界能源消费大国中唯一正增长的国家。与此同时，我国能源资源相对匮乏，人均石油剩余可采储量仅为世界平均水平的11%。因此，随着油气需求的日益增加，油气进口量也快速上升，对外依存度高居不下，资源约束严重限制了三大石油企业的可持续发展能力。

环境压力。以煤炭为代表的化石能源的大规模开发利用，对自然环境造成了严重破坏。虽然三大石油企业大力发展清洁能源，但从我国的能源消费结构来看，2020年煤炭仍占一次能源消费的56.6%，石油占19.6%，天然气占8.2%，可再生能源占5.4%，这意味着在未来相当长的一段时间内，化石能源在能源结构中仍占主体地位。中国在联合国大会上承诺：到2030年碳排放达到峰值，2060年实现碳中和。随着应对气候变化、保护生态环境的压力日益增大，三大石油企业作为能源消耗的重要主体，同时也是二氧化碳排放的重要主体，迫切需要进行绿色化转型。

政策缺失。三大石油企业作为由国务院国资委监督管理的中央企业，直接关系到国民经济命脉和国家能源安全，应当受到国家政策的充分支持。三大石油企业参与国际市场竞争起步较晚，虽然经过多年来的发展，已经成为一支不可忽视的重要力量，但相关政策仍不完善，缺乏国家专项法规指导，形式较为单一，不能形成合力。同时缺乏系统的能源外交政策指导，对资源国油气资料的收集、分析尚不深入，难以高效指导三大石油企业的境外石油开发工作。投资政策、税收政策、资金政策都不能充分体现国家对境外油气勘探开发的支持。

（2）未来发展趋势

能源转型。碳达峰和碳中和目标将是未来一段时期内影响三大石油企业能源格局与油气业务发展的重要因素。面对日益严峻的环境挑战、满足不断增长的清洁低碳能源需求，三大石油企业必须统筹规划传统能源与新能源之间的关系，推动传统油气业务与新能源业务的协同发展；持续提高油气资源开发和利用效率，充分利用天然气的低碳属性和对比新能源的经济优势，以天然气产业作为主要发展方向；同时积极探索新能源业务，不断增加清洁能源在能源供应中的占比，为构建清洁能源供应体系和人类社会的繁荣发展贡献力量。

立足主业。虽然石化产业生产过程中常伴随二氧化碳的排放，但石化产业一直是国民经济的重要支柱产业。以石油、天然气为原材料，生产出如合成橡胶、合成纤维、塑料、农药、化学溶剂等一系列中间产品，这些是工业、农业、医药业的重要原材料，为实现制造强国、国防强国和航空强国提供着重要支撑和保障。因此，三大石油企业未来一段时间内仍需要立足主业，持续加强对国内油气的勘探与开发，努力提高国内油气产量，降低我国石油、天然气的对外依存度，保障国家能源安全。

优化结构。我国工业领域从第九个五年规划开始就强调需要调整结构，近十年来，石化产业一边加大调整结构的力度，一边加大淘汰落后产能的力度。在"十三五"规划中，国务院印发了《关于石化产业调结构促转型增效益的指导意见》，全行业淘汰落后产能和结构调整都取得了明显成效。分析未来市场的趋势，将会是"高端化学品短缺，大宗基础产品过剩"的状况。目前国内的大宗化学品、基础化学品仍处于过剩状态，且高端化学品高度依赖进口，尚未形成双循环的发展格局，高端化学品的短缺是影响石化行业发展的重要因素。因此，三大石油企业长期内仍需要持续加大结构调整与优化和转型升级的力度，扩大专用化学品和新材料产量，满足未来市场需求。

3.中国三大石油企业绿色国际竞争力提升的必要性

（1）维护国家石油安全

国家能否在激烈的国际竞争、资源配置以及国际分工中占据优势地位，在国际舞台上具有发言权，关键在于该国有没有国际竞争力强的大公司。三大石油企业是我国油气资源供应的主体，只有三大石油企业在国际市场上更具有竞争力，才能在全球石化资源勘探与开发中占据优势地位，弥补我国国内能源资源和市场的不足；才能把我国的现有技术、产品等带出去，更有利于引进其他国家的先进技术，提高能源开发使用效率。在绿色化要求更高的国际市场竞争中，中国三大石油企业迫切需要提高自身的绿色国际竞争力，更好地维护国家石油安全。

（2）企业自身发展需要

随着国内环保法律法规的相继出台，以及在国际贸易中普遍存在的绿色壁垒，一个企业所提供的产品与服务越绿色，将越早获得低碳发展的先机，越能在激烈的国际竞争中掌握优势。更甚一步，若一个企业未来的发展不符合国家的低碳标准和要求，那么它可能无法生存。例如，BP石油公司的墨西哥湾泄漏事件严重损害了BP不惜改变公司标识而树立起来的绿色形象，事件发生后BP石油公司的市值缩水了36%。中国三大石油企业的绿色化发展不仅有利于企业自身摆脱当前所面临的资源约束困境，转变发展方式，最终实现企业的可持续发展，同时也有利于我国整体经济发展方式的转变，促进我国经济社会的良性发展。

（3）消费者消费观念改变

随着环保理念的深入人心，消费者的消费理念也逐步发生改变，渐渐向绿色靠拢，在购买商品时更偏向于环境友好型商品。据联合国有关部门统计，带有绿色标志的产品日益博得消费者青睐。"绿色"已经渗入企业竞争中，发挥着决定性的作用。消费者逐渐形成了一种以减少对环境的破坏、保护自然环境、适度节制消费等为特征的新型消费观念。正是由于这种消费观念的逐渐盛行，消费者愿意支付更高的价格来购买更加绿色的产品，倒逼企业提供符合绿色标准的产品和服务。

五、文化多样性的挑战

随着社会文化多元化的发展，石油企业需要更加注重宣传工作在文化多样性中的作用，传递企业的文化理念和价值观，增强企业的文化认同感。

文化多样性对石油企业宣传工作有着重要的影响，具体表现在以下几个方面。

（一）意识形态差异

不同文化背景的人们在价值观、信仰等方面存在差异，这可能会影响到宣传内容的理解和接受。石油企业在宣传工作中需要充分考虑这种差异，避免出现误解或不当言论，做到尊重不同的文化背景和观点。例如，一些国家或地区的人们可能更加关注环境保护和可持续发展，而另一些国家或地区的人们则更加关注经济利益和发展速度。

在这种情况下，石油企业需要注意在宣传内容中尊重不同的文化背景和观点，避免出现误解或不当言论。企业需要充分了解目标受众的文化和价值观，根据不同文化背景的人们的需求和特点，量身定制宣传策略和内容，增强宣传的针对性和适应性。

此外，石油企业需要通过宣传工作展示企业的社会责任和价值观，以此建立公众信任。企业可以通过宣传环保理念和社会责任举措，向公众展示企业在可持续发展方面的承诺和实践。通过这种方式，石油企业可以更好地应对意识形态差异带来的挑战，增强企业形象和声誉。

（二）语言和文化障碍

宣传工作需要使用语言进行沟通，但不同文化背景的人们可能使用不同的语言或表达方式。石油企业需要在宣传工作中考虑到这种差异，使用简单明了的语言，避免使用难懂的行业术语或文化难以理解的象征性语言。

在面对这种情况时，石油企业可以采取以下措施来应对语言和文化障碍。

使用简单明了的语言：企业应该使用通俗易懂的语言，避免使用过于专业或复杂的行业术语，从而更容易被广大受众理解和接受。

避免文化难以理解的象征性语言：不同文化背景的人们对于一些象征性语言的理解可能会存在差异，企业需要注意在宣传中避免使用这种语言，从而避免产生误解。

采用多语种宣传：对于跨国企业或在国际市场上进行宣传的企业来说，采用多语种宣传是一个有效的方式，可以使宣传内容更容易被不同文化背景的人们理解和接受。

考虑地域文化特色：企业在进行宣传时，需要考虑到不同地域文化的特点，因为不同地域文化背景的人们可能会对宣传内容有着不同的反应和理解。

综上所述，石油企业在宣传工作中需要注意到语言和文化障碍的问题，采取一系列措施来应对这些问题，从而确保宣传内容能够被广大受众理解和接受。

（三）文化适应性

不同文化背景的人们对于宣传内容的喜好和接受程度也存在差异。石油企业需要在宣传工作中充分考虑目标受众的文化背景和喜好。

随着全球化进程的加速，石油企业的宣传工作已经不仅仅局限于本国市场，越来越多的石油企业开始进入国际市场，这就需要企业在宣传工作中注重文化适应性，以便更好地满足不同国家和地区消费者的需求和期望。

文化适应性是指企业在进行国际宣传时，针对不同文化背景的人们的特点和需求，采用不同的宣传策略和方法，以达到更好的传播效果。在石油企业宣传工作中，文化适应性是十分重要的，因为不同国家和地区的文化、价值观和习惯都有很大的差异，这会影响到人们对石油企业宣传内容的理解和接受。

为了提高宣传工作的文化适应性，石油企业需要采取以下措施。

1. 了解目标受众的文化和价值观

企业在进行宣传工作时，需要了解目标受众的文化和价值观，这可以通过市场调研和文化研究等方式进行。这些研究可以帮助企业更好地了解目标受众的文化和价值观，从而确定宣传策略和内容。

例如，对于一些文化背景比较保守的国家或地区，企业需要注意在宣传中尊重当地的文化和习俗，避免过于激进或不适当的宣传内容。而对于一些注重环境保护和可持续发展的国家或地区，企业则需要在宣传中强调企业的环保和社会责任举措，以增强企业形象和公众信任。

2. 采用不同的宣传方式和媒介

在不同国家和地区，人们对于宣传方式和媒介的偏好也存在差异。因此，企业需要根据不同地域的特点和人们的习惯，采用不同的宣传方式和媒介。

例如，在一些亚洲国家和地区，人们更喜欢通过社交媒体和移动应用程序来获取信息，而在一些欧洲和北美国家，则更倾向于通过传统的广告和电视节目来获取信息。企业需要根据不同地域的特点和人们的习惯，选择合适的宣传方式和媒介，从而提高宣传的效果和传播范围。

3. 采用本地化的宣传内容和语言

为了更好地适应不同国家和地区的文化，企业需要采用本地化的宣传内容和语言。这不仅可以增加宣传的接受度，还可以提高企业在当地的认可度和形象。

例如，对于一些使用非英语的国家和地区，企业需要将宣传内容和语言翻译成当地语言，以便当地消费者理解和接受。同时，企业还需要注意当地语言和文化的差异，避免出现文化误解或语言障碍，从而提高宣传的有效性和传播范围。

4. 加强文化沟通和交流

在进行国际宣传时，企业需要加强与当地人士的文化沟通和交流，以便更好地理解当地文化和习俗，并根据当地的需求和期望来制定宣传策略和内容。

例如，企业可以通过与当地媒体、消费者团体和政府机构等建立联系，了解当地的文化和市场状况，从而更好地适应当地市场和消费者需求。此外，企业还可以通过参加当地的文化活动和社区活动等方式，加深与当地人士的联系和了解，提高企业在当地的形象和知名度。

总之，石油企业在进行宣传工作时，需要注重文化适应性，以满足不同国家和地区消费者的需求和期望。企业需要通过了解目标受众的文化和价值观、采用不同的宣传方式和媒介、采用本地化的宣传内容和语言以及加强文化沟通和交流等方式，提高宣传的文化适应性，从而更好地实现宣传目标，增强企业形象和知名度，促进企业发展。

（四）文化创新性

不同文化背景的人们对于创新和创意的需求也有所不同。石油企业在宣传工作中需要注重文化的创新性和多样性，结合当地文化特点，探索新的宣传方式和内容，以吸引更多的受众，提升宣传效果。下面是一些石油企业宣传工作中的文化创新方法。

1. 借鉴其他行业的营销策略

企业可以借鉴其他行业的营销策略，将其应用到石油行业的宣传工作中。例如，通过采用社交媒体等新媒体形式，吸引年轻人的关注和参与，提高企业在年轻消费者中的形象和认可度。

2. 创新宣传内容和形式

企业可以通过创新宣传内容和形式，提高宣传的吸引力和传播效果。例如，采用互动式的宣传形式，吸引消费者的注意力，提高其参与度；或者采用大数据技术，从消费者的行为和偏好中获取信息，精准定位受众并制定个性化的宣传策略。

3. 引入新文化元素

企业可以通过引入新的文化元素，提高宣传的文化吸引力和文化内涵。例如，将当地的文化元素融入宣传中，让消费者感受到企业与当地文化的紧密联系；或者引入国际化的文化元素，提高宣传的时尚感和吸引力。

4. 倡导绿色、环保文化

在当今社会，环保、绿色已经成了一个非常重要的文化标签。企业可以通过宣传绿色、环保文化，提高企业形象和社会责任感。例如，推广可再生能源、节能减排等环保理念，引导消费者关注环保问题，提高企业的社会形象和市场竞争力。

总之，石油企业在宣传工作中需要不断进行文化创新，以适应市场需求和消费者的变化。通过借鉴其他行业的营销策略、创新宣传内容和形式、引入新文化元素以及倡导绿色、环保文化等方式，企业可以提高宣传的吸引力和传播效果，为企业带来更多的商业机会和利润。

六、现有思想政治工作内容面临的挑战

石油企业思想政治工作内容时代化的主要任务是在继承现有思想政治工作内容精华的基础上，根据时代发展的要求、企业发展的需要、员工发展的诉求，对思想政治工作内容进行调整与改良，从而达到优化石油企业思想政治工作内容体系的目的。毋庸置疑的是，明确石油企业现有思想政治工作内容面临的挑战与机遇，是进行内容时代化任务的重点工作之一。

（一）石油企业现有思想政治工作内容面临的挑战

1. 市场竞争压力促使思想观念更新

石油企业经过改制重组，建立了"产权明晰、政企分开、责权明确、管理科学"的现代企业制度。因此，企业需独自承担盈亏的风险。石油企业若想在激烈的市场竞争中拔得头筹，需全力以赴地搞好生产经营活动，努力追求企业经济利益的最大化。因此，石油企业思想政治工作要服务于企业的生产经营，树立科学的思想观念，解决过去思想政治工作与生产经营"两张皮"的突出问题。

在全球化与市场化触及各行业、各领域的当今社会，石油企业的思想政治工作面临诸多挑战。

一方面，激烈的市场竞争所伴随的空前压力对石油企业思想政治工作提出了更高的要求。的确，石油企业与其他众多企业以公平的姿态进入市场中，想要拔得头筹必须从加强自身能力着手。在逐渐优化体制机制改革的同时，作为"生命线"的思想政治工作也应随着时代的发展迈向现代化的行列。具体到石油企业思想政治工作内容而言，在石油企业思想政治工作过程中适时地培养共商共长的合作意识和大胆探索、勇于实践的创新精神，是现阶段石油企业思想政治工作内容的重要组成部分之一。这既是中国现代化进程的要求，也是更好地应对激烈市场竞争形势的现实需要。思想政治工作作为软性力量，不能像科学技术那样直接助力于企业生产效率的提高，但是思想政治工作可以间接地促进企业的生产经营活动，这点是毋庸置疑的。

另一方面，市场竞争的巨大压力使得思想政治工作的价值易被忽视。片面追求经济利益的目标导向是导致思想政治工作被忽视的重要原因。有学者就此提出，管理者对经济利

益的片面追求使得思想政治工作与企业发展出现不同步的现实问题。也有学者提出，生产经营与思想政治工作的开展方式呈现一刚一柔的显著区别，柔性开展的思想政治工作价值易被生产经营活动掩盖。诸如"理想理想，有利就想""前途前途，有钱就图"，此类的错误观点将思想政治工作与生产经营相割裂，造成"两张皮"现象的发生，使企业思想政治工作的价值被单一的利益目标追求所掩盖。

综上所述，石油企业现有思想政治工作内容面临的巨大挑战之一，即来自市场竞争的压力。一方面，市场竞争的压力使得企业需树立思想政治工作与企业生产经营相统一的理念，企业应大力追求企业生产效率与市场竞争力的提高。另一方面，思想政治工作作为企业一切工作的生命线，其价值不能被单一的经济利益目标所掩盖，需正视思想政治工作的实际价值。因此，唯有从理论与实践上澄清偏颇的认识，才能切实提高思想政治工作的有效性与针对性，石油企业思想政治工作内容时代化才会更加富有生机与活力。

2. 企业用工制度调整导致员工身份转变

石油企业重组改制使得企业用工制度发生重大变化。石油企业的用工制度不再是"铁饭碗"式，而是建立起与现代企业制度相协调的合同制。尤其是石油企业技术人员的劳动关系呈现出选择性与流动性增强的态势。如此一来，员工的身份发生彻底的改变，员工身份由"企业是我家"向"我为企业打工"发生转变。因此，石油企业的凝聚力与向心力较改制前发生不同程度的减弱，这使得石油企业思想政治工作面临新的挑战。

首先，企业改制后石油企业的经济效益与员工的利益被捆绑在一起，风险压力加大。与计划经济条件相比，员工工作的稳定性与优越性遭到削弱。石油企业部分员工中产生矛盾心理。一方面，技术水平较低的员工群体担心面临下岗失业的风险。另一方面，拥有高技术的员工可以凭借技术经验获得更好的发展。因此，石油企业思想政治工作要对企业改制后员工的不良心理进行及时调整，这使得思想政治工作任务加重、难度加大，石油企业思想政治工作内容也要随之做出调整与改变。

其次，少数领导干部中间滋生出贪污腐败的不良风气。对石油企业员工来讲，部分企业领导干部廉洁意识欠缺，易挫伤员工生产的积极性，助长"不劳而获"的恶劣风气。企业领导干部作为企业的一面镜子，最能体现出企业发展存在的问题。极少数领导干部在利益面前丧失初心，扰乱了石油企业发展的正常秩序，违反了石油企业的规章制度，破坏了石油企业的发展氛围，是石油企业长远发展的毒瘤，严重阻碍了石油企业的发展。

3. 企业发展战略革新推动人才素质提升

石油企业正处在改革发展的关键期，众多石油企业在分析国内外形势的基础上对企业发展战略做出调整。以大庆油田为例。根据《大庆油田可持续发展纲要》的精神，大庆油田将企业发展战略进行革新，提出了"永续辉煌"的奋斗目标。"永续辉煌"有其具体的要求，即搞好"三个建设"，做到"四个保持"，打造"八个大庆"。为了达到这一目标，石油企业对员工素质的要求也随之提高。

"珍惜荣誉、高举旗帜、开创未来、永续辉煌"是大庆油田立足现在、面向未来的宣言。为了达到"永续辉煌"的目标，石油企业员工在拥有专业技术能力的基础上，还应具备先进的思想观念、良好的职业道德、扎实的工作作风、积极的心理态度等。石油企业思想政治工作队伍建设是提高石油企业人才素质的重要保障。但目前，企业思想政治队伍建设仍存在部分不足。具体体现在以下三个方面。

首先，思想政治工作者的能力素质有待提高。思想政治工作者的基本职能有两个，一是教育职能，二是管理职能。在企业思想政治工作中，思想政治工作者管理职能的发挥往往成果显著，而对教育职能存在不同程度上的忽视。除此之外，思想政治工作者还要具备政治素质、思想素质、道德素质、知识素质、能力素质、生理心理素质等基本素质，需要进行不断地学习与锻炼。但在石油企业实际工作中，容易忽视对思想政治工作者的培训与教育，导致部分思想政治工作者的能力素质不能胜任这份工作。

其次，石油企业存在政工队伍年龄结构不合理的问题。"干不了专业就干政工"的错误认识，使得思想政治工作"兼职化"现象普遍存在。这样的错误认识使得思想政治工作在源头上就缺乏保障，因此思想政治工作的实效性更成问题。

最后，思想政治工作队伍建设不够持续。张国峰学者提出，石油企业的青年员工更愿意从事石油勘探、资源开发等"主干行业"的相关工作，导致了思想政治工作队伍出现"后继乏力"甚至"后继无人"的情况。思想政治工作队伍建设不够持续的问题严重影响了思想政治工作的长久开展，使得石油企业思想政治工作缺乏连续性与统一性，对思想政治工作内容时代化而言更是严峻的挑战。

除此之外，诸多思想问题与社会问题未得到解决，也使得石油企业现有的思想政治工作内容面临挑战。环境的剧烈变化易使石油企业员工产生一系列的心理问题。这突出表现在部分石油企业员工因长时间超负荷工作，导致精神与身体遭受巨大压力，出现易怒、狂躁等心理问题的发生。震惊全国的"富士康跳楼"事件，是当代社会重压下心理问题频发的典型代表。

面对石油企业思想政治工作战略革新对员工素质的高要求，石油企业现有思想政治工作显然不能完全满足员工各方面的发展需求。因此，目前需要增添符合时代特色与企业战略目标的思想政治工作新内容，不断加强企业思想政治工作队伍建设，从而保障石油企业战略目标的实现。

（二）石油企业现有思想政治工作内容面临的机遇

1. 新时代中国特色社会主义思想的形成

新时代中国特色社会主义思想为石油企业思想政治工作内容时代化提供了强大的思想武器。新时代中国特色社会主义思想对石油企业思想政治工作内容时代化的重要贡献主要体现在三个方面。

第一，新时代中国特色社会主义思想为石油企业思想政治工作内容时代化提供了丰富的素材，充实了石油企业思想政治工作的内容。有学者指出，党的十九大报告中的"八个明确"和新时代中国特色社会主义"十四个坚持"，集中体现了新时代中国特色社会主思想的精神实质和丰富内涵。其中，部分内容可以对石油企业思想政治工作内容进行补充。例如依法治国的总目标、党的建设的总要求等内容分别对石油企业思想政治工作法治教育与党建教育进行了发展与补充。此外，"新发展理念""全面深化改革"等思想对石油企业的长远发展提出了新的要求；"人与自然和谐共生""人类命运共同体"等思想对石油企业思想政治工作内容提供了最新素材；"总体国家安全观"思想对提升石油企业员工的国家安全意识提出了新要求。

第二，用新时代中国特色社会主义思想指导石油企业的思想政治工作，有利于缓解甚至消除阻碍石油企业思想政治工作内容时代化的消极因素，侧面促进石油企业思想政治工作内容时代化的良性发展。例如"从严治党"的贯彻执行对于加强企业的党的建设与管理、抵制贪污受贿的不良现象具有重要的意义。这在一定程度上帮助党员干部重新树立石油企业员工的人格威信力，加强石油企业员工的主人翁精神与责任意识，增强石油企业员工对企业发展的自信心。

第三，以新时代中国特色社会主义思想这个先进的理论思想为指导，为石油企业思想政治工作内容时代化营造良好的社会环境。马克思曾在其著作中写道："理论一经掌握群众，也会变成物质力量。"新时代中国特色社会主义思想作为时代的精华，具备变成物质力量的条件。因此，全社会用新时代中国特色社会主义思想武装头脑、指导自己的行为，使全社会形成遵守宪法与法律规定、遵守社会主义道德规范、积极践行社会主义核心价值观的良好氛围。如此一来，良好的社会氛围为石油企业思想政治工作内容时代化提供了积极的推动力，便无形中加快了思想政治工作内容时代化的历史进程。

2.石油企业思想政治工作优秀传统的传承与创新

石油企业思想政治工作的优秀传统以"石油精神"为突出代表。以"玉门精神"为开端的石油精神，自诞生之日起就激励了无数石油企业员工为国奉献、努力进取，在自己的岗位上做出巨大的贡献。换句话说，中国石油工业能从弱到强，中国从贫油国到成为石油大国历程中，石油精神起到了无可替代的作用。也正因如此，以"苦干实干、三老四严"为核心的石油精神成为石油人无私奉献的精神禀赋，特别是苦干实干的精神是社会主义现代化建设极度需要的精神品质之一。

一方面，石油精神的传承与发展是现有思想政治工作内容时代化的重大机遇。继承现有思想政治工作的优良传统是创新的基础性工作。"大庆油田过去发展靠艰苦奋斗，今后发展仍然要靠艰苦奋斗"的著名讲话，可见党和国家的历届领导人自始至终充分肯定"苦干实干"精神的重要意义，并在数次关键时刻强调要继承与发扬石油精神，为社会建设助力。因此，如果脱离石油企业优良传统内容而谈时代化，就好比无源之水、无本之木。进行石油企业思想政治工作内容时代化的首要条件就是传承好、发展好优良传统。

另一方面，对优良传统的创新性发展也是石油企业思想政治工作现有内容面临的重大机遇。例如在大庆会战时期形成了"三老四严""四个一样"的优良作风，体现了石油工人高度的自觉性与责任心。21世纪，充满智慧的大庆人提出了"四个不一样"要求，即

"素质高低使用不一样,管理好坏待遇不一样,技能强弱岗位不一样,贡献大小薪酬不一样"。面对新的历史条件,"四个不一样"与"四个一样"的结合,将物质激励与精神激励相结合,使大庆的优良传统得到传承的同时,更适合现代人的心理特点与追求。处在比任何时候都更接近中华民族伟大复兴中国梦的今天,继承与弘扬以"苦干实干、三老四严"为核心的石油精神是实现中华民族伟大复兴中国梦的有力武器。我们面对根植于中国大地的石油精神,应该充分珍惜这份宝贵的精神财富,什么时候都不能丢。以前条件恶劣的时候不能丢,现在条件好了更应该将其发扬光大。对于石油企业思想政治工作内容时代化而言,要坚定不移地继承与弘扬石油精神,并结合当今的现实条件加以丰富和完善,使石油精神能在今天绽放出更加灿烂的光芒。

第二节 新时期石油企业宣传工作的任务

随着社会的快速发展和变化,石油企业宣传工作面临着越来越多的挑战和机遇。在这样的背景下,新时期石油企业宣传工作的任务不仅是为企业推广品牌和产品,还需要更加注重社会责任、文化传承和创新等方面,以下是新时期石油企业宣传工作的任务。

一、提高品牌知名度和美誉度

作为一家企业,品牌知名度和美誉度对于企业的发展至关重要。因此,石油企业宣传工作的首要任务就是通过宣传推广,提高品牌知名度和美誉度。这需要企业制订合理的宣传策略,采用多种渠道和形式,针对不同受众推出不同的宣传方案。

以下是一些石油企业提高品牌知名度和美誉度的任务。

(一)建立企业形象和品牌形象

石油企业需要建立一个清晰的企业形象和品牌形象。企业形象是指企业在公众心目中的整体形象和印象,而品牌形象是指企业产品或服务的特定形象和印象。企业需要通过各种形式的宣传,如广告、公共关系、媒体报道、赞助等,来建立自己的企业形象和品牌形象。

(二)提高产品质量和服务质量

石油企业需要注重产品质量和服务质量的提高,以赢得消费者的信任和支持。企业可以通过多种方式提高产品质量和服务质量,如投入更多的研发和创新、培训员工的服务技能等,以提高企业的竞争力和市场占有率。

(三)建立公众信任和口碑

石油企业需要建立公众信任和良好口碑,使消费者认可和信任企业的产品和服务。企业可以通过多种形式的宣传来增强公众对企业的信任和认同,如发布可靠的财务报告、开展公益活动、与媒体合作等。

（四）推广品牌文化和品牌价值观

石油企业需要推广自己的品牌文化和品牌价值观，强化品牌内涵，使消费者更加认同和信任品牌。企业可以通过多种形式的宣传来推广品牌文化和品牌价值观，如品牌形象广告、品牌宣传片、品牌主题活动等。

（五）持续投入宣传和广告

石油企业需要持续地投入宣传和广告，以提高品牌知名度和美誉度。企业可以通过多种媒介，如电视、广播、报刊、户外广告等，将品牌信息传递给消费者，并不断创新宣传方式和形式，以提高宣传效果和传播效率。

二、传递企业社会责任

石油企业作为一个社会责任担当者，需要通过宣传工作传递企业的社会责任。企业可以通过宣传环保理念、社区参与、公益慈善等方式，让消费者了解企业的社会责任，增强企业的社会形象和公信力。石油资源作为关系我国能源发展的主要战略物资，对我国经济建设产生十分重大的影响。但是人们在收获石油资源所带来的金钱利益和较高生活水平的同时，也伴随着石油开发和使用所带来的环境破坏和污染的问题。

（一）石油企业环境责任信息披露的现状

目前，我国石油企业环境责任信息披露还处于探索和发展的阶段，体系尚不完善，现通过披露方式、披露形式和披露内容三个方面分析石油企业环境责任信息披露的现状。

1. 石油企业环境责任信息披露的方式

我国的环境披露以政府为主导，企业在政府的指导下开展环境披露工作。目前环境责任信息披露的方式主要有以下几种。

（1）定期报告

石油企业可以在当年的年度报告中披露上一年度企业环境责任履行情况以及环境责任信息披露程度。

（2）社会责任报告

2008年发布的《关于中央企业履行社会责任的指导意见》中指出，企业应该建立社会责任报告制度以及定期发布企业社会责任报告，并主动接受各个方面的监督。

（3）可持续发展报告

2010年国际石油行业环境保护协会和美国石油学会联合发布《石油行业可持续发展报告指南》，通过可持续发展报告能够全面、系统地反映企业的环境责任履行情况，进一步满足环境责任信息使用者和利益相关者的需求。

（4）新闻媒介

石油企业环境责任信息的披露除了各类定期报告之外，还通过石油行业的网站、报纸、杂志及新闻发布会等新闻媒介渠道披露。

2.石油企业环境责任信息披露的形式

我国石油企业环境责任信息披露所使用的形式主要包括三种。

（1）定性形式

定性形式是利用语言文字对企业的环境责任信息进行相关的阐述，这种披露形式是在当今的企业中被使用最多的。

（2）定量形式

定量形式是将企业在环境责任信息披露方面的工作以数字的形式来表达。定量形式是最佳的披露形式，但缺点是披露需要进行数据统计，较定性形式更加繁杂。

（3）定性定量相结合形式

定性定量相结合形式以文字陈述与数字表达相互补充，更加全面地展示出所需要披露的相关环境信息。

3.石油企业环境责任信息披露的内容

作为国家能源支柱产业之一的石油企业，环境责任信息披露的内容广受社会各界的关注，同时也是政府和社会对企业环境治理保护方面监督检查的重点内容，通过对内容的分析进而评估该企业环境责任信息披露的情况。通过对 8 家石油企业在 2010 年至 2016 年对环境责任信息的披露情况进行调查，能够发现不同的企业所披露的环境责任信息内容各不相同，采用的披露方法和披露形式也存在一定的差异。

（二）石油企业环境责任信息披露存在的问题

1.环境责任信息披露方式缺乏规范性

目前，石油企业环境责任信息披露方面的法律法规还不够完善，同时环境责任信息披露的方式缺乏规范性。石油企业环境责任信息披露的方法主要包括定期报告、社会责任报告、可持续发展报告、年终报告和新闻媒介等，其中年终报告的环境责任信息披露主要表现在董事会报告和相关报表附注中。石油企业所使用的披露方法各不相同，并且很多企业不清楚自己应该以哪种形式披露，有的企业在各种方法中都进行了披露，有的企业只在一种方法中披露甚至不披露。企业披露方式混乱，没有形成规范的披露方式。

2.环境责任信息披露形式缺乏统一性

我国石油企业一直没有明确的标准来规范披露形式。石油企业往往会通过有利于自己的形式来进行相关披露，以减少负面信息数量，维护企业良好形象，进而导致披露形式存在随意性。企业对披露形式的选择也存在很大不同。产生这一系列现象的主要原因是企业在环境准则中有关石油企业环境责任信息披露的具体标准少之又少，企业就会根据自身情况来进行选择，因而造成石油企业环境责任信息披露情况较为混乱和可比性较差的现象。

3.石油企业环境责任信息披露内容缺乏完整性

我国石油行业在环境披露时，披露的内容欠缺完整性。在内容的选择上，披露的信息完全由企业自己选择，企业可以对环境风险部分加以修饰掩盖，而对环保荣誉和环境贡献方面进行较多披露。这样做就使披露信息的质量水平较低，不能全面反映环境问题给企业各方面带来的影响。虽然我国石油企业整体处于政府强制披露阶段，但披露的自愿性较差，导致环境责任信息披露可比性缺失，不能形成横向和纵向比照，这也不利于利益相关者对企业环境责任信息的了解与采纳。石油企业环境责任信息披露由于在内容上缺乏公众关注和监督，容易存在侥幸心理。政府对石油企业环境责任信息披露内容尚未出台明确统一的标准，进而导致了环境责任信息的内容不够完整。石油企业基于这些方面的考虑，对环境责任信息内容的披露方面还存在一定的利益至上心理，从而导致披露内容不完善。

（三）石油企业社会责任信息披露体系构建

我国石油企业大多数是国有企业。过去，石油企业有国家的大力扶持，社会责任信息披露比较少，对社会责任信息披露体系的研究更加少之又少。统一、完善的社会责任信息披露体系有助于我国石油企业经营关注点的转变：从仅仅关注利润最大化向注重利润和公司责任两方面转变，这有助于提升公司的竞争力。如果能将这一做法转化为公司核心竞争力的一环，会对我国石油企业的可持续发展具有重大的帮助作用。

1. 构建社会责任信息披露体系

必要性分析：目前，在我国，不管是理论界还是非理论界，在社会责任信息披露体系方面研究的都比较少。加强这方面的研究与实践，不仅对企业，而且对利益相关者都有重要的意义。

（1）企业方面

根据资源基础学派的战略理论，资源的占有和获取能力是企业竞争优势的重要来源，增强企业的资源获取能力将有利于提高企业的竞争能力。因此，企业通过建立完善的、能反映行业特点的社会责任信息披露体系，其披露企业的社会责任信息将有助于提高获取经营资源和社会认可的能力。因此，企业社会责任信息披露行为将成为新条件下企业竞争力的源泉，而建立社会责任信息披露体系能够帮助石油企业从宏观和微观上发现企业的竞争优势，对其制订战略措施具有辅助作用。

企业承担的社会责任既注重对社会责任信息的披露，又注重企业竞争力和绩效的正向关联在以上各种契约的履行中得到强化。具体而言，可以从两个方面进行考察：一是由于关系的改善，有利于获取更多的资源；二是由于信任增强，导致各种交易费用的降低。这里需要着重指出的是，企业社会责任对顾客选择的影响，以及企业承担社区、公众和环境等责任对于企业竞争力的意义。

企业不同的利益相关者所带来的不同竞争优势得到不同程度的体现。这说明：构建完善的社会责任信息披露体系有助于企业清楚地认识自身的竞争优势。社会责任信息披露体系是一个针对不同利益相关者的结构体系。因此，体系内容完善与否关系着企业能否将其竞争优势完全挖掘出来。进一步而言，企业将发现的竞争优势加以整合、提炼，将有助于其核心竞争力的提高。

（2）利益相关者方面

利益相关者根据企业构建的社会责任信息披露体系（指标体系和评价体系）可以定量

化了解企业历年社会责任的履行情况,这将对企业履行社会责任情况起到一种监督作用。建立不同的社会责任指标体系不仅可以帮助企业发现其竞争优势所在,也可以增强不同利益相关者对企业的忠诚度和信赖度。

1)货币资本利益相关者

对股东而言,建立评价指标,可以衡量股东所得的高低。股东收入超过同行业水平时,将增强股东对企业管理与决策的积极性,也就有利于企业的发展。反之,如果股东收入低于同行业水平,股东的管理与决策的积极性将会大大降低,业绩下降,这就促使企业重新审视对股东的责任,争取达到企业与股东相互之间利益的最佳契合点。

对债权人而言,建立评价指标,可以衡量出债权人所得的高低。当债权人利息收入超过同行业水平时,就会激发债权人对企业的投资热情,从而将增加企业的活动资金。反之,债权人对企业的信心下降,将停止投资或拒绝向企业贷款。这也会促使企业重新审视对债权人的责任。

2)人力资本利益相关者

对员工而言,建立评价指标,可以衡量员工获益的情况。当员工在薪酬、培训、晋升等各方面获得满足时,将极大地调动员工为企业效力的积极性,也就有利于企业的成长。反之,企业将毫无生气,企业就会重新考虑对员工的责任。

3)社会资本利益相关者

对政府而言,政府为企业提供一个安全有保障的发展环境,企业需要设立相应的评价指标来衡量其对政府的责任。企业缴纳的税金满足政府的要求,对其发展将非常有利。反之,政府就会向企业施加压力,迫使其重新审视对政府的责任。

对供应商而言,设定评价指标,可以看出企业对其责任的履行情况,对企业制定决策具有帮助作用。

对顾客、社区、法律等的责任同上。

4)生态资本利益相关者

企业与环境应是一种和谐发展的关系。通过设定相应的指标,企业就可以找出其在环境方面履行责任情况,并制定出改进措施。

2.社会责任信息披露体系构建采用的方法

关于企业社会责任信息披露的表述方法,比较有代表性的几种观点是:按照披露难易程度分类法、会计基础法与非会计基础法、从表外信息向表内信息过渡法、社会责任分析指标法。

(1)按照披露难易程度分类法

宋献中、李皎予把企业社会责任信息披露分为简单模式、中级模式、高级模式。所谓简单模式就是指报告企业社会责任活动最简单的方法,包括叙述性披露和在现有报表中添加新项目;中级模式是指运用一定的独立报表反映企业履行社会责任的情况,包括污染报告、社会责任年度报告、环境交易报告;高级模式是指结构较为完整,反映内容较多,而且大部分利用货币形式加以计量，包括社会收益表、社会经济营运表、综合社会效益一成本模型、增值表、社会资产负债表等形式。

（2）会计基础法与非会计基础法

会计基础法就是使用会计学所特有的方法来反映企业的社会责任履行情况。非会计基础法就是把企业所从事的社会责任活动分门别类地列示出来，用文字描述，不披露相应的金额。

（3）从表外信息向表内信息过渡法

刘秀琴建议对企业社会责任信息先通过文字叙述方法在表外以附注形式披露，逐步过渡到以货币形式编制独立的社会资产负债表、社会收益表，再辅之以文字说明的形式披露有关企业社会责任会计的信息。

（4）社会责任分析指标法

阳秋林提出了使用指标体系方法来披露企业的社会责任信息，该体系包括对投资者、职工、社区、环境等不同因素的责任指标分析体系，在每个分析体系中又包括不同的比率。

3. 社会责任信息披露指标体系的构建

（1）社会责任信息披露指标体系构建遵循的原则

1）一致性原则

所谓一致性原则，是指石油企业社会责任指标的选择应与指标体系的使用目的相一致，指标体系的构建为使用目的服务。社会责任指标体系的使用目的可以概括为顺畅沟通、利于管理和方便考核三方面。从石油企业的角度来看，不同的石油企业侧重点不同，为此，在进行社会责任指标体系的构建时，必须依据这三方面的目的的不同，选取相一致的、合适的指标，以真正发挥指标体系的功能。

2）科学性原则

科学性原则，是指企业社会责任指标体系要建立在科学、客观的基础上，既能反映企业履行社会责任的本质内涵，较好地衡量企业管理自身运营对利益相关方和自然环境的影响效果和效率，又要避免指标间的重叠，以使评价目标和评价指标有机联系起来，组成一个层次分明的整体。因此，所选取的指标必须概念清晰、含义明确，且有具体的科学内涵、测算方法标准和统计计算方法规范。

3）系统性原则

系统性原则，是指在社会责任指标体系构建过程中，应以系统思维方式考虑石油企业与各利益相关方的关系以及石油企业与经济、社会、环境的关系，所选择的指标应能系统地反映石油企业与经济、社会、环境的关系。企业社会责任指标体系本质上是要反映企业这一子系统对经济、社会、环境大系统的作用关系，并具体反映企业对其他子系统的作用结果。这就要求石油企业社会责任指标体系应覆盖面广，并按系统性要求综合反映企业行为对经济、社会、环境的作用结果，而在指标体系内各类指标应相互联系，形成一个完整的整体。

4）全面性原则

全面性原则，是指企业社会责任指标体系作为一个整体，应能全面综合地反映企业履行社会责任的特征和状况。石油企业社会责任的内涵比较丰富，包含的内容比较广泛，涉及经济责任、社会责任、环境责任等多个领域。而从石油企业履行社会责任的行为来看，它通常也涉及企业中的所有部门和所有岗位，并与企业运营的方方面面紧密相连。为此，企业社会责任指标体系的覆盖面要相对广泛，能够真正地反映出石油企业履行社会责任的内涵。这就要求石油企业社会责任指标体系不但可以有效地体现企业履行社会责任的结果绩效，而且能够较好地反映出企业履行社会责任的行为绩效。

5）可操作性原则

可操作性原则，是指在企业社会责任指标体系构建时，应充分考虑所涉及的指标在实践中便于获取和便于定量化，在测算、统计和汇总上便于操作。也就是说，使用的指标在度量技术、投资和时间上应是可行的，可用准确可信的方法予以测算；同时，指标的数据采集应尽量节省成本，用最小的成本获得最大的信息量。

6）可持续性原则

所谓可持续性原则，是指企业社会责任指标体系中的各项指标所对应的工作内容应当是连续的而不是临时性的，指标的内容和要求应当有助于提高石油企业的可持续发展能力。企业社会责任工作不是短期的工作，而是需要企业长期重视和坚持的，因此，社会责任指标所反映的企业各项工作也应当是长期的、持续的。

（2）石油企业社会责任信息披露指标体系的构建

按照资本形态的不同，石油企业社会责任信息披露的内容分为以下四个方面：对货币资本利益相关者的责任、对人力资本利益相关者的责任、对社会资本利益相关者的责任和对生态资本利益相关者的责任。

1）对货币资本利益相关者的责任

石油企业的货币资本利益相关者主要是股东和债权人。因为按照现行核算体系计算的财务绩效本身就反映了对股东的责任，所以在设定指标时，主要选取几个有代表性的指标：股利是否按时支付、股东分红支付率、主营业务收入增长率、资产负债率、净资产收益率等。石油企业对债权人的责任用利息支出率、利息是否按时支付等指标来体现。

2）对人力资本利益相关者的责任

石油企业的人力资本利益相关者主要指广大企业员工。对员工的衡量指标主要有员工获利水平、员工薪酬增长率、员工流动率、员工健康水平、每年获得晋升的员工比例、是否有完善的员工休假制度、每年企业裁员比例、每年员工获得的培训次数和时数等。

3）对社会资本利益相关者的责任

石油企业的社会资本利益相关者主要包括政府部门、供应商、顾客、社区等。对政府的责任主要是依法纳税；对供应商的责任可以通过应付账款周转率体现，周转率越高，企业支付供应商货款的时间就越短,占用其资金的程度越低,对供应商的利益照顾越多;对顾客的责任主要是产品质量和售后服务等。

4)对生态资本利益相关者的责任

生态资本利益相关者主要关注生态平衡和环境保护。在现行会计信息披露体系中,环境责任属于自愿性披露信息,除少数石油企业发布了可持续发展报告或环境报告外,大多数石油企业的环境信息多为文字表述,很难找到量化的数据。

(四)中国石油企业社会责任信息披露机制研究

石油企业社会责任信息披露指标体系的实施需要相关披露机制的保障。尤其在我国,信息披露机制仍不完善,需要国家、民间组织、企业、理论界人士等共同努力,才能保证建立完善的披露机制。

1. 建立健全社会责任信息披露相关的法律法规

在市场经济条件下,政府要发挥宏观调控的管理职能,石油企业的活动在受到法律保护的同时,也要受到法律的约束。

政府应从维护社会利益和保护社会运转的需要出发,以社会公众利益代表的身份和以法律的形式,根据企业经营环境的动态变化,及时完善一整套涉及环境保护、安全生产、职工劳动保障、消费者权益以及市场经济秩序等方面的法律法规,以规范企业行为,使履行社会责任不再是企业的自发行为。

2. 建立社会责任信息核算体系和披露机制

制定我国石油企业社会责任准则和制度,聚集财政、会计和企业界的有关人士参与研究并提出纲要,由财政部颁布并组织实施,尽可能地规定社会效益和社会成本的具体内容,并研究计算方法等,以制度的形式要求企业必须提供社会责任方面的信息,并对企业损害社会利益的行为进行必要的处罚,促使企业变被动履行社会责任为主动承担社会责任,对石油企业行为进行调节,使之以良好的形象进入市场,进而促使整个市场机制健康地运转。社会责任准则对石油企业应揭示的社会责任基本内容、计量方法和对外报送形式作出有关规定,逐渐使企业自觉地遵法守法、自觉地向社会披露有关社会责任信息。

在报告的具体形式上,先通过在表外以附注的形式披露,后逐步过渡到以货币形式编制独立的社会责任资产负债表和社会责任损益表,来披露有关企业社会责任信息。

3. 建立健全现代企业制度,促进社会责任的推广应用

进一步深化企业改革,尽快建立适合我国国情的现代企业制度是推广应用社会责任信息披露的必然要求。建立现代企业制度,彻底根除石油企业在传统计划经济下形成的种种弊端,使石油企业成为真正的自主经营、自负盈亏、自我约束、自我发展的商品生产者和经营者,在真正具有自主决策权力的基础上,自觉主动地承担社会责任,对社会、环境等履行应尽的义务,促进企业建立社会责任监督机制,以社会责任来规范现代企业制度的建立与完善。

4. 全社会要形成完善的社会监督机制

石油企业承担和履行社会责任，离不开全社会的支持和关注。只有充分发挥舆论媒介、环保组织、工会等社会群众团体的作用，才能形成多层次、多渠道、全方位的监督体系，促进企业承担社会责任，使企业将社会责任信息的披露成为一种自觉行为。

5. 加强后续教育，提高实施社会责任信息披露的技术水平

社会责任信息披露必须通过会计的具体活动来实现，它同会计人员的素质和技术水平密切相关，社会责任信息披露要求会计人员不仅要有社会责任感，还要具备运用新工具对社会成本和社会效益进行分析的能力。石油企业应充分利用现有条件，加强会计人员的培训，提高其技术水平和能力，促进社会责任信息披露在我国的发展。

6. 建立相应的奖惩机制

政府部门应依法在政务公开中加强对企业履行社会责任方面的表彰和处罚内容的披露，建立相关信息定期通报制度；依托企业信用信息征信和评估制度及深圳信用网，建立企业履行社会责任信息披露公共平台，要求市企业信用信息中心向社会及时免费披露相关信息；鼓励行业组织、社会团体、公用事业单位和金融机构等根据实际情况，建立企业履行社会责任信息披露机制；要求消费者组织定期公布侵害消费者合法权益企业的名单等内容。

通过金融机构、政府部门和民间组织的宣传和倡导，使石油企业和消费者都形成社会责任意识，在全社会逐步兴起履行社会责任的风气，如证监会对社会责任评级高的公司实行融资优先；政府和其他机构在采购、贷款发放、税收方面也可对这些公司实行优惠，而对那些不履行社会责任的石油公司进行限制和惩罚。

三、推广节能环保理念

随着全球气候变化和环境问题的日益严重，节能环保理念已经成了社会关注的热点。石油企业可以通过宣传节能环保理念，提高消费者的环保意识和节能意识，同时也能够加强企业的社会责任形象和品牌形象。

（一）石油企业肩负的社会责任及企业文化塑造的外部目标

我国三大石油企业在保证国内能源供应的同时，还肩负着参与推动中国经济转型的重要责任。在发展环境友好型和资源节约型社会成为全社会共识的今天，实现安全发展、清洁发展、节约发展，大力发展循环经济，对提高石油企业的核心竞争力有着长远价值。要提升国有企业的社会形象，除了管理体制的变革外，还要加强企业文化的塑造和传播。这种企业文化的塑造不应仅仅以提升企业内部活力为目标，还要面向社会，以社会责任理念为基础，提升企业的品牌价值。石油企业文化塑造要培养员工的社会责任感，形成内部共识，最终达到在企业文化的熏陶下，企业管理者和员工在生产经营管理等若干环节会自觉地考虑企业的经济责任、法律责任、伦理责任、生态环境责任以及员工之间的相互责任。基于社会责任来塑造石油企业文化，对内有利于调动员工的积极性和责任心，对外有利于充分发挥人力资源的潜力来提高企业的运作、发展和竞争力。

（二）塑造石油企业文化的内容

1. 健康文化

企业员工既是企业的组成者，又是社会的一分子。企业保障员工的职业安全健康，既是企业可持续发展的需要，又是企业在履行不伤害人权的社会责任。石油企业文化建设要把员工的生命权、健康权放在企业可持续发展的第一位，关心员工，为员工服务。职业安全健康文化建设可以系统地达到通过企业员工的健康工作来实现企业发展目标的目的。

职业安全健康文化建设，可以通过职业安全健康管理体系（OSHMS）这个载体来实现。企业管理者应增强时代责任感和使命感，以身作则，自觉学习安全生产、健康管理相关的知识、法律，提高自身意识，将安全健康管理工作纳入企业管理中，积极营造企业安全健康文化氛围，重视教育培训工作，为培训的组织、管理、资源等提供支持，确保安全生产与健康管理各项工作的有效落实。

在我国三大石油企业中，职业安全健康管理体系建设往往被纳入HSE管理体系的范畴之中。在石油企业HSE管理体系走向规范化、机制化的过程中，职业安全健康管理体系建设相对不够完善，职业安全健康管理人才相对缺乏，职业安全健康管理研究相对滞后。今后，石油企业应及时总结推广国内外企业在推行职业安全健康管理中的典型经验和有效做法，树立样板、推广经验，提高整个行业的管理水平，进一步简化管理流程，使职业安全健康管理体系更具操作性；要强化管理体系的宣传培训，加大绩效考核的力度。

2. 家庭文化

员工是企业最宝贵的财富。员工工作绩效的高低不仅取决于技能、管理水平的高低，同时也受到社会环境尤其是家庭环境的影响。家庭生活是企业员工生活最重要的领域，其劳动或工作的状况与家庭生活环境有着密切的关系，因此，石油企业文化建设一定会渗透到员工的家属层面。针对员工家属的企业文化建设主要是让家庭成为一个温馨的港湾，为员工创造一个良好的生活条件和心理环境。

员工家属参与石油企业文化工作非常重要，但前提必须是员工家属乐于主动参与企业文化建设。这就要靠石油企业文化工作者加大对企业文化建设必要性和重要性的宣传教育，积极调动员工及员工家属参与。从妻子的角度来说，丈夫是家庭的顶梁柱，丈夫的工作状态，关系着全家的幸福；从父母的角度来说，可怜天下父母心，儿女是他们的心头肉，儿女工作和生活的平安顺利是他们对未来生活的最大憧憬；从子女的角度来说，家庭的安定完整是他们幸福成长的保障。参与企业文化建设既可以尽一份孝心，也可以学习一些企业文化知识。

深入家庭建设石油企业文化可以提高队伍的凝聚力，激发员工为企业工作的自豪感和对企业的归属感。在高温季节，企业文化管理机构可以组织家属到苦、脏、累、险及高温岗位给员工送防暑食品，表达家属的一片爱心；在冬季寒冷季节，组织家属到相对容易出现安全隐患的岗位送保暖衣物和一杯热茶，将家庭温暖送到岗位；可以组织员工家属开展歌舞晚会、运动会和安全画展等活动，既能活跃员工的工作氛围、缓解工作压力，又能促进家庭和睦；可以组织员工家属座谈会，恳请大家指出企业文化建设中存在不足的方面，谈谈他们对做好各岗位工作的经验和建议，为企业搞好文化建设、完善企业管理制度出谋献策。

3. 绿色文化

企业是环境影响者，应该使其正面影响最大化，负面影响最小化。科学的企业发展观应该是企业与环境和谐相处的协调发展。只顾企业自身利益，不顾环境利益的企业不为社会所接受，终究要遭淘汰。石油企业在勘探开发和生产运行的过程中都存在着"工业三废"等常规污染风险和事故性突发污染风险。石油企业要从战略上提升企业的环保投入力度，尤其是在优化空间环保布局、规范工作环保流程、加大环保科技的研发力度三个方面要重点提升、科学规划。在产业链上游，构建"绿色油田、科技油田、人文油田"；在产业链中游，要提倡"绿色生产、金色未来"；在产业链下游，要直面消费者，"顾客第一、奉献绿色"。要在石油集团公司母文化的基础上，在"一致性、非重复、特色化、清晰化、具体化和实践性"原则指引下，发展具有特色的石油企业绿色环保子文化。

石油企业绿色环保文化的养成，既需要制度上的"硬保证"，也需要文化熏陶下的"软保障"。要想把绿色环保文化变成企业文化建设的重要组成部分，需要全员的参与。作为领导层，要将绿色环保文化建设列入企业的战略规划；管理层要定期进行绿色环保培训，做好组织和动员工作。在石油企业运行的全过程进行"绿色设计"，让"绿色行动"成为员工自发、自觉的行为习惯。石油企业可以定期组织绿色公益活动，比如植树、免费环保宣传等活动，也可以开展绿色知识竞赛，强化员工的绿色意识。

4. 沟通文化

三大石油企业"以人为本"的理念已成为石油企业最重要的管理理念。为了使企业管理工作朝着人们预期的目标发展，这就需要加强企业民主管理，不断提高管理科学决策水平，增加管理决策的透明度。我们要逐步建立和完善管理决策层、管理层和操作层之间全方位的信息沟通网络，让每一位企业员工都有充分进行信息交流的机会和渠道。比如，在安排企业员工的工作岗位时，既要考虑工作的需要，更要尊重员工本人的意愿，尽可能照顾到他们的爱好、特长，用其所长，避其所短。要按照"以员工为本"和"为员工服务"的思想，适当给予员工一定的自由度和选择空间。要利用企业会议、企业媒体和企业非正式组织等各种渠道和途径，积极地创造条件和提供机会，让员工充分发扬民主，激发他们参与安全管理的智慧和力量。在有条件的情况下，石油企业可以鼓励员工参与企业文化建设的各项重大决策以及监督决策的实施，不断提高企业管理各项领导决策、管理决策的科学性、准确性。

在强化对内沟通机制的同时，石油企业还应加强对外沟通的能力。石油企业需要和政府、同业企业、媒体之间建立相应的快速沟通协调机制。快速沟通协调机制不仅应暗含促进合作的规范和预期，它还应该是一种超越仅仅追求短期自我利益的合作。要推行制度化的信息交流合作，保证合作的持续性和长远性。要定期召开信息沟通会议，可以加强各利益相关者间的物质流、信息流、能量流的交换。建立规范化的信息共享平台、完善对外沟通机制，既是保障企业长远发展的需要，也是企业履行社会责任的一种体现。

四、传承文化遗产

作为一个文化载体，石油企业需要传承和弘扬中华文化。企业可以通过宣传历史文化、艺术品收藏、文化活动等方式，向公众展示企业的文化内涵，同时也能够为企业赢得更多的社会关注和信任。

（一）石油精神的内在逻辑

1. 石油精神的实践基础是党领导石油工业的发展历程

党对石油工业的领导最早可追溯到抗日战争时期的延长石油厂，那时来自全国各地的石油人聚集到延长石油厂，他们克服生活习惯、工作方式的困难，在党的领导下为祖国献石油。以陈振夏为代表的延长石油人信奉"以干克难、发展才是硬道理"的真理，靠着一个"干"字传递情感。与此同时，一大批爱国青年、知识分子，奔赴荒无人烟的祁连山下、老君庙前，开启艰难创业史。他们把个人命运、集体荣誉、国家前途融为一体，形成了以"无中生有、艰难创业"为内容的"老君庙精神"。

中华人民共和国成立后，我国石油年产量极低，最初仅为12万吨。为尽快改变落后的现状，石油人以强烈的责任意识，于50年代初期在荒凉戈壁发现克拉玛依大油田，推动玉门油矿的基本建成。50年代后期，党中央作出了坚定不移搞勘探、战略东移的重大战略决定。数万石油人在东北开展了艰辛的石油大会战，他们胸怀大局，敢于担当，继承了井冈山精神、延安精神的优良传统，仅用三年半的时间，就建成了年产600多万吨的大庆油田，实现了我国石油基本自给。石油人在爱国、创业、求实、奉献精神的感召下，又相继建成了一批大型油田和炼油化工基地，有力地支撑了国民经济建设。

改革开放为石油工业的发展带来了新的机遇与挑战。80年代初，国家基础设施建设滞后，老油田产量的自然递减加快，油田的发展面临新的危机。但油田全体员工在解放思想的浪潮鼓舞下，坚定不移以改革带动发展，加快推动企业现代化制度改革，开展系统整治和管理活动，完善形成多种形式的承包经营责任制。在"引进来"的同时开始"走出去"，石油企业牢记为国"奉献能源"的使命，积极搭建国际交流平台，探索和实践国际化经营的各种模式，续写了在改革开放中持续发展的新篇章。

党的十八大以来，国家经济的高质量发展需要石油行业提供更多的支持和保障。这更加需要石油人以国家发展为己任，以油田建设为重点任务。近些年，石油企业加强思想引领，为中国石油人转危为机、提质增效提供了重要精神保障。我国石油企业还积极开拓海外业务，坚持"走出去"战略，在取得经济效益的同时，获得了良好的社会效益。在决战决胜脱贫攻坚之时，石油企业投入专项资金，派出扶贫干部深入贫困一线，助力全面建成小康社会，在履行社会责任的同时，提高了企业的美誉度，增强了企业的责任感。

2.石油精神的理论支撑是马克思主义及其中国化成果

"精神"源于信仰,石油精神作为中国精神的重要组成部分,则是以马克思主义的信仰为根基。认知和理解石油精神就必须从马克思主义视角出发。石油精神就是马克思主义中国化理论成果在中国共产党领导石油工业发展中形成的具有民族特点、中国特色的精神文化和行业价值。

在大庆石油会战初期,面对石油工业发展基础薄弱的困境,石油人学会用唯物辩证法去分析、研究、解决建设工作中的一系列问题,这极大地激发了石油人"爱国、创业、求实、奉献"的精神。

新时代中国特色社会主义思想围绕政治、经济、文化、社会、生态、党建、对外开放等多个维度,为石油精神的发展提供理论支持。实现中华民族伟大复兴,不仅要在物质上强大起来,也要在精神上强大起来。以"苦干实干""三老四严"为核心的石油精神,体现了"革命理想高于天"的理想追求和物质变精神、精神变物质的马克思主义辩证法;石油精神中的"干""实""严",彰显了我们党的执政理念和务实品质,寄托着党中央对石油工业良好发展的期待。

3.石油精神的典型代表是大庆精神和铁人精神的形成

大庆精神、铁人精神的内涵与石油精神的核心具有较强的共通性。石油精神中的爱国主义情怀表现为石油人"为国分忧、为民争气"的一种使命意识和责任担当。特别是"铁人"王进喜"泪洒沙滩",更是数万石油人爱国情怀的真实写照。石油精神中的创业精神表现为石油人艰苦奋斗的精神品质,与"苦干实干"的含义相近,这是石油工业所处的客观条件磨炼出来的。尽管时代变化,但不论是科技工作者,还是普通的一线工人,他们身上都体现着昂扬的斗志、冲天的干劲。石油精神中的求实精神表现为严谨科学的工作品质,与"三老四严"有着共通之处。在大庆油田开发建设的早期,石油人就在石油勘探和开采过程中总结开发建设规律、运用科学的理论来解释和分析石油会战中的各种具体问题。石油精神中的奉献精神表现为舍己为人的牺牲品质。在艰苦的时代和环境下,石油人奋勇投身到石油大会战中,不计个人得失,不顾个人安危,相互帮助,形成了良好的生产作风。

以大庆精神、铁人精神为核心的石油精神不断继承发展,胜利精神、海油精神、管道精神、磨刀石精神、塔里木精神等一系列石油企业精神相继涌出,共同构成新时代的石油精神。大庆精神、铁人精神是石油企业的精神之源,其他各个石油企业精神,都是大庆精神、铁人精神的具体延伸。任何一种精神的产生,都是基于一定的实践基础和历史条件。从大庆石油会战实践中产生发展起来的大庆精神、铁人精神,是石油精神的典型代表。

(二)石油精神的丰富内涵

1.历史责任:兴油报国担使命

兴油报国是源于石油人内心深处的一种理想信念,是石油人肩负的历史使命和时代重任。在积贫积弱的旧中国,它体现为近代中国的现代化工业通过石油自给而实现工业独立的愿望。在工业建设时期，则表现为通过油气开发来摆脱封锁遏制，从而奠定国家现代化发展的基础。在改革开放时期，不断提高新技术，增强管理水平，使我国的石油能源获得安全保障，成为石油人兴油报国的具体体现。半个多世纪以来，时代在变，石油人兴油报国的使命担当始终不改。石油人始终把"为国争光、为民族争气"作为终生不懈的追求。

博大的爱国情怀、强烈的爱国热情，是石油精神跨越时空、永续发展的根基。新时代赋予新使命，新时代激发新作为，随着国内经济结构的不断优化和调整，石油工业发展面临新的机遇和挑战。新时代的"兴油报国"不再表现为新中国初期对石油产量的追求，而是要不断提升石油工业的核心竞争力，进而实现从"世界石油大国"向"世界石油强国"的发展转变，这是实现中国梦在石油行业的具体体现。

石油精神的实质与中国梦的实质是一致的，中国梦作为中华民族共同的理想信念和价值追求，成为凝集各族人民的精神力量。石油精神秉承着优秀的历史传统，把实现中国梦作为时代任务。因此，新时代石油精神就成为石油企业实现中国梦的精神之基。

2. 核心主题：艰苦创业攻难关

艰苦创业是我们党的优良传统，石油工业的发展与改革离不开优良传统的继承和弘扬。众所周知，石油行业是经过勘探、开采、储运等一系列环节完成相应的工程任务，其行业特性决定了石油人干事创业的艰苦环境和条件。

中国的石油工业是在艰难的条件下起步的，无论是在中华人民共和国成立初期的恢复建设的背景下，还是后来的开放发展背景下，通过艰苦奋斗实现从"贫油国"向"石油大国"乃至"石油强国"的转变，一直是石油人创业的主题。过去，以"铁人"王进喜为代表的石油人一不怕苦、二不怕死，带领石油工人不断创新，解决基层存在的普遍性问题和特殊性难题，创造性地完成工作，书写了"创业维艰、奋斗以成"的壮丽篇章。

现在，从石油战线涌现出新一代劳动模范，他们在企业改革、科技前沿和理论钻研等方面有重大突破，充分体现了艰苦创业精神。新时代，随着国家的发展进步和人民生活水平的提升，艰苦奋斗的精神依然需要紧跟时代的发展而逐步发扬光大。

自中华人民共和国成立以来，在老一辈石油人的带领下，石油工业发展焕发出新的生机与活力，特别是在石油大会战和石油工业发展中所形成的艰苦创业精神，鼓舞和激励着石油人不忘初心、牢记使命、肩负重担，为石油行业的发展贡献力量，展现了石油人艰苦创业的永恒主题。这种精神已成为石油企业文化发展、凝聚人心的内在动力和核心要义，是实现石油企业快速发展的不竭动力，也是推动新时代中国特色社会主义事业发展的精神资源。

3. 实践精髓：实事求是强作风

中国石油发展史是一部兴油报国史，是一部艰苦创业史。之所以取得今天的辉煌成绩，与石油人"说老实话""做老实事"的"三老四严"传统是分不开的，这就是实事求是的作风，它是石油精神的精髓。实事求是是中国共产党的传家宝，中国共产党以此为原则，领导全国各族人民制定了一系列路线、方针和政策，带领全国各族人民取得了许多辉煌的成绩，也使中国发生了翻天覆地的变化。

我国石油工业能够取得举世瞩目的成就，能够在我国的国民经济建设中发挥能源资源的重要作用，也得益于坚持实事求是的思想路线作为指引，并不断地在石油工业发展中坚持和发扬实事求是的作风。在新时代，"实事求是"的工作作风继续发挥着它的强大生命力，激励着石油人坚持"三老四严"的优良传统和"三严三实"的工作作风，坚持改革创新，不断促进石油企业发展和进步。

4. 道德追求：服务社会讲奉献

服务社会是石油精神的道德追求。在石油工业生产过程中，坚持服务社会是石油工人讲奉献的本质体现，也是一代代石油人心系国家和人民的责任体现。石油人对石油事业充满感情和信心，将服务社会讲奉献贯彻始终，以国家和社会的主人翁姿态，积极投入石油行业的建设中，在"我为祖国献石油"的历史征程中留下了宝贵的精神财富。石油人服务社会的意识是我国工人阶级先进性和全体工人崇高品质的体现，具有强大的生命力。社会在发展，时代在向前，但石油人服务社会讲奉献的道德追求没有变。党的十八大以来，在新时代，石油企业不仅要服务自己的国家和社会，还要服务国际社会。这是人类命运共同体理念在石油企业中的具体实践。新时代属于每一个人，每一个人都是新时代的见证者、开创者、建设者。

第五章　新时期石油企业宣传工作存在的问题

第一节　宣传队伍有待完善

作为石油石化行业所具有的独特性，在对外宣传时，企业会对一些重要、重大的新闻事件有所顾忌，因此宣传人员在进行新闻宣传时，新闻报道、宣传的力度明显不够，欠缺有分量、有影响力的报道。并且作为石油钻井企业，因其专业性较强，除了行业报和行业新闻网络，欠缺其他的宣传渠道。同时石化行业内上下游企业众多，一些重组前传统思维定式也一定程度导致了企业宣传工作的"内热外冷"。石油企业宣传队伍建设存在的问题有很多，以下是一些可能存在的问题。

一、人才流失

随着社会竞争的加剧，有一部分宣传人才可能会离开石油企业，去到其他企业或者行业发展。这样一来，企业的宣传队伍就可能出现人员短缺的情况，从而影响宣传工作的开展。石油企业人才出现流失，其影响因素可以说是多方面的，但也并不是无从下手，总体上可以归结为以下三个方面：一是人才本身因素；二是企业自身因素；三是市场环境因素。

（一）人才本身因素

一方面，在市场经济及多种因素的交织影响下，人们的就业、择业观念出现了一定程度的改变。例如，受就业形势及社会多方影响，"先就业后择业"的理念在新入职的大学生群体中十分流行，他们把首份企业工作作为一个"跳板"，在工作中积累经验后会进行跳槽，选择更适合自己的岗位。

另一方面，人才在价值取向上也出现了一些改变。在精神层面上，他们对事业及自我价值提出了更高的要求，工作不仅是谋生，更是一种实现人生价值的手段；在物质层次上，他们不仅追求丰厚的薪酬，同时在工作氛围、企业地理位置、企业管理制度上也提出了一定的要求。在这种意识形态和价值取向的催使下，当物质或精神层次上的需求企业无法满足时，新时代员工就会极快做出抉择——跳槽。

（二）企业自身因素

1. 薪酬制度设计不合理

一个企业之中，薪酬待遇是吸引、留住与激励人才的最主要因素。如果一个企业的薪酬制度设计不合理，导致薪酬分配不公，无法或者不能完全体现员工工作的价值，那么就会引起人才对企业的不满，久而久之员工可能会选择离开企业，导致企业出现人才流失。

2. 晋升机制不完善

考虑正常晋升是对企业人才个人工作能力、工作态度和工作业绩的最大肯定与奖励，是企业人才价值的重要体现，同时也是员工个人职业生涯成功的重要标志。因此，每一个企业员工都比较重视晋升。如果一个企业的晋升机制存在问题，尤其是对员工个人职业生涯发展规划缺乏足够重视，那么员工个人就会对自己在企业中的发展前景感到不乐观或者悲观，轻者会影响员工个人的工作积极性，重者则出现企业人才流失。

3. 人事配置不合理

人才只有在最合适的岗位上才能称为人才，企业员工一旦离开最适合自己的岗位，或者走上不适合自己的岗位，员工自身的价值就可能直线下降。因此，企业中人才的科学管理离不开"人岗匹配"机制的支持，如果企业人事配置过程中缺乏"人岗匹配"机制支持，导致员工不能在适合的岗位上发挥其自身价值，员工极有可能选择离职。

4. 培训体系不健全

培训是石油企业给予人才的重要福利之一，因为其关系到人才个人的发展。对企业人才的进一步开发与培养，会使人才切实感受到企业的重视与个人未来良好的发展前景。反之，如果一个企业的培训体系不够健全，将会直接导致企业培训缺乏针对性，无法发挥培训对企业人才的激励作用，而且会引起企业人才的不满。

5. 石油企业文化建设不完善

良好的企业文化对增强企业凝聚力具有重要作用，同时也对企业人才及企业发展发挥着激励与导向作用。企业人才同样有较高层次的精神需求，良好的企业文化是激励与留住企业人才的重要途径与有效手段。流于形式的企业文化建设，不能做到对全体员工的关注与关心，也不能满足企业多数员工的发展愿望，从而引发企业更多人才的流失。

（三）市场环境因素

首先，在不断发展的市场经济大环境下，相关部门出台的政策措施的有效运用，初步架起以市场为导向的人才格局，使人才流动在宽松的社会环境下有切实的法律保障。

其次，经济的进一步发展促进了石油石化相关产品需求量提升，该行业在大环境下有了腾飞的新机会，吸引了不同类型资本的竞相注入，因此各方会在薪酬方案及就业机制上加以改善，以丰厚的福利待遇及光明的发展前景吸引石化企业人才，提高该行业人才流动的频率。

最后，国内相关产业加快发展进程以谋求更大更有竞争力的市场，在这个过程中，离不开人才的支撑，从而会以更加优越的岗位待遇吸引人才，进一步提升了人才流动的可能性。

二、专业性不足

一些宣传人员可能没有接受过系统的宣传、传媒等方面的专业培训，导致他们在实际工作中存在一些问题，比如，宣传方案设计不合理、宣传内容不准确、宣传效果不佳等。

（一）石油企业员工培训中存在的问题

在当代的企业竞争中，企业内部员工的综合素质是带动企业发展的根本动力，同时也是提升企业在行业内竞争力的关键因素。员工的综合素质能够直接影响石油企业的运作质量，与企业实际收益关系密切。

1. 缺乏系统培训机制

石油企业普遍缺少对于内部人力资源的管理，同时也缺乏对人力资源在当代企业内部管理中重要性的认识，从根本认识上已经将劳动力看作是一种生产资源的附属，当作一种生产成本，从而造成劳动者处于一种被企业管理层支配的地位。此种企业管理机制会造成员工普遍被动性强，影响自身主动性的发挥，导致企业不能够稳定快速的发展。行业内企业普遍对公司的财力、物力、生产技术、生产设备等方面的重视力度大，但是缺乏对员工综合素质培训的重视力度，甚至经常被忽略。

此外，从员工的角度出发，大多数员工认为培训的作用性不大，在实质上毫无用处，往往是一种浮于表面的形式，相比之下，员工认为自身技能的提升往往跟实际经验成正比。从企业的角度而言，在实际中企业更加注重人员的实际使用情况，不重视人员培训提升情况。随着社会的不断发展，时代的信息更新速度快，由于企业缺乏员工培训，所以往往会出现恶性循环，尤其是专业技能经验丰富的员工，实践工作量大就会造成缺少学习时间，导致思想素质落后。随着技术设备更新速度越来越快，经验丰富的员工对新设备的实际操作能力差，更容易被时代淘汰。

2. 培训体系不规范

目前，各石油企业对企业员工的具体培训体系仍不够完善，缺乏针对性和全面性，使得企业内部对于人力资源开发方面有所缺陷，这也是造成企业缺少竞争力的主要原因之一。在实际企业培训中，有关培训的企业较少，而且企业管理人员的员工培训管理经验较少，导致企业内部所建立的培训体系普遍流于形式，缺少对培训时间、培训教师、培训教材等方面的执行力度，甚至缺少相关的培训设施。在培训需求方面，由于企业的实质需求低，造成针对企业需求而制定的培训制度规范性以及对企业发展的适宜性都较低，基本上是按照其他石油企业的培训体系进行复制，造成培训项目与公司发展严重不符。

在培训内容上，首先，大部分石油企业的短期培训现象较多，不能够满足人员职业生涯的培训计划。其次，培训范围广但是深入性差，培训的方式过于粗浅，浮于表面，缺少创新，不利于激发员工的兴趣点，造成员工普遍学习状态低迷的现象。最后，传授者的思想观念陈旧，在给低级员工的培训中，培训教师通常是一些高级员工，思想上的陈旧促使他们不能将技能经验倾囊相授，加之在时间和空间上的限制，低级员工不能在学到知识后的第一时间进行实际操作，从而造成培训的效果不显著。

（二）石油企业知识管理的基本问题

在新形势下，石油企业的经营、管理方式也出现了一些新特点，这突出表现在石油企业的管理方式正从生产管理向知识经济时代创新管理和石油企业知识管理转变。这种新变化要求运用一种新的管理方式，即以知识为核心的管理，也就是石油企业知识管理。

1. 石油企业知识管理的含义

知识管理还没有统一的解释。美国德尔福集团创始人之一卡尔·费拉保罗认为，知识管理就是通过知识共享，运用集体的智慧，提高企业的应变和创新能力。石油企业知识管理的出发点就是把知识视为最重要的资源，最大限度地掌握和利用知识，这是提高石油企业竞争力的关键。人是知识的重要载体，因此人力资源管理是石油企业知识管理的组成部分。石油企业知识管理是从强调人的重要性、强调人的工作实践及文化开始的，然后才是技术问题。石油企业知识管理的目标包括六个方面：第一，知识的发布，使一个组织内的所有成员都能应用知识；第二，确保知识在需要时是可得的；第三，推进新知识的有效开发；第四，支持从外部获取知识；第五，确保知识、新知识在组织内的扩散；第六，确保组织内部的人知道所需的知识在何处。

对于石油企业来说，知识管理的实施在于建立激励员工参与知识共享的机制，培养石油企业创新和集体创造力。石油企业知识的管理，还为石油企业实现显性知识和隐性知识共享提供新的途径。显性知识易于整理和进行计算机存储，而隐性知识则难掌握，它集中存储在员工的脑海里，是员工取得经验的体现。石油企业知识管理的首要目标不是技术，但公司如果离开了石油企业知识管理就不可能具有竞争力。实施有效的石油企业知识管理不仅要求拥有合适的软件系统和充分培训，还要求公司领导层把集体知识共享和创新视为赢得竞争优势的支柱。如果公司员工为了保住工作而隐瞒信息，如果公司里所采取的安全措施常常是鼓励保密而非信息公开共享，那么这将对公司构成巨大挑战。相比之下，石油企业知识管理应该要求员工共同分享他们所拥有的知识，并且要求管理层对那些做到这一点的人予以鼓励。

石油企业知识管理的实质就是对石油企业中人的经验、知识、能力等因素的管理实现知识共享，并有效实现知识价值的转化，以促进石油企业知识化和石油企业的不断成熟与壮大。

2. 石油企业知识管理的基本原则

石油企业要想在经济知识化的浪潮中取得竞争的优势，必须进行石油企业知识管理的尝试，在发展知识战略、重塑石油企业知识文化、实现知识度量、设立知识主管等方面进行有益的探索。在进行石油企业知识管理的探索实践中，石油企业必须有一个以知识为中心的实体、目标和知识共享的价值体系。围绕这一价值体系，石油企业能够进行自我组织并对知识以及石油企业知识化进行管理和整合。

石油企业知识管理需要石油企业知识管理者，其任务就是创造、使用、保存和转让知识，其地位居于首席执行官和信息主管之间，其基本功能就是开发石油企业知识创新能力和集体创造力的应用与发挥。知识管理者的主要职责是：了解和熟悉本石油企业的生存与发展环境以及本石油企业自身的发展特点与要求，尤其是石油企业内部的信息要求；建立和造就促进知识学习、知识积累和知识共享的环境并激励员工的知识创新与技术创新及信息交流；监督和保证知识库中知识的内容质量、深度、风格与本石油企业的发展一致，其中包括知识与信息的更新；保证知识库设施的正常运行；组织石油企业知识管理活动。

石油企业知识管理角色必须能够把结构化的外在知识与直觉相结合，从而感知组织文化和行为中的隐性知识，保证将组织的智力资产最终转化为能为组织带来利润的知识产品。石油企业知识管理需要建立收益递增网络。收益递减规律是对经济运行的传统解释，它是指用于提高资源效率的投资越多，获得的边际效益也就越低。但是在知识经济中，经济运行的规律则是收益递增规律，它是指知识投入越多所获得的收益也越多。因此，在知识经济活动中，石油企业的重要任务就是管理知识投入和知识投入收益，建立知识收益递增网络是石油企业知识管理的重要内容。

3. 石油企业知识管理的基本特征

石油企业知识管理具有以下特征：重视对石油企业员工的精神激励，赋予员工更大的权利，充分发挥员工的自觉性、能动性和首创性；重视石油企业知识流动、共享和创新，运用集体智慧，提高石油企业的应变能力和创新能力；重视石油企业知识和人才，促使石油企业成长为学习型组织；重视石油企业文化的建设；在实现石油企业自我价值的同时，注重向传统产业的渗透，提高社会整体的知识化水平。总体说来，石油企业知识管理的基本特征表现在以下几个方面。

（1）石油企业知识管理不等于信息管理

信息管理是石油企业知识管理的基础。石油企业知识管理是信息管理的延伸与发展。石油企业知识管理要求把信息与信息、信息与活动、信息与人连接起来，实现知识共享，运用集体的智慧和创新能力，以赢得竞争优势。不少公司常常错误地认为制定一个有效的信息管理战略也就体现了石油企业知识管理方面的内容。事实上，信息管理只是石油企业知识管理的有机组成部分。石油企业知识管理强调对人力资源的管理和利用知识改变石油企业的经营方式以提高竞争力，但是信息管理并不强调这一点。

（2）石油企业知识管理把知识共享作为核心目标

石油企业知识管理的核心目标之一是鼓励相互协作，培育知识共享的环境。知识只有通过互相交流才能得到发展，也只有通过使用才能从知识中派生出新知识。知识的交流越广效果越好，只有使知识被更多的人共享，才能使知识的拥有者获得更大的收益。在知识交流管理中，如果员工为了保证自己在石油企业中的地位而隐瞒知识，或石油企业为保密而设置的各种安全措施给知识共享造成了障碍，那么将对石油企业的发展极为不利。知识不进行充分的交流，就无法使其为大多数人共享，也就无法为石油企业的发展做出贡献。知识交流管理的目的是要在石油企业内部实现知识共享，要真正做到这一点十分困难，这对石油企业的知识管理而言是一次巨大的挑战,其难度一点不亚于实现在竞争对手之间共享知识的难度。为做好这一点,石油企业在处理知识产权归属时,应该从有利于知识的生成和传播的角度考虑,使员工都能共享科研开发的成果(除有合同规定外),以鼓励员工积极进行知识生产和交流。将分散在各个员工头脑的零星知识资源整合成强有力的知识力量,是石油企业知识管理的目的。通过对知识的积累和应用管理,使石油企业能够更好地运用石油企业的人才资源,提高对市场的应变能力和创新能力。

(3)研究知识经济条件下的石油企业知识管理具有重要的理论和实际意义

对一个石油企业来说,迎接知识经济时代的挑战必须首先促进本石油企业的知识化,包括生产过程的知识化、劳动者的知识化、管理的知识化和生产产品的知识化。促进石油企业知识化的重要举措就是要进行知识和技术创新、大力引进知识和技术、激发员工学习和利用知识的技术与经验、加大科技投入、开展员工知识与技术培训等。对这些如果没有科学的管理,是不可能取得成效的。因此,石油企业迎接知识经济的到来,必须建立石油企业知识管理制度,积极开展和加强石油企业知识管理。

4.石油企业宣传人员专业性不足的表现

石油企业宣传人员专业性不足可能涉及多方面问题,以下是可能存在的一些原因。

缺乏相关知识和技能:宣传人员在执行宣传任务时需要掌握一定的知识和技能,例如营销、市场分析、媒体传播等。如果他们缺乏这些方面的知识和技能,就会导致宣传效果不佳。

不了解企业业务:宣传人员应该对石油企业的业务、产品、市场、竞争等方面有深入了解。如果他们不了解企业业务,就难以进行有效的宣传。

没有明确的宣传策略和计划:宣传人员需要制订明确的宣传策略和计划,包括目标、受众、媒体渠道、宣传内容等方面。如果没有明确的宣传策略和计划,就会导致宣传效果不佳。

因此,石油企业应该为宣传人员提供相关的培训和支持,帮助他们提升专业性,同时建立完善的宣传策略和机制,以实现最佳的宣传效果。

三、缺乏创新意识

石油企业宣传是一个不断创新的过程,需要宣传人员具备一定的创新意识和能力。如果他们缺乏这方面的能力,就难以推出新的宣传方案,也难以与时俱进。

以下是石油企业宣传人员缺乏创新意识的可能表现。

(一)传统化的宣传方式

缺乏创新意识的宣传人员可能会过于依赖传统的宣传方式,如广告、宣传册等,而忽略了新兴的宣传渠道,如社交媒体、虚拟现实等。

1.广告

石油企业宣传工作人员可能会过于依赖传统的广告宣传方式,如电视广告、广播广告、报纸广告等，这些广告虽然可以覆盖广泛的受众，但形式相对较为单一，难以吸引年青一代的消费者。

2. 宣传册

石油企业宣传工作人员可能会制作宣传册，这种传统宣传方式虽然可以在一定程度上向受众展示企业的产品和服务，但成本较高、宣传内容更新不及时等缺点，逐渐被新媒体所取代。

3. 展览会

石油企业宣传工作人员可能会通过参加各种展览会来宣传企业的产品和服务，这种方式可以直接面对潜在客户，但展会参展成本较高，容易造成资源浪费。

4. 赞助活动

石油企业宣传工作人员可能会通过赞助体育赛事、文化活动等方式来提升企业的知名度和形象，这种方式可以有效地引起公众的关注，但也存在不确定性和风险。

需要注意的是，传统宣传方式虽然有其优点和适用范围，但随着互联网和社交媒体的普及，消费者的媒体使用习惯已经发生了很大变化，石油企业宣传工作人员应当注重创新，开拓新媒体宣传渠道，提升宣传效果和效率。

（二）缺乏针对性的内容

宣传人员可能会过于泛泛而谈，没有考虑到目标受众的特点和需求，没有针对性地制作宣传内容，导致宣传效果不佳。

1. 缺乏对目标受众的了解

石油企业宣传工作人员可能没有充分了解目标受众的特点、需求和喜好，制作的宣传内容无法引起目标受众的共鸣和关注。

2. 宣传内容过于笼统

石油企业宣传工作人员可能会过于泛泛而谈，宣传内容缺乏针对性和具体性，难以凸显企业的优势和特色。

3. 忽视受众关注点

石油企业宣传工作人员可能会忽视目标受众关注的问题和热点，制作的宣传内容无法吸引目标受众的注意力，无法达到预期宣传效果。

4. 重复宣传内容

石油企业宣传工作人员可能会将同一份宣传内容在不同媒介上重复发布，导致宣传内容缺乏新鲜感和创意，无法引起目标受众的兴趣。

为了提高宣传效果，石油企业宣传工作人员应该了解目标受众的需求和偏好，精准定位目标受众，制作针对性强、具体性高、有吸引力的宣传内容，让受众感受到企业对他们的重视和关注。同时，石油企业宣传工作人员也应该关注行业热点和发展趋势，及时发布相关宣传内容，提升企业的公信力和形象。

（三）缺乏创意和互动性

缺乏创新意识的宣传人员可能会制作过于单调、枯燥的宣传内容，缺乏趣味性和互动性，难以引起受众的注意和兴趣。

1. 宣传内容缺乏创意

石油企业宣传工作人员可能没有充分发挥自己的想象力和创造力，制作的宣传内容单调乏味，难以吸引目标受众的注意力。

2. 缺乏互动性

石油企业宣传工作人员可能只是单向传播宣传内容，缺乏与受众的互动和交流，无法建立起良好的互动关系和品牌形象。

3. 宣传媒介单一

石油企业宣传工作人员可能只是依赖传统的宣传媒介，如电视、报纸、广播等，忽视了互联网和社交媒体等新兴媒体的重要性，导致宣传效果不尽如人意。

4. 缺乏定制化服务

石油企业宣传工作人员可能缺乏定制化服务意识，没有充分考虑受众的个性化需求，无法提供符合受众需求的个性化宣传服务。

为了提高宣传效果，首先，石油企业宣传工作人员应该注重创意和互动性，充分发挥自己的想象力和创造力，制作具有吸引力和趣味性的宣传内容，建立良好的互动关系和品牌形象。其次，石油企业宣传工作人员也应该重视新兴媒体，积极利用互联网和社交媒体等媒介，与受众进行多方位、多渠道的互动和交流。最后，石油企业宣传工作人员也应该充分了解受众的个性化需求，提供符合受众需求的个性化宣传服务。

（四）缺乏数字化能力

随着数字化时代的到来，企业宣传已经转向数字化和在线化，缺乏数字化能力的宣传人员可能会无法适应这一趋势，从而错失良机。

1. 不熟悉数字化工具

石油企业宣传工作人员可能不了解数字化工具的使用方法和应用场景，无法充分利用这些工具来提高宣传效果。

2. 缺乏数据分析能力

石油企业宣传工作人员可能没有数据分析能力，无法从数据中发现潜在的宣传机会和问题，也无法优化宣传方案。

3. 不懂得网络营销

石油企业宣传工作人员可能不具备网络营销的知识，无法利用网络平台和社交媒体进行宣传和营销。

4. 传统思维导致不适应数字化时代

石油企业宣传工作人员可能还停留在传统的宣传思维中，无法适应数字化时代的新趋势和新要求。

为了提高数字化能力，首先，石油企业宣传工作人员应该注重数字化工具的学习和应用，充分利用数据分析能力来发现问题和机会，及时优化宣传方案。其次，石油企业宣传工作人员也应该注重网络营销的学习和实践，掌握网络平台和社交媒体的宣传和营销技巧。最后，石油企业宣传工作人员也应该积极适应数字化时代的新趋势和新要求，不断更新自己的宣传思维，提高数字化能力和水平。

（五）缺乏创新思维

缺乏创新意识的宣传人员可能会陷入固有的思维定式，难以从不同角度和维度考虑问题，导致宣传内容缺乏新意和独特性。

1. 缺乏市场敏感度

石油企业宣传人员可能没有深入了解市场需求和趋势，导致宣传思路缺乏针对性和创新性。

2. 宣传内容陈旧

石油企业宣传人员可能倾向于使用过时的宣传方式和内容，缺乏对新兴趋势和市场变化的敏感度。

3. 宣传思路局限

石油企业宣传人员可能缺乏跨界思考的能力和跨越性的宣传思路，难以在不同领域和行业之间找到创新的结合点。

四、缺乏品牌意识

石油企业是一个高度竞争的行业，宣传人员缺乏品牌意识会导致企业在市场上的竞争力下降，影响企业的发展。以下是石油企业宣传人员缺乏品牌意识的问题分析。

（一）没有深入了解企业品牌

石油企业宣传人员可能没有深入了解企业品牌，包括企业的核心价值、品牌定位、品牌形象等。这可能导致宣传活动与企业品牌形象不符，影响企业形象和声誉。石油企业宣传人员在了解企业品牌时可能存在的问题主要表现在以下几个方面。

1. 对企业品牌缺乏深入的了解

石油企业宣传人员可能只了解企业品牌的基本信息，如企业名称、标志、口号等，缺乏对品牌的深入了解，如品牌的核心价值、品牌定位、品牌文化等。

2. 对企业品牌定位不明确

石油企业宣传人员可能对企业品牌定位不明确，无法准确地把握企业品牌的特点和优势，无法进行有效的宣传和推广。

3. 对企业品牌文化的忽视

石油企业宣传人员可能忽视企业品牌文化的重要性，缺乏对品牌文化的深入理解，难以形成企业独特的品牌形象和文化。

4. 对企业品牌形象的塑造不足

石油企业宣传人员可能没有充分发挥自身的创意和想象力，对企业品牌形象的塑造不足，难以建立有力的品牌形象和品牌认知度。

5. 对企业品牌的监测和评估不足

石油企业宣传人员可能缺乏对企业品牌的监测和评估，无法及时了解市场的反馈和消费者的反应，难以进行有效的品牌管理和维护。

综上所述，石油企业宣传人员对企业品牌了解存在的问题主要是对品牌缺乏深入的了解、对品牌定位不明确、对品牌文化的忽视、对品牌形象的塑造不足以及对品牌的监测和评估不足。要解决这些问题，宣传人员需要加强对企业品牌的学习和了解，准确把握企业品牌的核心价值和定位，注重品牌文化的传播，积极打造品牌形象，加强品牌管理和监测，确保企业品牌的有效推广和维护。

（二）宣传内容缺乏品牌元素

石油企业宣传人员可能缺乏品牌意识，宣传内容缺乏品牌元素，如企业标志、品牌口号等，导致宣传活动缺乏品牌感和品牌识别度，难以提高企业知名度。石油企业工作人员宣传内容缺乏品牌元素主要表现在以下几个方面。

1. 缺乏品牌特色的宣传语言

石油企业宣传工作人员在宣传中往往使用通用的、缺乏个性化的宣传语言，难以让消费者产生对企业品牌的深刻印象。

2. 忽略品牌形象的宣传

石油企业宣传工作人员在宣传中忽略品牌形象的宣传，没有充分利用企业标志、形象代言人等方式，让消费者更好地认识和记忆品牌。

3. 缺乏品牌文化的宣传

石油企业宣传工作人员宣传内容缺乏品牌文化元素的渗透，没有形成独特的企业文化和形象，难以给消费者留下深刻的印象。

4. 忽略品牌故事的宣传

石油企业宣传工作人员在宣传中忽略品牌背后的故事和历史，难以形成品牌故事的情感共鸣和品牌认知度。

5. 缺乏品牌体验的宣传

石油企业宣传工作人员宣传内容缺乏品牌体验的宣传，难以让消费者更好地感受和体验企业品牌，更难以提高品牌的忠诚度和信任度。

综上所述，石油企业宣传工作人员宣传内容缺乏品牌元素主要表现在缺乏品牌特色的宣传语言、忽略品牌形象的宣传、缺乏品牌文化的宣传、忽略品牌故事的宣传以及缺乏品牌体验的宣传。为了提高企业品牌知名度和影响力，宣传人员需要注重品牌元素的宣传，充分利用企业品牌特色和文化，打造独特的品牌形象和品牌故事，提高消费者的品牌体验和忠诚度，从而提升企业品牌的价值和竞争力。

(三)缺乏品牌管理和维护

石油企业宣传人员可能没有重视品牌管理和维护,包括品牌形象的传播、品牌声誉的保护等。这可能导致企业品牌形象受损,影响企业市场竞争力。石油企业工作人员缺乏品牌管理和维护主要表现在以下几个方面。

1. 缺乏品牌定位的意识

企业品牌定位是企业发展的战略基础,它关系到企业的市场定位、目标客户、市场竞争等方面。然而,一些石油企业宣传工作人员缺乏品牌定位的意识,导致企业品牌的市场定位模糊,没有清晰的品牌定位和目标客户。

2. 忽略品牌形象的维护

石油企业宣传工作人员在品牌形象的维护方面缺乏有效的策略和手段,没有及时对品牌形象进行修复和维护。如遇到品牌形象受损的情况,缺乏及时的应对措施,导致品牌声誉受到影响。

3. 缺乏品牌传播的规划

石油企业宣传工作人员缺乏品牌传播的规划,没有制订有效的品牌传播策略和方案。如缺乏有效的媒体投放和宣传计划,没有把握合适的时机在平台进行品牌宣传,导致品牌影响力不断降低。

4. 缺乏品牌管理的意识

石油企业宣传工作人员缺乏品牌管理的意识,没有制定科学的品牌管理制度和标准。如缺乏对品牌形象和品牌价值的监控和评估,导致品牌管理的效果不明显,品牌价值无法得到有效的提升。

综上所述,石油企业宣传工作人员缺乏品牌管理和维护主要表现在缺乏品牌定位的意识、忽略品牌形象的维护、缺乏品牌传播的规划以及缺乏品牌管理的意识。为了有效管理和维护企业品牌,石油企业工作人员需要增强品牌意识和对品牌的管理能力,制定科学的品牌管理制度和标准,注重品牌形象的维护和修复,制定有效的品牌传播策略和方案,不断提升品牌的竞争力和价值。

(四)没有品牌认同感

石油企业宣传工作人员可能没有品牌认同感,缺乏对品牌的热情和认可。这可能导致宣传活动缺乏创意和创新性,影响企业品牌形象的塑造和推广。石油企业宣传工作人员在缺乏品牌认同感方面存在的问题主要表现如下。

1. 缺乏对品牌的认知和了解

很多石油企业宣传工作人员只是单纯地为企业进行宣传推广,对品牌的历史、文化和价值观等方面了解不足,导致他们无法真正理解品牌的核心精神,从而无法将品牌精神融入到宣传活动中。

2. 缺乏对品牌的认同感

石油企业宣传工作人员可能将自己的职责局限在工作本身,对于品牌所属的整个企业的认同感不足,从而无法真正投入品牌推广和维护中去。

3.缺乏对品牌的责任感

很多石油企业宣传工作人员认为品牌维护是企业高层的责任,自己并没有直接的责任,因此缺乏对品牌的责任感和担当精神。

这些问题可能导致石油企业宣传工作人员不够热情地为品牌推广和宣传,从而影响品牌的形象和声誉。为了解决这些问题,企业可以采取一系列措施,如加强员工培训和沟通、建立激励机制、建立企业品牌文化等,以提高员工的品牌认同感和责任感,进而提高企业品牌的知名度和美誉度。

第二节 宣传质量有待提高

一、形象塑造不足

塑造一个怎样的企业形象以及如何成功地塑造企业形象,一直以来都是企业界和学术界关注的一个热门话题。随着市场竞争的不断升级,形象作为重要资源,已经成为一个企业越来越重要的资产。对一个现代企业而言,企业形象的好坏直接关系到企业的生死存亡。特别是在这个石油企业的形象越来越受到关注的时代,认真研究自身形象的现状具有很强的现实意义。石油企业形象塑造中存在的问题可能包括以下几个方面。

（一）安全问题

石油企业的生产活动往往涉及高风险领域,如油井爆炸、油轮事故等,一旦发生安全事故,对企业形象的损害是非常严重的。安全问题对石油企业品牌形象的影响是非常大的,因为石油企业的核心业务是与石油相关的开采、加工、运输和销售等活动,这些活动涉及各种安全风险。一旦发生安全事故,不仅会造成财产损失,还会对人员造成伤害甚至有生命危险,更会对企业品牌形象造成不可挽回的损害。

首先,安全事故会给石油企业带来重大的经济损失,例如,油井爆炸、油轮起火等,这些事故可能导致石油企业的生产停滞,甚至导致公司关停,对企业的经济发展造成致命打击。

其次,安全事故可能会对人员造成伤害或死亡,不仅会导致家庭的痛苦和财务的损失,也会引起公众对企业的不信任和抵制。

最后,安全事故也会对企业品牌形象造成极大的负面影响。石油企业一旦发生安全事故,就会在公众中引起广泛的关注和负面评价,进而导致品牌形象受损,对企业的长期发展造成不利影响。

因此,石油企业在品牌建设中应该高度重视安全问题,加强安全管理,严格落实安全生产责任制,提高员工安全意识和防范技能,避免安全事故的发生,从而保护企业品牌形象。

（二）环保问题

石油企业的主要业务是石油勘探、开采和加工，这些活动都会对环境产生一定程度的影响。如果企业在环保方面表现不佳，容易引起公众的不满和抵制，对企业形象产生负面影响。随着环保意识的普及和环保法规的加强，环保问题已经成为影响石油企业品牌形象的重要因素之一。石油企业作为一个能源生产企业，其生产过程会产生大量的废气、废水、废渣等污染物，对环境造成一定的影响。如果企业在环保方面做得不好，就会受到公众和媒体的批评，从而影响企业的品牌形象。

具体来说，环保问题对石油企业品牌形象的影响主要表现在以下几个方面。

1. 影响公众对企业的认可度

环保问题是当今社会非常敏感的问题，如果企业在环保方面存在严重问题，容易引起公众的反感和不满，从而影响公众对企业的认可度和信任度。

2. 影响投资者的信心

环保问题不仅会影响公众对企业的看法，还会影响投资者的信心。在环保问题日益受到重视的今天，投资者越来越注重企业在环保方面的表现，如果企业在这方面做得不好，就会失去投资者的信任。

3. 影响政府对企业的管理

环保问题也是政府对企业管理的重点之一，如果企业在环保方面做得不好，就会受到政府的约束和处罚，从而影响企业的经营和发展。

因此，石油企业在进行宣传和形象塑造时，需要重视环保问题，采取积极的措施改善生产过程中的环保问题，提高公众对企业的认可度，增强投资者的信心，赢得政府的支持，从而提升企业的品牌形象。

（三）管理问题

石油企业规模庞大、业务复杂，如果企业管理不善，就会影响企业形象。例如，管理混乱、内部腐败、员工不和等问题。石油企业出现管理问题可能会对其品牌形象造成负面影响。管理问题主要涉及企业的组织管理、财务管理、人力资源管理、信息管理等方面。以下是可能对石油企业品牌形象造成影响的几个具体问题。

1. 组织管理问题

企业组织结构不合理、管理体系混乱、决策缺乏透明度等问题可能会导致企业的管理效率低下，进而影响企业的经营绩效和声誉。

2. 财务管理问题

财务报表造假、财务管理不规范等问题可能会引起投资者的质疑，进而影响企业的股价和市场表现。

3. 人力资源管理问题

员工工资福利待遇不合理、人才管理不善、员工培训和发展机会不足等问题可能会导致员工流失率高、员工士气低落等问题，进而影响企业的稳定性和竞争力。

4.信息管理问题

数据泄露、信息管理不善等问题可能会导致企业形象受损，进而影响消费者和投资者的信任度。

因此，石油企业在经营管理过程中，需要重视组织管理、财务管理、人力资源管理、信息管理等方面的问题，加强内部管理和监管，从而提升企业的管理水平和形象。

（四）公众形象问题

石油是一个受到高度关注的行业，公众对石油企业的形象评价往往会受到很多因素的影响，如媒体报道、政策变化、市场竞争等。如果企业不能及时有效地应对这些变化，可能会影响企业形象。公众形象问题是指石油企业在社会上的形象和声誉，包括企业的社会责任、公益事业、员工形象等方面的表现。公众形象问题如果处理不当，会对石油企业的品牌形象产生负面影响，甚至导致品牌危机。石油企业出现公众形象问题的影响主要有以下几个方面。

1.消费者信任度下降

如果石油企业在公众形象上存在问题，消费者对企业的信任度就会下降，进而对品牌形象产生不良影响。

2.市场份额下降

消费者对企业的信任度下降，会对石油企业的市场份额产生影响，特别是在激烈的市场竞争中，品牌形象往往是影响消费者选择产品的关键因素之一。

3.员工士气受损

石油企业公众形象受损，也会影响员工的士气和工作积极性，可能会导致员工流失或工作效率下降。

4.政府监管加强

公众形象问题引起社会广泛关注后，政府往往会加强对企业的监管，这可能会对企业的经营产生不利影响，甚至导致罚款、处罚等后果。

因此，石油企业需要重视公众形象问题，在企业经营中注重社会责任、公益事业、员工形象等方面的建设，增强企业的公众形象和信誉，从而提升品牌形象。

二、过多依赖理论灌输

石油企业思想宣传工作传统方法中的理论灌输法多强调理论灌输受众面的广度，而没有与企业职工个体思想契合的深度。石油企业宣传工作过多依赖理论灌输的问题，主要表现如下。

（一）缺乏实践操作

石油企业宣传人员过于依赖理论灌输，而忽视实践操作的重要性，导致他们在实际工作中经验不足，缺乏切实可行的解决方案。石油企业宣传工作实践操作存在的问题主要包括以下几个方面。

1. 实践操作的局限性

石油企业宣传工作的实践操作往往受到技术、资源和环境等方面的限制，这使得宣传效果受到了一定的影响。

2. 实践操作不充分

石油企业宣传工作的实践操作往往不够充分，有些企业可能只是简单地复制其他企业的宣传方式，而没有进行针对性的调整和创新，这使得宣传效果难以得到有效提升。

3. 实践操作缺乏数据支持

石油企业宣传工作的实践操作往往缺乏足够的数据支持，无法对宣传效果进行科学的评估和分析，这使得企业难以找到改进宣传策略的方向。

（二）宣传效果不明显

石油企业宣传人员过度依赖理论灌输，导致他们可能过于关注宣传的形式而忽略了宣传的效果，所以宣传效果不明显。石油企业宣传效果不明显可能是由于以下原因导致的。

1. 目标受众不清晰

石油企业在进行宣传时，如果没有明确的目标受众，很容易使宣传内容和方式失去针对性和有效性，从而导致宣传效果不明显。

2. 宣传方式单一化

石油企业在宣传方式上可能会过于单一化，只使用传统的宣传方式，缺乏创新性和互动性，难以吸引受众的关注，从而影响宣传效果。

3. 宣传内容过于单调

石油企业在宣传内容上可能会过于单调，缺乏趣味性和吸引力，难以引起受众的兴趣和共鸣，从而影响宣传效果。

4. 宣传评估不及时

石油企业在进行宣传时，没有及时对宣传效果进行评估和调整，无法及时发现和解决问题，从而导致宣传效果不明显。

三、榜样人物缺乏时代感

石油企业宣传工作中的榜样人物，通常指的是企业领导或业内专家等具有一定知名度和影响力的人物。他们的言行举止和形象代表着企业的形象和价值观念，对于企业的品牌塑造和宣传推广具有重要的影响。然而，在石油企业宣传工作中，榜样人物存在的问题包括以下几个方面。

（一）缺乏多样性

石油企业宣传工作中的榜样人物往往都是企业高管或技术专家，缺乏其他领域的人才或群体的代表。这容易导致企业形象单一化，难以吸引更广泛的受众。首先，缺乏多样性会限制榜样人物的影响力，因为不同的受众群体可能需要不同类型的榜样来激励他们。其次，缺乏多样性可能会导致某些榜样人物被过度推崇，而其他具有潜力的榜样被忽略。最后，缺乏多样性可能会引起公众对石油企业宣传工作的不信任，认为企业不关心不同文化、种族和性别背景的员工和客户。

因此，石油企业应该尽可能选择不同文化、种族和性别背景的榜样人物来展示他们在不同领域的成就。这不仅可以增强企业形象，还可以展示企业对多元化的理解，并激励员工和客户实现他们的价值。此外，石油企业应该注重榜样人物的真实性和可信度，以确保他们的宣传活动不会被认为是虚伪的营销手段。

（二）没有共性

企业的宣传工作需要寻找与公众有共性的榜样人物，而有些企业选择的榜样人物与公众没有明显的联系，难以引起共鸣和认同。

在企业宣传中，榜样人物的作用是非常重要的，他们可以树立正面的企业形象，增强公众对企业的信任和认可度。但如果宣传工作中的榜样人物没有共性，那么就会使企业形象缺乏统一性和连贯性，难以形成独特的品牌形象。

例如，石油企业宣传中可能会推出多个不同的榜样人物，有的是技术人才，有的是商务人士，有的是社会公益人士等。虽然这些人物都有自己的优秀特点，但他们缺乏共性，难以形成一个整体的、有鲜明特色的企业形象，容易导致公众对企业的认知分散和混乱。因此，企业在选择宣传榜样人物时，需要考虑他们的共性以及是否符合企业形象的特点，以便更好地凸显企业的品牌形象。

（三）缺乏真实性

有些企业宣传工作中的榜样人物形象虚假或过度美化，难以让公众产生信任感和认同感。这种情况下，企业很难通过榜样人物有效地传递企业的价值观念。

石油企业宣传工作榜样人物缺乏真实性也是一个存在的问题。有些企业宣传工作人员在挑选榜样人物时，可能会过于关注其成功的表象，而忽略了其真实的经历和价值观。这种情况下，榜样人物的形象容易被认为是虚假或不真实的，导致公众对企业的信任度下降。

此外，有些企业在选择榜样人物时也存在偏见或主观性，比如只选取同一行业的人物或只考虑其与企业商业利益相关的经历，缺乏多元性和客观性。这种选择可能会导致榜样人物形象的单一化和公众对企业宣传工作的质疑。因此，企业在选择宣传榜样人物时，需要更加注重其真实性、多元性和客观性，以提高公众对企业形象的认可度和信任度。

（四）不够关注社会责任

在社会责任问题上，石油企业的宣传工作往往缺乏明显的态度和行动，榜样人物对于企业的社会责任问题缺乏关注和表态，难以赢得公众的认可和信任。

石油企业宣传工作中，榜样人物的确是一种重要的宣传手段，能够起到很好的引领和示范作用。然而，如果榜样人物出现缺乏关注社会责任的表现，将会影响企业的品牌形象和公众的信任度。

作为传播者，石油企业需要承担社会责任，同时也需要展现自身的社会责任形象。如果企业在榜样人物的选择上，只注重企业内部管理和技术研发等方面，而忽略了环保、安全、人文关怀等社会责任方面的表现，那么会导致公众对企业有极大的不信任感。

因此，在选择榜样人物时，石油企业应该更加注重人物的社会责任表现，将企业的社会责任形象融入宣传工作中，积极宣传企业在环保、安全、公益等方面的努力和成果，树立企业的社会责任形象，提升公众信任度，为企业的可持续发展创造良好的社会环境。

四、批评表扬范围狭窄

石油企业宣传工作中的批评表扬法是一种常用的宣传手段，即通过批评和表扬来引导公众对企业的认知和态度。但是，在使用这种手段的过程中，也存在一些问题。

首先，在传统方法中，批评表扬法的运用主要集中表现在企业各个部门内部中上级对下级、党支部民主生活会的批评与自我批评之中，而批评表扬法更多只存在于企业思想宣传工作者中，对于普通职工之间很少当面提出批评或表扬。就当下的企业发展和时代发展来看，仅在这两处进行批评表扬法是远远不够的，批评表扬法的辐射范围受到了局限。

其次，就当前而言，石油企业职工大部分都是青年职工，他们的自我意识较强，而在部分老一辈的企业领导中又存在着"官大一级压死人"的想法，这样就形成了下属对领导的表扬甚至是拍马屁，上级对下级的批评指责这种单方面的批评或表扬。这就局限了青年职工的自我表达，从而造成了青年职工们的逆反情绪极大。为此，石油企业的批评表扬法不能局限在领导对职工的批评、下级对上级的表扬，而是要进行双向互动。领导要善于发现下属的长处和优点并加以鼓励和肯定，同时也要允许下属或其他员工对自己提出批评，以便自己改正提升。

最后，对于通报批评的方式有些过于直白，当下青年职工的自尊心都很强，这样明目张胆地在全体职工面前提出批评，会使得职工的自尊心受损心情低落，不但不会起到积极效果，反而会打击职工的工作积极性。

五、缺乏相应的物质激励

在石油企业思想宣传工作传统方法中更多的是以精神激励为主，主要表现在大肆宣传铁人精神、劳模精神、授予荣誉称号等，这在一定程度上的确对石油职工的工作积极性起到了巨大的鼓舞作用。但也是因为企业缺乏相应的物质激励，有部分员工存在"做多做少都一样""吃大锅饭"的思想，这严重地影响了石油企业生产经营指标以及职工的工作热情。

（一）石油企业激励和薪酬体系现状

由于我国石油企业多数是国有企业，其规模较为庞大，因此其薪酬和管理体系中一方面要体现出我国国有企业的特征，另一方面也要考虑市场化的因素。为此，其绩效管理体系的变革相对其他行业来说要缓慢。但是，面对日益复杂的国际国内环境，石油企业也存在许多问题。

1. 管理方式陈旧

许多企业考核标准不规范，部分企业仍然沿用传统的岗位管理体系，不能很好地将员工劳动量转变为绩效管理。同时，部分石油企业过多强调国有企业公平而忽略了效率。这些因素会使积极能干的企业员工对于激励机制和薪酬体系不太满意。同时，部分的领导岗位权力过大，缺乏与员工广泛互动。许多职能部门在制定收入分配体系的时候，不能很好地将员工真实收入与个人能力纳入绩效中考核。部分石油企业薪酬体系多是围绕领导个人意愿展开的，缺乏真实的员工根基。

2. 新生代员工占据工作主体

在职场上，我们将出生在1980年之后的工厂员工、职场员工称为新生代员工。现在，石油企业中"80后"员工占绝大部分，其中"90后""00后"员工也已经在职场中达到了一定的比例。新生代员工与之前的长辈相比，具有很多不一样的特征。石油企业必须充分重视这一个特殊情况。

新生代员工受教育程度较高，同时石油企业作为我国重要的国有企业，其入职的门槛较高，通过较为严格的筛选才能进入石油企业。为此，这代石油员工普遍与父辈相比具有更高的教育水平。同时，许多石油企业的新生代员工都属于家庭中的独生子女。新生代员工多在以自我为中心的环境下成长，使其在职场上不容易融入到集体环境中。当员工受到委屈或遇到一些所谓不公平的事情后，许多人会选择反抗或者离开。

石油企业工作环境的特殊性也会使得部分员工不能很好地接受枯燥的生活而选择离开。有的新入职员工在实习期自己甚至主动选择离职。职工频繁地更换工作的行为开始在石油企业中展开。同时，也有部分石油企业的骨干由于在职场上的压力或者晋升的渠道受到限制而选择离职。石油企业中新生代员工的工作态度成为明显不同于他们父辈的一项重要特征。

3. 考核和激励方式单一

企业考核方式单一的特征在国有企业中非常明显。石油企业的激励方式单一，员工感受最为强烈的往往是绩效核算薪酬体系，但是石油企业绩效和晋升相对来说比较困难，其他激励措施又缺乏。企业激励措施不到位，就会使得许多员工产生消极怠工的想法。同时，员工在应对企业考核的时候，不能客观地考虑工作的实际情况，这样很难促进员工内在的积极性和对企业的认同感。这样的绩效考核必然会使员工日常工作的参与感迅速下降，更多的是将石油企业工作看作一项谋生的手段，而非充分调动个人潜力并投入工作中，这样会极大地影响企业职工对企业的投入。

（二）基于现状问题的分析

在新时代，石油企业作为我国国有企业的重要成员，其涉及的人员类型极多。在大数据时代，科技发展迅速，经济全球化使得信息和资源可以在全球范围内调动，人的意识和观念也在迅速发生变化。但是，企业激励模式不变革必然会产生许多问题，许多企业忽略了年轻员工许多基本的诉求。比如企业青年职工对于工作和个人社会地位的呼声，这需要在薪酬体系中充分地考虑。同时，激励机制改革需要结合企业的发展现状和员工的工作状况进行公平与效率兼顾的改革。对于员工绩效管理的方式，石油企业也需要充分进行改革。由于石油企业中有不同层面的员工，同时每个人的需求也有所不同。因此，在保证物质奖励的基础上，石油企业需要适度地增加多种激励方式。企业员工在得到进一步的激励后，才能更好地发展其潜力，使更多的员工为企业发展尽心尽力。同时，企业通过给员工适当的激励也可以稳住更多的人才，从而使企业和员工达到共赢局面。

第三节　宣传人员素质问题

宣传人员和通讯员写作基础差，新闻写作方式和技巧较为欠缺，有分量、有内容、有深度的稿件太少。同时，很大一部分通讯员没有养成日常勤于思考、勤写、勤练的习惯，都是被动式等待领导安排进行写作，存在着应付交差的问题，这样的稿件质量无从谈起。还有部分通讯员写稿的范围较窄，抓不住宣传重点和新闻要点，写出来的东西千篇一律，没有新闻价值。

一、企业通讯员的基本素质与能力

作为一名通讯员，不仅要知道什么是消息、什么是通信，还要知道如何写好这些题材的稿件。而要成为一名优秀的通讯员更要知道为什么写、怎么写、怎么发。要有发现新闻的意识、寻找新闻的眼睛、写好新闻的本事、发表新闻的能力、把握新闻的脉搏等方面的能力。

（一）发现新闻的意识

有了发现新闻的意识，才能发现新闻、写出新闻、刊发新闻。如何发现新闻，这就要发挥个人的主观能动性，也就是积极性。这里就需要我们克服写新闻与我无关、不是我的工作或者说不是我的主要工作的想法。树立正确的新闻理念，每个人都是新闻宣传的阵地，每个人都是新闻宣传的载体，新闻宣传是每个人每项工作的重要组成部分。一句话，人人都是宣传员。在工作中，每一名同志的成长和一个单位的工作成绩都是息息相关的，而在实际工作和生活中，许多单位和部门的工作都是大同小异的，大多数时间都是按部就班地做着相同的事。当一个单位和部门的工作成绩经过认真挖掘、整理、总结、提炼，最后宣传出去，这才是大家有目共睹的成绩，这样也就达到了新闻宣传的目的。

实际工作中，一个单位和部门的日常工作就像体操运动员一样，一般有三种情况：规定动作、自选动作和超水平发挥。如何把规定动作总结好，按照新闻的形式发出去，再把自选动作和超水平发挥的工作成绩和亮点，通过广播、报纸、电视、网络等媒体发表出去,是每一位同志心里时刻想着的事情。

新闻宣传工作从单位和部门的角度来说是单位和部门的成绩展示,从个人的角度来说,也是个人能力和水平的综合体现。

(二)寻找新闻的眼睛

当你有了写新闻的意识和动力,就会明白到哪里去找新闻,什么样的新闻是读者喜闻乐见的,什么样的新闻能够吸引读者的视线。无数新闻战线的前辈告诉我们:"记者永远在路上""要用脚底板子写新闻"。

触类旁通就是在各类媒体中找一些与自己所在单位和部门相关的新闻,对照自己身边有没有这些人和事,把共性和特性总结出来。这绝不是简单地生搬硬套,也不是让大家照搬照抄,而是学习中的一个过程。

(三)写好新闻的本事

能不能写出好新闻是衡量每一名通讯员也是每一名记者的重要标准。任何本事都不是一朝一夕能够学会的,提高写好新闻的本事是每一名通讯员面临最迫切的问题。实践证明,多写、多练是写好新闻的唯一方法。只有多写、多练,反复修改才能提高新闻写作的水平。作为一名记者,不是每一条新闻都能写得那么好,也不是每一条新闻都能刊发,只有多写才有可能多发。通讯员投稿没有刊发,一般有三方面原因:一是稿件质量问题,二是新闻敏感问题,三是新闻时效性问题。不论什么原因,我们都不能失去信心,不能失去积极性。坚持写下去,当量的积累达到质变,就会变屡投不中为屡投屡中。这里所说的量的积累,既有投稿数量的积累,也有稿件质量的提高。一篇稿件写不好,十篇稿件写不好,一百篇稿件还写不好,那就不是写不写的问题了,而是用不用心写的问题了。俗话说,只要功夫深,铁棒磨成针。想要学一件本事,想要学成一件本事,不付出艰辛的努力就想唾手可得,那无疑是冰中取火、缘木求鱼。一句话,本事是学出来的、本事是练出来的,要想把新闻写好,还得花些笨功夫,多学、多练。

(四)发表新闻的能力

当我们付出很多辛苦和劳动,最终的考核指标是公开发表,电视上有影、广播上有声、报纸上有字,才是新闻宣传的最终目的。如何在各类媒体上更多地刊发新闻,是一名通讯员综合能力的体现,这里除了通讯员的写作能力外,还有沟通协调能力。所谓沟通协调能力,不仅仅是通讯员与各级、各类媒体的关系,还有通讯员如何处理好各级、各类媒体与本单位的关系。如何把通讯员与某一名编辑、记者的私人关系、工作关系,拓展、提升为本单位部门与某一媒体成为良好的关系单位、密切的关系单位,这既考验双方联系人的能力,同时也考验双方联系人的人品。如今通讯非常方便,联系方式也有很多,建立关系难度不大,一个电话、一个QQ、一个邮件都可以,把建立的关系保持下去,是需要双方共同呵护的。

二、石油企业通讯员的素质问题

（一）专业素质

石油企业通讯员需要具备扎实的专业知识和技能，才能够准确、及时地把握行业动态和企业发展情况，以便为企业提供有针对性的宣传和报道服务，以下是一些石油企业通讯员专业素质存在的问题。

缺乏专业知识：一些通讯员在企业内部担任行政工作，转岗后没有接受专业知识培训，导致缺乏业务素质。

表达能力不足：一些通讯员在撰写新闻稿件、策划活动方案时表达能力不足，导致文字表述不清晰、思路不连贯。

缺乏沟通能力：一些通讯员在处理突发事件时缺乏有效的沟通能力，不能及时把事件情况反馈给企业领导，错失了处理机会。

没有团队协作精神：一些通讯员只注重个人表现，缺乏团队协作精神，导致在宣传工作中无法充分发挥协同效应。

缺乏应变能力：一些通讯员在处理突发事件时缺乏应变能力，不能灵活应对各种情况，影响了企业在宣传时的应对效率。

道德素质不高：一些通讯员存在违规行为，不遵守企业的职业道德规范，给企业带来了负面影响。

缺乏创新意识：一些通讯员在宣传工作中缺乏创新意识，只是简单地复制以往的做法，不能满足社会需求的多样性。

缺乏国际化视野：随着石油企业国际化程度的加深，通讯员需要具备一定的国际化视野，才能够适应不同国家和地区的文化和市场环境。

石油企业需要重视通讯员的专业素质培养，提高其业务水平和创新能力，更好地服务企业发展和维护企业形象。

（二）沟通能力

石油企业通讯员需要具备良好的沟通能力，能够与企业内外部各方进行有效的沟通和协调，了解各方需求和反馈，并及时做出相应的调整和改进。以下是石油企业通讯员沟通能力可能存在的问题。

语言表达能力不足：通讯员需要具备良好的语言表达能力，包括口头表达和书面表达。如果他们的表达能力不足，就很难向外界传递清晰、准确和恰当的信息。

沟通方式单一：通讯员需要根据不同的利益相关者选择不同的沟通方式，比如电话、邮件、面对面会议、社交媒体等。如果通讯员只使用一种沟通方式，就难以满足不同人群的需求和偏好。

缺乏倾听能力：通讯员需要倾听不同人群的意见和反馈，并及时回应和解决问题。如果通讯员只关注自己的意见和想法，而不愿意听取他人的声音，就难以与外界建立良好的沟通关系。

沟通不及时：在石油这个行业，信息更新速度非常快，如果通讯员不能及时更新信息，就会导致信息滞后，失去公信力。

沟通风格不当：通讯员需要具备一定的沟通技巧，包括善于引导对话、注重礼貌和尊重、避免使用过于专业化的术语等。如果沟通风格不当，就可能引起误解或者不必要的冲突。

（三）责任心

石油企业通讯员需要具备强烈的责任心和使命感，能够真正地把企业利益和公众利益放在心中，为企业形象和声誉的提升做出积极贡献。同时，他们还需要遵守职业道德规范，严格遵守相关法律法规和企业规章制度，确保宣传和报道的合法、合规、合乎道德。石油企业通讯员在履行职责的过程中，其责任心是否足够是一个重要问题。责任心是指个人对自己的工作、职责和义务所产生的认识和承担的态度，是保证工作质量和效率的重要因素。

在石油企业宣传工作中，通讯员是信息传递的重要角色，其对所传递信息的真实性、准确性和权威性有着重要影响。如果通讯员缺乏责任心，就容易出现信息失实、失误甚至误导的情况，从而损害企业形象和信誉。

石油企业通讯员的责任心问题主要体现在以下几个方面。

工作态度不端正：通讯员可能存在怠工懒惰、不负责任、无动力等问题，导致工作效率低下、信息传递不及时、错误率高等问题。

传递信息不准确：通讯员对所传递信息的真实性、准确性和权威性不够重视，可能存在不负责任地传递虚假信息、误导性信息等问题，严重影响企业信誉。

缺乏主动性：通讯员缺乏主动性，不积极关注企业宣传工作的需要，不愿意深入了解企业业务，忽略一些重要信息或者不主动提出有益建议。

因此，石油企业需要重视通讯员的责任心问题，通过提高培训水平、加强考核监管等方式，提升通讯员的工作态度和责任感，从而确保企业宣传工作的质量和效率。同时，石油企业还可以通过设立激励机制等方式，激发通讯员的积极性和创造性，促进工作的持续改进和创新。

三、信息化时代石油企业宣传人员培训问题

（一）培训信息化概述

培训信息化实际上是企业利用现代信息技术对于培训教育过程不断进行优化，在提高培训效果的同时，促进培训工作效率和效益最大化。结合我国各个行业的发展状况，培训工作信息化发展具体呈现以下几项基本特征。

1. 培训资源的多媒体发展

随着国内现代信息技术和多媒体技术持续发展，石油企业可以利用多媒体技术结合工

作内容建立较为完善的信息化培训工作环境,通过情境教学方法的应用,确保培训讲师能够结合员工专业能力发展搜集相关资源,促进员工专业能力持续发展。

2. 培训资源的全球化发展

石油企业培训平台可以利用互联网和区域网技术将国内外相关企业的员工培训成功经验用来借鉴,以石油企业的发展状况作为出发点,开发带有针对性的员工培训资源体系。

3. 培训工作的个性化发展

随着企业宣传人员培训中现代信息技术成果的引入,企业可以利用员工已有的移动智能终端建立完善的智能化员工培训平台,确保不同部门的员工都能够根据工作岗位需求,科学选择培训资源反复进行学习,以此实现培训工作个性化发展的目标。

(二)信息化时代下的石油企业宣传员工培训理论基础

1. 信息技术与课程深层次整合理论

随着我国现代信息技术的持续发展,与各个行业教育工作的结合也变得越发深刻。信息技术可以与石油企业培训工作、内容有效融合,形成信息化培训环境,最终建立一种全面发挥培训讲师主导作用以及尊重学生主体地位,且具备自主、探究、综合等特征的教学方法,确保员工得以在参与企业培训工作的过程中,全面发挥其主动性、积极性和创造性,将之前石油企业培训工作开展中使用的以教师为核心的课堂教学结构逐渐进行变革,建立一个由教师和学生共同参与,分别扮演主导和主体角色的现代化教学结构。

2. 建构主义理论

建构主义理论作为教育学界的理论代表,关注的是在知识学习的过程中,培训讲师做到以学习者为中心,关注学习者的主观能动性、实践性和创造性等方面的启发以及应用。同时,建构主义理论认为培训中知识并非由教师向员工传递,而是需要员工在接受培训的过程中自主进行探索和学习,员工并不需要在企业培训过程中进行知识的被动学习,而是需要结合工作岗位的真实状况主动获取外部信息资源,适当进行加工处理。在信息化时代下的石油企业宣传员工培训工作,可以帮助培训讲师在建立与培训内容密切相关的真实工作情境的前提下,确保员工能够彼此之间主动进行交流和探索,真正意义上成为培训工作的主体,保障已有的各项基础知识和全新知识有效结合,促进员工个人专业能力和思维的发展。

3. 教学结构理论

教学结构是以一定的教育思想、教学以及学习理论为基础,基于某种真实环境开展的教学活动形成的稳定结构形式。从教学结构理论的相关内容来看,需要石油企业的员工培训工作改变之前以讲师为核心的教学结构,最终形成一种能够全面发挥教师主导作用以及尊重学生主体地位的全新教学结构。这种尊重企业宣传员工在培训过程中主体地位以及作用发挥的现代化培训模式,不仅可以帮助讲师跟随员工的个人专业能力变化针对培训内容和方式的不断调整,而且员工能够与培训讲师建立和谐友善的沟通关系,及时解决在培训过程中出现的各种问题,促进培训工作质量的持续提升。

(三)信息化时代下石油企业宣传员工培训的价值

1. 有助于建立现代化石油企业宣传员工培训体系

在我国信息化社会持续发展的影响下,石油企业的员工培训工作也需要融入现代信息技术,在持续丰富教学资源体系的同时,拓宽培训空间。随着现代信息技术员工培训工作的有效融合,石油企业的培训讲师可以结合不同工作岗位在工作性质、内容等方面的差异,利用互联网平台搜集与工作岗位相关的现代理论知识和学习操作技巧,最终形成一个满足各岗位员工发展需求的层次化培训资源体系。同时,现代信息技术的引入使得石油企业的员工培训工作也得以摆脱传统线下培训工作的限制,可以转入网络空间中落实。员工可以根据个人的工作状况适当安排业余时间自主进行学习以及培训,确保员工能够在不耽误本职工作的情况下,促进个人工作专业能力的发展。融入现代信息技术形成的石油企业宣传员工培训机制以及方法,有助于形成完善的现代员工培训工作体系。

2. 明显提升石油企业宣传员工的个人专业能力

因为石油企业内部各岗位工作人员的专业能力和工作需求、内容都存在着明显的差异,之前一刀切的理论知识培训方法完全不符合员工发展的知识需求。在信息化时代持续发展的影响下,石油企业在开展员工培训工作之前,通常都可以由管理人员和培训讲师进行员工的大范围线上和线下调查,掌握员工在专业能力发展和培训内容方面的真实需求,并根据员工对培训工作提出的改进建议,确保石油企业宣传员工培训的内容和方法得以不断革新。不同工作岗位的员工可以在培训内容体系的支撑下,促进个人理论知识和专业能力的发展,为石油企业实现战略发展目标做出自己的贡献。

3. 有助于提升石油企业的市场核心竞争力

在知识经济时代下,人才已经成为各个行业发展的核心因素,信息化时代下石油企业宣传员工培训工作的实施可以帮助石油企业在面对国内外市场发展形势的前提下,根据市场环境变化对专业人员提出的各种需求,针对已有的员工培训体系内容不断进行优化和调整,真正意义上保障石油企业的员工培训体系能够走在时代发展前列,保障石油员工的个人专业能力水平始终符合市场经济发展的需求,进一步提升石油企业的市场核心竞争力。

(四)信息化时代下石油企业宣传员工培训需要解决的问题

1. 尚未建立符合不同岗位需求的培训内容体系

在信息化时代下,石油企业宣传员工培训工作开展的直接目的是提升不同岗位员工的个人能力,最终目标是促进石油企业的健康可持续发展。在这种情形下,石油企业必须适应信息化时代发展的需求,根据不同工作岗位的内容、难度以及员工个人能力发展的知识需求建立层次化的培训内容体系。虽然我国石油企业在信息化时代下已经意识到不同员工培训体系建立的价值,但总体看来依旧存在一定的模糊化发展现象。比如,针对企业内部的管理人员而言,部分石油企业只是将法律法规、政策知识和相关的经营理念作为主要的培训内容,却未针对石油企业内部的管理人员和后备管理人员在实际专业能力发展方面的差异进行有针对性的内容调整。同时,我国石油企业的发展也需要数量、种类众多的技术人员，具体可以分为初级、中级、高级三个层面的技术人员，但部分石油企业未针对不同层次的技术人员培训体系进行调整，也只是简单将培训的工作重点放在操作技能、生产技术、风险辨别方面，对技术能力创新、业务素质和素养提升并没有给予较多的关注。这种不符合不同工作岗位需求的培训内容体系，因为都是以最为普遍的理论知识为主，对于部分老员工而言，很有可能会出现浪费时间和精力的现象，这种千篇一律的培训内容也不利于员工个人专业能力的发展。

2. 培训模式发展较为单一

石油企业在信息化时代下的员工培训同样面临着培训模式发展单一的问题。以目前石油企业的员工培训工作来看，信息化技术在员工培训的内容选择、培训体系建立等方面发挥相应的作用，石油企业的员工培训工作模式依旧是以线下的集体培训为主。从某种程度上看，这种模式能够保证在同一个时间和空间内聚集石油企业内部不同部门的相关员工统一进行理论知识和实践操作技巧的学习，可以帮助培训讲师在规定时间内完成培训任务。但对石油企业内部的员工而言，因为培训时长相对有限，并且缺乏连续性，使得员工个人的专业能力发展与市场经济发展需求之间存在一定的脱节现象。即便目前移动智能终端逐渐普及，并且微信这类平台已经成为人们日常生活中不可或缺的重要通讯和交流工具，但石油企业在开展员工培训工作的过程中，并未关注信息化平台在突破时空限制等方面的重要作用，依旧是以传统线下集中培训模式为主，使得员工在面临较大工作压力的同时，也要抽出足够的时间参与各项技术培训，在培训时间有限的情况下，员工的个人理论知识学习和专业能力发展都会受到明显的影响。

3. 缺乏培训效果的评估及应用

对于一个完善的石油企业宣传员工培训工作环节而言，培训工作效果的评估和应用是最后的环节，并非意味着在培训工作完成之后培训工作循环正式结束。但部分石油企业在信息化时代下的员工培训工作并未形成完善的闭环管理意识，简单而言，在培训结果的评估和应用方面存在明显的缺陷。在员工接受石油企业的培训工作之后，最终的结果评估以及应用可以帮助员工在了解个人专业能力发展优势和劣势的前提下，跟随工作岗位实际状况不断进行调整和学习。但我国石油企业在培训工作完成之后，却未关注培训结果的评估以及具体应用。即便部分企业针对培训工作效果进行评估，但也都只是以员工的培训理论考试为主，并未关注员工培训理论知识与实践操作之间的结合考核，取得的培训考核结果未能和员工的年终绩效、奖金以及职务晋升等挂钩，使得员工在参与企业培训中存在了一种敷衍了事的心态。

4. 缺乏专业的师资队伍

信息化时代下石油企业宣传员工培训工作是否能够达成既定目标，与培训讲师个人专业能力有着密切的联系。但以目前石油企业的员工培训工作来看，参与培训工作的相关讲师在石油传统行业理论知识和实践操作技巧方面具备明显优势，但对石油企业发展中信息化技术的具体应用领域、效果等方面并未形成正确认知，个人的信息化技术能力存在明显的缺陷，无法在员工培训过程中利用信息技术拓展教育资源或者开辟全新的培训空间，使得信息技术的作用发挥相对有限。同时，石油企业也并未从社会外界吸纳在信息化技术以及石油行业发展方面都具备明显专业能力的优秀人才担任培训讲师，导致企业内部培训讲师的队伍质量始终无法得到提升，影响到培训工作效率以及质量。

第四节　宣传方式过于保守

石油企业宣传方式过于保守，表现在宣传工作的培训模式呆板单一，缺乏生机与活力，培训方式陈旧，缺少吸引力。由于石油钻井企业野外工作的特殊性及繁重的生产，对宣传人员及通讯人员的培训只能见缝插针，时间仓促、效果不好，对通讯员水平的提升始终有限。

一、宣传工作时效亟待提高

宣传内容的时效性是决定宣传效果的重要保障，但当前企业宣传工作的时效性依然有待提高，主要原因有以下几点。

（一）企业体制化模式带来的影响

作为传统的大型企业，石油企业对于部分宣传工作的开展往往需要进行一定的审批管理，而宣传学习的模式也会采用逐级宣传的工作方法。但在宣传过程中这种体制化的工作方法往往会造成宣传时效性的降低。

（二）宣传工作者时效性意识不强

当前，很多企业的宣传工作者不够专业，对宣传工作的特征与性质认识不足，因而宣传工作往往缺乏时效性，进而影响宣传思想文化工作的实际效果。

（三）没有充分利用信息化宣传平台

部分工作者对于以网络为代表的信息宣传工作缺乏重视，没有利用信息化平台有效地提高宣传工作的时效性。

二、宣传工作机制亟待健全

在石油企业宣传工作中，其主要包括对内与对外两个工作机制。然而，在实际的宣传工作中，这两种机制都存在一定问题。

（一）对外机制重要性重视不足

在传统的企业思想工作中，宣传思想工作是一种对内的教育性工作，因此其工作者往往将工作重点集中在企业内容，进而忽视了对外宣传的重要性。如企业在对外宣传中，将宣传工作与企业公关、广告宣传等混为一谈，没有将思想、文化等作为对外宣传的主要内容，影响了对外宣传的质量与效率。然而，在实际应用中，石油企业宣传对外机制的重要性并未得到足够的重视,存在以下问题。

1. 沟通渠道不畅

企业与外界沟通的渠道不够畅通,导致信息传递不及时、不准确,影响了企业形象和声誉。

2. 缺乏危机管理

企业对外宣传中没有建立完善的危机管理机制,一旦遇到危机,处理不当会对企业形象造成重大影响。

3. 忽视公众反馈

企业对外宣传中忽视公众反馈,不及时回应公众关切,导致公众对企业的信任度降低。

综上所述,石油企业宣传对外机制的重要性需要得到足够的重视,企业需要加强与各方的沟通和合作,建立完善的危机管理机制,及时回应公众关切,提高企业形象和声誉。

(二)对内工作机制忽略了受众感受

在企业对内宣传中,其宣传受众(主要包括管理者、员工以及家属等)对宣传工作的感受,是判断宣传质量与效果的主要因素。但是,在实践工作中,宣传管理者没有将受众的感受作为宣传策划与实施的重要依据。如企业宣传工作开始前一般不会开展相关的调研分析与后期受众调查,进而无法通过调研机制提高企业宣传工作质量。

石油企业宣传对内工作机制主要是为了向内部员工传达企业文化、政策、制度和业务知识等方面的信息,以提高员工的工作效率和士气。但是,有时企业可能忽略了受众感受,导致宣传内容与员工需求不匹配,影响员工对宣传工作的接受度和信任度。这可能导致员工缺乏对企业的认同感和归属感,进而影响企业的整体业绩。

为解决这一问题,石油企业可以通过加强对员工的调研和了解,了解员工的需求和关注点,以便更好地设计和制订宣传计划和内容。此外,石油企业可以通过与员工建立更紧密的联系,例如定期与员工交流反馈,以及提供更加个性化和定制化的培训与发展机会,来提高员工的满意度和参与度。这些方法可以帮助石油企业更好地理解员工的需求和期望,加强内部宣传的效果和效率。

(三)没有形成对外与对内的协调机制

企业宣传中的对外与对内机制应是统一化的工作体系,进而保障企业宣传思想整体发展。但是实践工作中,由于宣传工作者缺乏这种协调运行意识,进而难以在实际工作中将对外与对内机制进行有效的结合,影响了整体化宣传的开展。

石油企业宣传需要形成对外与对内的协调机制,这是一个重要的问题。对外宣传主要是为了提高企业的品牌形象和知名度,吸引更多的投资和客户;对内宣传主要是为了增强员工的归属感和凝聚力,提高员工的工作积极性和责任感。这两个方面的宣传应该相互协调,形成有机的整体。

然而，在实际工作中，一些石油企业的宣传工作并没有形成对外与对内的协调机制。例如，有些企业的对外宣传可能过于注重形象宣传，而忽略了向投资者和公众传递企业的实际业绩和战略规划，这容易导致外界对企业的认识产生误解，从而影响企业的形象和声誉；同时，有些企业的对内宣传可能过于强调员工的工作成绩，而忽略员工的职业发展和个人成长，这容易导致员工的不满意和流失，从而影响企业的长远发展。

因此，石油企业宣传需要形成对外与对内的协调机制，将对内宣传和对外宣传紧密结合，使宣传工作更加有针对性和有效性。同时，还需要建立有效的反馈机制，不断了解受众的需求和反馈，及时调整宣传策略和方式，确保宣传工作的有效性和可持续性。

三、宣传信息不透明

一些石油企业在宣传中缺乏透明度，不愿意公开一些重要信息，如企业治理、环保措施等，这会影响公众对企业的信任。

（一）基于石油企业的信息化数据管理概述

1. 网络化管理

石油企业的信息数据总量呈线性增长，增长速度呈直线上升，在信息管理上基本完成了数据标准的制定。数据已经成为企业发展的生产要素之一，它的重要性逐渐显示出来，随着中国石油行业的勘探、化工和销售等一体化的发展，目前已基本建立了完善的信息化标准体系，但是综合管理水平仍需进一步提高。在信息化不断发展的情况下，结合我国石油企业的发展，实现发展过程中的网络化管理，提高决策效率和管理的透明程度，加快应用系统化的建设。

2. 利用信息价值，促进增产上储

在石油企业目前的勘探开发生产一线，正在越来越多地利用数字化设备支持生产。这些设备在生产石油的同时，也在产生越来越多的机械设备参数数据、井下地质数据等。通过以数据中心和备份中心的数据为基础，结合大数据和云计算技术，可对这些海量数据进行深度分析和挖掘，建立和预测数学模型，帮助石油公司提高勘探开发水平，降低开发成本，提高采收率，不断挖潜增效，支持公司的生产规划，促进石油企业的管理水平不断提升，决策水平不断提高，制度不断完善。

3. 带来新的发展机遇

基于石油企业的现代化发展，通过信息化的支持，可以更加细致深入地分析和解决问题，带来新的发展机遇，使企业的管理和服务水平处在相对领先的地位，可以帮助企业分析发展存在的问题，在发展的过程中帮助自身建立巨大的优势。同时结合自身优势和市场特点，寻求差异化发展之道，建立差异化特色优势，帮助销售挖掘潜在的用户，不断吸引更多消费者的关注，满足消费者的需求，扩大自身的企业竞争优势。

（二）石油企业信息化数据管理面临的问题

石油行业属于传统行业，尤其是中国的石油石化行业，与国外同类企业相比，对信息化的融合步伐不算迅速。甚至在很多企业，设备的入库率偏低且管理分散，无法实现科学匹配的管理。企业应该针对自身发展的现实状况，使数据成为自身发展的重要战略资产，通过对数据的分析挖掘，对潜在内容整理和对潜在客户的引导，使其转化成巨大的经济效益。但是在这个过程中，很多数据在转化抽取时，大大浪费了人力、物力和财力，并且累积了较多易构数据。

1. 缺乏统一的数据标准，管理手段落后

无法进行相关的定制化服务和管理，这个过程增加了信息化管理的执行困难，给工作带来了难度。此外，移动网络的发展和智能终端的普及，造成了信息化的数据标准不统一，数据的管理变得麻烦，还有数据的范围、总量和内涵也得到了不断扩大，传统的低效工作方式却在实际工作中存在，尤其是在对外贸易和出口产品中，无法按照市场竞争中的优势进行工作，市场竞争力下降。和发达国家相比，我们的工作模式还是处于较为低级的层面，同时也失去了数据价值，导致出现数据的歧义性和多值性。

2. 缺乏对非结构化数据的有效管理

虽然我国的石油行业在中华人民共和国成立以来得到了快速发展，但是受传统观念的影响，很多企业的数字化水平仍然比较低。协同工作的软件发展还比较少，且发展中对重点资源的把握程度不高。尤其是大量增长的非结构化数据，对存储的容量和网络传输速率等要求更高。因此，对于大型企业的信息化建设来讲，很有必要统一规划、统一建设企业私有云，为数据管理提供基础设施层面的支撑，构建一个可靠性高和扩展性强的云计算环境平台。

3. 软件的集成度水平低，完成自身的机遇转化较为困难

国内石油企业通常由于缺乏统一的、长远的信息系统顶层设计，各个系统之间的数据接口缺乏统一标准，导致每个系统各自为政，最多也就是停留在少量数据的共享层面，无法在信息变革的背景之下，占得发展先机。先进的软件应用水平，一定要有先进的管理制度与之匹配，否则会相互钳制。因此，大力开发新的、与发展相适应的信息系统，建立与之相适应的管理制度势在必行。

第五节　宣传渠道过于狭窄

随着企业宣传工作的发展，企业宣传工作载体也在不断发展与创新中，因此宣传工作载体拓展研究也成了宣传工作者研究的重要内容。但是在实际宣传过程中研究者发现，目前石油企业宣传工作载体依然有待提升。

一、传统载体创新难度较大

在石油企业宣传载体发展中，板报、讲座等传统载体依然较为常见。但是在实际工作

中，这种传统载体已经难以起到有效的宣传效果。但是传统载体创新中，工作者难以寻找到有效的创新思路与方法，阻碍了载体拓宽的进程。

（一）受众群体缩小

随着社会的发展，年轻人更倾向于通过新媒体获取信息，而传统载体更多吸引了老年人和中年人的关注，导致宣传效果下降。

（二）信息不及时

传统载体的宣传信息发布周期长，需要经过制作、审核、发行等多个环节，导致宣传信息不够及时，无法满足人们的信息需求。

（三）覆盖面受限

传统载体的覆盖面相对较小，很难达到全面覆盖的效果，尤其是在信息时代的今天，人们的获取渠道更加多元化，传统载体的宣传覆盖面进一步遭到挑战。

（四）互动性不足

传统载体的宣传内容一般是单向传播，缺乏互动性，难以引发受众的积极反应，限制了宣传效果的提升。

二、新型载体技术推广难

随着信息化技术的发展，新型的宣传载体技术对于企业宣传工作效率与质量的提升有着重要作用。但是在实际的企业宣传过程中，管理者往往将信息化技术作为宣传的一种辅助技术，而没有将其作为一种独立的宣传载体，影响了载体拓宽途径的发展。如当前使用企业宣传思想工作中一般不会将无线网络作为一种独立的宣传载体，进而影响了宣传载体拓宽的发展。石油企业宣传工作中推广难的问题主要表现在以下几个方面。

（一）技术门槛高

新型载体技术的使用需要掌握一定的技术操作和维护知识，对于一些年龄较大的宣传人员来说，可能存在一定的学习门槛和应用难度，导致推广效果不佳。

（二）技术更新快

新型载体技术更新迅速，企业需要不断跟进和升级，对于一些资源有限的企业来说，可能存在一定的困难和成本压力。

（三）监管和安全问题

新型载体技术的应用需要遵守相关法律法规，同时也存在一定的信息安全问题，如果管理不当，可能会导致信息泄露和其他风险。

（四）目标用户不同

新型载体技术的应用通常面向年轻人和互联网用户，而石油企业的目标用户往往是中老年人，因此在新型载体技术上的投入可能并不能直接带来预期的效果。

为了解决这些问题，石油企业可以通过加强培训，提高宣传人员对新型载体技术的掌握程度，同时加强技术更新和维护，确保技术应用的安全性和稳定性，此外，石油企业还可以针对不同的目标用户，选择不同的宣传渠道和载体，以达到更好的宣传效果。

三、新媒体在企业宣传工作中的运用现状

互联网的兴起助推了媒体行业的爆发式发展，并催生新媒体的更迭换代，催生了信息传播的多样化手段。毋庸置疑，传统媒体对企业宣传具有重要作用，而新媒体的出现更是锦上添花，不仅在当代社会发展中占据优势地位，加快信息的快速传播，并且能够为各行各业带来便利，成为诸多行业发展中必不可少的技术武器。因此，企业宣传应该充分利用网络和新媒体的优势，提升企业宣传的整体效率与实际效果，不断激发员工的工作积极性，以提升企业的经济效益。

（一）新媒体在企业宣传工作中的运用背景

1. 企业宣传工作

企业是我国市场经济舞台中充满活力的主角，对推动经济社会的快速发展具有重要的作用。而宣传工作是企业日常生活管理中不可或缺的一部分，对培养员工专业素养、树立科学的世界观、人生观、价值观以及推动企业发展等具有关键性的意义，并且能够引导企业正确的舆论方向，督促企业良性经营。

2. 企业对新媒体的运用情况

在新媒体时代来临之前，一些走在时代前沿的创新型企业便开始将媒体应用于企业宣传工作中，但是不可避免地存在一些问题。例如，有的企业以传统媒体宣传作为形式化宣传，借助于报纸刊物、期刊板报等方式进行企业宣传，然而内容较为空泛，缺少实际价值；还有一些企业则过于关注企业运营的经济效益，对企业宣传并不重视，诸如，在企业的宣传板中，只设置任务完成表、经济指标等相关内容，并未涉及企业宣传内容，并且宣传内容长期不更新，致使企业宣传工作不容乐观。随着信息化时代来临，新媒体技术被广泛应用于企业宣传之中，并且得到了诸多企业的高度重视。一些企业开始尝试借助于新媒体宣传，提升企业的整体宣传效率，以便于增强企业自身的宣传效果。例如，一些企业建立微信公众号、微博账号、抖音账号、小红书账号等，利用新媒体平台及时发布企业的最新资讯与发展动态。在企业微博账号、微信公众号等媒体平台上，企业员工可以充分发表自己的意见与看法等，提出自己对企业发展的真实看法，拉近与企业管理层的距离，实现员工与管理层的零距离沟通与交流，以便管理层能及时了解员工的工作状态与思想动态，并采用针对性较强的方式加强企业宣传和员工思想教育。

（二）企业宣传中网络新媒体的优势分析

1. 转变企业传统的宣传模式

当前，新媒体影响企业宣传模式的有效转变主要表现在以下几个层面。

其一，将传统灌输式宣传转变为渗透式宣传，着重于突出宣传工作的引导性作用。处

于新媒体时代中，企业可以充分借助手机通信设备、互联网网络媒体的互动性、灵活性、时效性等优势，强化企业的宣传工作，逐渐渗透到员工的日常工作、学习与生活当中，增强员工的思想政治素质，并付诸实践中。

其二，由企业单项传播转变为双项互动式传播。企业可以针对宣传对象进行精准性、针对性宣传，既可以有效节约宣传成本，又能合理运用新媒体技术将线上与线下进行有效联系起来。例如，在企业的微博公众平台上，企业内部员工可以随意抒发自己对企业发展的想法与意见等，并通过留言或者私信的方式传递给企业管理层。这样一来，不仅员工可以及时反馈自身的想法，同时管理层也能够及时掌握员工的思想动态，进而采用针对性的方案开展员工思想教育活动等。

2. 加快信息传播速度

新媒体平台以信息技术为依托，相较传统媒体而言，新媒体的传播速度更快，传播范围更广泛。例如，在传统媒体时代，企业通常习惯于运用报纸内刊、杂志等方式进行企业宣传，而这一过程要经过对企业宣传内容进行排版、编辑、美工等多个步骤，且最后通过审核后才能进行印刷发行。在发布的这一过程中，既要浪费较多的时间，还要花费大量的成本。而新媒体技术的问世，则省去了中间印刷与发行的环节，如果企业想发布信息，只要通过微信推送、QQ 资讯、官方微博等方式直接发送就可以，不仅节省了大量时间，而且节约了一定的成本。由此可见，企业充分利用新媒体进行宣传，既可以提升企业宣传工作的整体效果，也能进一步促进企业宣传工作的发展。

3. 赋予企业宣传工作更多活力

首先，新媒体技术突破了传统媒体宣传的时间、空间、范围等层面的束缚，拓展了宣传范围，使员工能够在任何时间与地点了解到企业的宣传内容。而且由于新媒体技术具有很强的时效性，企业员工通常可以在最快时间内最早接收到企业宣传内容。

其次，就当前企业员工结构来说，往往以年轻人为主，他们对新鲜事物的接受能力较强，并且善于运用新媒体进行社交与工作。新媒体宣传恰好满足了年轻人的需求，这就使年轻人对新媒体资讯的接收会更加主动，企业宣传工作也变得充满活力。

最后，合理运用新媒体技术，能够及时掌握企业的民风所向，尤其是合理掌握微信、微博等新媒体技术，为员工提供沟通交流的平台，宣传企业内部文化等。

（三）科学运用网络新媒体，提升企业宣传的效果

1. 强化新媒体与传统媒体的有效结合

不管是传统媒体抑或是新媒体，都具有各自的优点与不足。因此，企业宣传应该对传统媒体汲取精华、取长补短，充分利用其具备的优势，将其与新媒体进行完美结合，更好地开展企业宣传工作。一方面，企业应该全面分析新媒体与传统媒体自身具备的优缺点，并发挥传统媒体突出的公信力优势。另一方面，企业应将多种媒体进行有机结合，实现优势互补，并且以更加完善的方式进行企业宣传。企业若想进一步激发传统媒体发展的内在活力，就应该强化与员工的交流工作以及分析工作等。具体来说，企业应该以电子化的方

式实现宣传,运用企业官方网站、微信公众号、官方微博等新媒体平台,进行广泛的信息宣传与传播,这样既有助于合理运用平台资源,又能实现最佳的宣传功效。

2. 采用多元化的宣传方式与宣传内容

处于新媒体的网络时代,获取企业宣传和思想内容的渠道应当多元化,企业应提升新媒体中信息编辑功能、信息访问功能、信息制作功能、信息播出功能的有效应用,充分利用诸如微博、广播、网站、微信公众号等交流平台,进一步拓展信息传播渠道以及信息来源途径等,强化与员工之间的交流与沟通,进而不断提升新媒体平台的整体宣传力和亲和力等。此外,就宣传方式来说,企业应立足于当下实际情况,因地制宜地坚持多样化宣传方式。如果只是一味地模仿与照搬照抄,进行形式化的宣传,结果只会适得其反,不尽如人意,致使员工对企业宣传工作不重视,严重影响企业的形象。因此,企业应合理运用新媒体,并充分考虑到企业的实际情况,创新媒体宣传方式,开展多元化宣传模式,促进企业宣传工作的顺利开展。

3. 提升企业及宣传人员的新媒体应用能力

新媒体是一种创新性比较强的技术平台,若想合理运用并发挥出应有的效果,对企业宣传人员提出了较高的要求,宣传人员应该具备较高的技术能力与水平,才能确保企业宣传的实际效果与效率。

首先,企业应强化宣传人员的培训与考核,主要培育宣传人员的网络思维与新媒体应用能力,提升他们对新媒体技术的重视程度,并深入了解新媒体技术对企业宣传的重要作用。企业可以聘请一些专业性较强的技术性人员对其进行专业培训,以便宣传人员掌握一定的新媒体技术,更好地开展企业思想宣传工作。

其次,宣传人员应不断强化新媒体宣传思维。宣传人员应提高自身的思想敏锐性与开放性,突破传统宣传思维的束缚,发挥主观能动性,积极学习宣传知识与新媒体技术,了解时代发展的特征以及各年龄段员工的个性需求,了解企业宣传的内在需求,利用新媒体在信息传播中的优势地位,做好企业的宣传工作,助力企业的全面发展。

最后,企业应高度重视新媒体宣传工作,运用好新媒体技术。现阶段,我国社会经济形势严峻,企业的正常发展面临着极大的挑战。一旦企业难以合理调节,便会直接面临被时代淘汰的风险。因此,随着互联网技术的不断发展,企业的宣传工作应紧跟时代发展的脚步,以正确的宣传思维进行合理引导,进一步激发员工的积极性和主动性,不断促进企业的持续发展。此外,企业宣传管理机构,应提高宣传人员的考核标准,将宣传人员是否具备新媒体素养列入考核范围,以此督促企业宣传人员高度重视新媒体技术的应用。

(四)企业运用新媒体宣传存在的问题

多元化新媒体技术与平台的不断涌现,突破了传统宣传模式的束缚,推动了企业员工之间的交流与沟通。然而,就整体层面来说,新媒体在企业宣传运用中仍然存在一定的问题。一些企业对宣传工作仍然"走过场",只注重搞花样方式,缺少对内容方面的关注与投入。例如,有的企业虽然投入资金建设网站,但是宣传内容多是两三年前的内容,更新不及时并且缺少在线客服，对于员工提出的疑问长期无人解答，甚至一些企业网站平台设置的链接根本无法打开。除此之外，企业对于新媒体的应用范畴有限，在实际宣传工作中缺少创新性与时效性，导致宣传效果并不理想。因此，若想强化新媒体的有效运用，仍然需要进一步探索。

第六章　新时期石油企业宣传工作的创新策略

第一节　树立"宣传思想工作出效益"的新观念

一、石油企业思想宣传工作方法创新的依据

石油企业思想宣传工作方法的创新就是坚持以人为本，立足企业发展目标，坚持科学的思想宣传工作方法，坚持解放思想、实事求是的思想路线，在清楚地了解现实状况的基础上，积极借鉴现有思想宣传工作方法的有利内容，发展适用于当前企业思想宣传工作的新方法、新理念。石油企业的发展与职工的发展是互为前提、互为因果的密切关系，这决定石油企业思想宣传工作方法和理念的创新有其现实的必要性。

（一）依据新时代发展对企业的要求

整个世界的社会大环境都在发生着巨大的变化，在这个优胜劣汰的生存法则中，石油企业只有不断地更新，力争上游来适应社会与世界融合，才不至于被市场踢出局。

第一，随着互联网的发展，新兴技术的出现，为迎合科学技术的普遍化，石油企业思想宣传工作方法需要创新。当下我们处在"机不离手"的时代，它打破了传统信息传播的局限，不再有时间和空间上的限制，甚至都没有了国别上的限制，"翻墙"都成了一种流行。计算机已不再只做计算工作，人类的生存与它挂上牵连。这对于石油企业思想宣传工作而言带来了极大的便利，互联网、自媒体正在以光的速度在发展，企业所有职工成为信息的传播者也是信息的发源地，企业职工之间的互动与联系更加紧密。在虚拟空间里面职工可以肆无忌惮地发表言论，这种实践方式的改变决定思想宣传工作方法也要随之发生变化。

第二，全球化的进一步加深打破了各国相互隔离的状态，加速了各国之间的生产实践活动，加速了各企业之间人力资源的流动。在全球化背景下，各国之间的政治、经济、文化得到了即时的互动与交流，形成了相互依存的社会局面，而全球的石油行业也在为抢占石油市场使石油行业秩序呈现非线性的复杂局面。这为我们石油企业思想宣传工作方法的创新既带来了机遇也带来了挑战。一方面是机遇，全球化进程中打开各个国家的大门的同时也打开了人们的眼界，使全球的石油行业都能够进行系统的彼此了解和沟通，这样一来我国石油企业就可以深入地了解到其他国家石油企业类似于思想宣传工作的方式方法和理念，多视角全方位地加深对思想宣传工作方法的规律和本质的认识。通过比较和借鉴其他

企业先进经验、具体做法和应对策略，拓展石油企业思想宣传工作的方法和途径。另一方面是挑战，在我国石油企业思想宣传工作发展中存在着内容单一化、方法直白化、雷同化的现象，思维和视域受到了限制。在全球化背景下，随着各国石油行业交流对话的加深、异质文化的涌入以及多向度的思维方式，促使我国石油企业原有的思想宣传工作方法受到冲击。

第三，市场经济发展中所带来的利益纷争、人情冷漠给企业职工带来了极度的不安全感，此时他们急切渴望一些即时有效的工作方法来协调多方利益。另外，开放性、竞争性、利益性是市场经济最大的三个优点，但同时也存在着先天的盲目性、自发性、投机性和逐利性的缺陷。在这种情况下，既能使石油企业职工在思想上得到解放，同时也使他们的逐利思维得到扩大，这给石油企业思想宣传工作方法的创新在客体上提供了条件，也为现有的石油企业思想宣传工作方法进行有效的整合增加了难度。

（二）依据企业深化改革发展的要求

正所谓改革是一个国家或企业发展的动力，当下深化企业改革，做强做优做大国有资本是我们实现"两个一百年"奋斗目标的有力保障。目前我们的石油企业正处于全面深化改革的关键时期，越是关键时期所暴露出来的矛盾、问题的层次性就越多，并且越难解决，尤其是在进行利益调整过程中所出现的各种思想问题。但是这些问题都是需要我们去积极面对的，要想解决这些问题和矛盾不仅需要依靠我们的改革发展，更需要我们进行艰难的思想宣传工作，所以石油企业的各级领导必须要有大局意识、政治意识、核心意识、看齐意识，时刻保持清醒的头脑。

在石油企业全面深化改革的过程中，只有重视对石油企业思想宣传工作方法的创新，石油企业中的思想宣传工作才会"活"起来，也只有秉持创新的精神去探索和改进石油企业思想宣传工作的方法才能正确地发挥政治思想工作的作用，才能调动职工的工作积极性，增强企业的战斗力与凝聚力，以促进企业的改革和发展。

（三）依据企业职工自身发展的需要

石油企业思想宣传工作不同于一般的思想宣传工作。它伴随石油企业经济发展工作和职工发展工作，而职工的发展在现实生活中呈现理性与非理性的复杂性。

1.职工主体意识的增强

当前，出现两个主要的环境改变引起了企业职工思想观念的巨大变化，从内来说是石油企业内部结构的变化，从外来说是市场经济体制的转轨。企业职工思想观念的变化具有如下一些基本特征：由单一性走向复杂性、由狭隘性走向包容性、思想解放的主体性不断增强等。其中思想解放的主体性不断增强集中表现在企业职工具有较强的独立意识和批评意识。所以，在这种情况下，企业思想宣传工作者就不能仅做"传声筒"，职工也不能只扮演"接收器"的单一角色。

2. 职工对平等的要求提高

这里的平等，主要是从精神文化层面来理解的，即企业职工在精神追求和社会地位上的平等状态，不能认为平等就是无差别的物质上的"绝对平均"。随着社会主义现代化的不断发展，职工的平等意识也必然不断增强，这也从侧面展现出了我国法治化建设取得的显著成果。在这种情况下，企业职工的法律意识更是不断地加强，从而深入地了解到自己在企业中的地位，激发职工的主人翁责任感和企业活动参与意识。在这种情况下，企业思想宣传工作者必须树立平等观念，才能拉近与职工的关系。

3. 企业职工交往的范围扩大

随着社会的进步，石油企业的职工不断拓展了交往的渠道和方式，交往范围也不断拓宽。企业职工的交往已然突破了传统的交往方式，不断转向拥有共同的兴趣爱好、共同的价值观念为基础的现代交往，以网络为媒介的交往方式就是其中一种典型的现代交往方式。现代交往方式极大地拓宽了石油企业思想宣传工作的途径，也就增加了思想宣传工作的实施方法。也就是说，石油企业思想宣传工作者可以利用多种现代化的交往渠道展开具体工作，改变训导"客观世界"的传统工作方式，转而使用诱导"主观世界"的现代工作方法。

二、石油企业思想宣传工作方法创新的理念

在开放多元的社会中，在企业深化改革的背景下，企业的发展和人的发展都呈现出前所未有的复杂性，这为新时代石油企业思想宣传工作提出了新的要求。那么，在这样的条件下，石油企业的思想宣传工作就变得更加紧迫和繁重。联系工作者和工作对象的中介因素是方法，这是当前企业思想宣传工作者在工作过程中采取的基本方式和手段。对于石油企业来说，思想宣传工作方法的发展与创新是推进石油企业思想宣传工作改革，取得实效的关键。那么就需要探索研究新的路径，以谋求石油企业思想宣传工作方法的突破性发展。

（一）坚持以企业职工为本

强调坚持"以企业职工为本"的思想并不意味着坚持以个人为根本的观念，相反，强调"以职工为本"确保了充分调动石油企业职工的积极性和创造性，发挥了这一理念在工作过程中对激发职工的能动性和意识性的巨大作用。这种强化"以职工为本"的工作方法反映了在工作方法上的"为人观念"，放在石油企业领域中来谈就意味着以尊重、关心、理解、鼓舞、服务等具体的方式来鼓励员工，促使他们主动提高自身的工作能力和思想态度，从而实现促进职工全面发展的基本工作目标。

首先，要尊重职工，即把坚持"以职工为本"作为石油企业思想宣传工作的首要工作理念，即意味着不仅必须要尊重职工的物质生活等现实需要，也必须尊重职工的更高层次的精神文化需要，必须把尊重职工放在一切工作的首位。全方位地考虑石油企业全体职工的物质需要和精神文化需要，尽最大努力去实现职工的合理要求和诉求，只有这一要求才

能让职工在自觉的基础上不断地适应思想宣传工作的要求，朝着符合当前石油企业思想宣传工作要求的方向健康发展。要实现这样的工作要求，在工作方法上就必须想法设法地提高石油企业员工参与思想宣传工作的积极性，避免消极因素，广泛、全面地调动员工的积极因素，充分发挥人的主观能动性、激发人的创造活力。作为石油企业思想宣传工作者，必须要摆正自己在工作中的位置，要以相关法规规范自己的工作行为，必须要认识到尊重企业职工的权利的极端重要性，要加持以虚心的工作态度对待职工，充分了解他们的真实想法和要求。要让企业职工真正接纳思想宣传工作者的工作思路，必须要坚持平等对话，这样才能使思想宣传工作落实到职工的生活和工作中。

其次，要关心职工，这集中表现在石油企业必须坚持"以职工为本"的思想宣传工作方法，尤其是在工作中要全方位地关注职工的现实利益。全体职工到石油企业工作一方面是为了自身发展的需要，另一方面则是看重了石油企业是国企，经济效益很好，能够带给自己更多的实际经济收入。作为石油企业思想宣传工作者，在工作开展过程中，必须以关心职工的现实利益为出发点和落脚点，主动深入职工的生活和思想动态中，以利益载动，实现工作目标。

最后，要为职工服务。"以职工为本"意在强调思想宣传工作方法的构建过程中注重体现人文关怀，提倡以对人的关照、关怀等作为构建思想宣传工作方法的出发点，做到思想宣传工作者既是服务者，也是引导者。思想宣传工作的落脚点应该放在服务人的成长、服务人的生活上，以石油企业文化环境建设作为切入点，不断提高服务职工的能力和水平。

（二）加强理论指导实践工作

就目前在石油企业思想宣传工作方法，从总体来讲，进行指导方针、企业目标宣传等的知识性传达更强，而具体的实践性活动却相对较少。这样一来，就造成了许多困难，如让人难以正确理解石油企业最新的思想宣传工作目标和内容。所以，石油企业思想宣传工作者要秉持在方法建设上强化实践学习，真正做到将"知"践于"行"。

1. 加强石油企业思想宣传工作实际活动中的通畅性

这就得利用"知、信、行"的工作逻辑进行，在传统石油企业思想宣传工作活动中大部分都是集中学习，进行信息的传达和知识学习，但是关于如何做的问题研究不足。通常情况下，人的认知一般会经历不知—知之—信任—行动，这样一个复杂而又系统的认识环节。在这个环节中，企业思想宣传工作者只有做到了"知、信、行"各个环节的畅通，才能从内化和外化两个方面顺利实现既定的工作目标。

2. 基于调查研究，打好实践基础

工作方法的创新不是凭空捏造出来的，即便是捏造出了方法也经不起实践的检验。"没有调查研究就没有决策权"，面对新时代石油企业思想宣传工作提出的新要求——创新思想宣传工作方法，要对已有的思想宣传工作方法及其运用的实际情况进行一个细致、准确、全面、深入的调查研究，坚持从客观实际出发，全方位多角度，上到企业董事长下到企业一线员工。经过这样的一个实践调查之后所创造出来的思想宣传工作方法是经得起实践检验的，因而方法创新的过程不是一劳永逸、一蹴而就的。

3.树立实践第一的观点是解决思想的根本

必须"学习、学习、再学习，实践、实践、再实践"。实践是认识发展的根本动力，鼓励职工坚持求真务实，站好每一岗，时刻关注企业发展中存在的现实问题。

（三）发挥企业文化隐性引导

从石油企业思想宣传工作历史发展中看，有显性的工作方法和隐性的工作方法，但是在过去更加强调显性的工作方法，比如说灌输式的理论学习、直白式的批评教育等。虽然这类方法比较直接，立场也十分鲜明，但是长此以往下去工作形式就显得有些枯燥，作为企业不同层次的职工在理解上也会存在偏差和不够深入，同时难免会产生抵触情绪等问题。因此，职工主体性意识较强的今天，石油企业思想宣传工作方法必须突出隐性指导。企业文化的隐性指导主要包括企业物质文化环境和企业精神文化环境，它是一种无意识的工作方式，渗透性较强。

1.要加强物质文化环境中的思想宣传工作

这里的物质文化环境主要包括石油企业整体规划和石油企业网络环境的优化上。对于石油企业物质环境来说，就是结合石油企业的特色，以美的标准来规划和建造企业，比如娱乐、运动场地的修建，以及其他建筑设施的装饰使其富有时代感和艺术性，形成一个干净、整洁、利落、有趣的石油企业环境。通过对石油企业物质环境的改善，使石油企业职工受到良好企业环境的熏陶，从而焕发出积极向上的精神风貌。对于网络环境的优化上，石油企业的思想宣传工作要稳扎稳打地占领网络舆论方向，实现"虚实和谐，即虚拟与现实之间的和谐相处状态"，营造良好的网络工作环境。

2.要加强石油企业精神文化环境中的思想宣传工作

"人创造环境，同样，环境也创造人"，石油企业精神文化环境体现的是一种精神形态的氛围。这种精神形态贯穿于石油企业思想宣传工作者和企业职工的日常生活中，它体现了整个石油企业全体职工的集体价值观。那么将石油企业思想宣传工作内容的教育性以"随风潜入夜"的形式融入到文化活动中去，这样一来职工在接受和吸收上就不会产生抵触和不满，从而形成符合石油企业思想宣传工作目标的企业文化环境，这将在石油企业职工思想上铸成一道坚实的"墙"。

（四）兼顾企业职工个性发展

石油企业全体职工归根结底都是人，是人就有差异，作为石油企业思想宣传工作者就应当尊重职工的个体差异，始终要重视差异施教法在思想宣传工作中的重要作用，不断强化职工的个性发展，根据职工的真实生活状况和心理、年龄等来规划工作过程中的各个流程，恰当地选择科学的工作方法来影响职工群体。既要坚持积极促进职工个体素质的不断提高，帮助职工在石油企业大家庭中自由而全面地发展，又要重视作为群体的思想宣传工作的引领。同时，个性发展在马克思主义中作为人的全面发展的重要组成部分，蕴含着丰富的内涵，是指导企业职工思想宣传工作的思想指南。

一方面，强化石油企业思想宣传工作者与职工之间的互动，这种互动模式是在平等地位的基础上实现双向沟通和交流。在互动的过程中要有倾向性地调动职工的好奇心，鼓励他们勇于提出问题，拓展思维空间，这样一来才能真正地了解职工的性格特征，同时也能第一时间掌握他们的思想动态。采取因材施教的办法，结合新时代党和国家对石油企业提出的新要求，将传统的授之以"鱼"的工作方式积极转化为授之以"渔"，从而将石油企业职工潜在的能力激发出来，促进独立思考、独立解决问题等方面的能力不断提高。因此，要提高企业职工个性化的素质，必须在石油企业思想宣传工作者与职工之间采用互动式学习的方法。另一方面，强化石油企业思想宣传工作过程中的人文情怀。尤其是思想宣传工作者在每一次访谈中面对职工都需要增强情感的投入，坚持关心、爱护、尊重职工的原则，给予职工内心深处的温暖，满足其个性发展的需要，进而塑造职工高尚的思想品德，从而促进石油企业又好又快发展。

三、石油企业思想宣传工作方法创新的原则

创新石油企业思想宣传工作方法就要以坚持正确的原则为有效保障和行动准绳。我们要坚持一般方法与具体方法相统一、共性方法与个性方法相统一、方法选择与内容选择相统一、方法继承与方法创新相统一之上进行思想宣传工作方法的创新。

（一）一般方法与特殊方法相结合的原则

石油行业发展至今的几十年时间里，形成了许多具有石油特色且行之有效的方法，同时也借鉴了许多其他学科和其他行业的科学方法，并总结归纳出了一般方法和特殊方法。其中石油企业思想宣传工作方法运用到的一般方法也就是通用的方法主要有理论学习法、批评与自我批评法、心理咨询法、典型示范法等。特殊的方法有精神激励法、利益激励法、"九热一冷"工作法等。

在石油企业基层工作小组中开展集中学习，比如以前提倡的集中学习"两分法""两点论"，现在开展的"两学一做"学习教育实践活动，这些都属于理论学习法中的具体实施内容，理论学习是充分发挥了理论宣传的引领作用，以此来加强对企业职工的思想理论指导。批评与自我批评的方法作为我党三大优良作风之一，则是在各个行业和领域都能用到的一般方法，这也是石油企业加强职工教育的"良方"和"武器"。典型示范法是在石油企业思想宣传工作方法中运用得最多的方法之一，因为在石油企业历史发展过程中出现了许许多多像王进喜、王启民等这样的典型和榜样，这里面有正面榜样也有负面典型，他们成了企业生产经营中的标杆。在石油企业发展过程中也形成了只有石油企业才拥有的特殊方法，比如"九热一冷"的工作方法，此方法主要是指在一旬中，有九天"热"，一天"冷"。即是指每逢十日领导干部就要放下手中的活坐在一起开务虚会，总结前面的工作经验、学习上级指示以及分析当前和接下来的形势，从而把感性认识上升到理性认识上来。

石油企业思想宣传工作领导者把实践、学习、总结结合起来，把"冷"和"热"结合起来形成的"月初紧，月中狠，月末冷"的工作方法。一般方法在石油企业思想宣传工作中具有普适性，有利于石油企业思想宣传工作的平稳顺利和长远的开展，而特殊方法在石油企业思想宣传工作中具有针对性，它能快、准、狠地解决当下出现的棘手问题和突发情况，这些方法是个性与共性的统一。石油企业思想宣传工作方法本就有思想政治教育工作方法的共性部分和其专属于石油企业的个性特点。坚持一般方法与特殊方法相结合的原则本身就是遵循了石油企业思想宣传工作方法论的基本规律和基本要求。

（二）教育工作与管理工作相结合的原则

石油企业思想宣传工作既有思想政治教育工作又有企业管理工作，这两个工作方法都是石油企业蓬勃发展必不可少的重要工作方法。石油企业思想宣传工作者在对职工开展思想政治教育工作时尤其是对待青年职工，必须坚持教育工作与管理工作相统一的原则。坚持这一原则的原因有以下两点。

1. 石油企业思想教育工作与企业管理工作的目的是一致的

要认识到，思想教育工作的目的在于通过方法对企业职工的主观世界施加不同程度的影响，使他们的思想、文化水平、道德水平、职业素养与石油企业所要求的相契合并使之有所提高；而石油企业管理工作想要达到目的主要是通过相应的企业规章制度和各种法律法规对企业职工的行为进行约束管理，使企业职工的行为在规定章程和示范要求中进行，这些规范只是对职工行为的最低要求。

由此可见，思想教育工作是从职工内心世界出发对他们进行约束管理，而管理工作主要是从职工的外在行为出发对他们进行约束教育，这两者的目的都是更好地教育管理石油企业各个阶层的职工。正所谓内因是决定事物发展的根本，外因是决定事物发展的条件，只有内外因共同作用下才能促进事物又好又快地发展。那么，石油企业思想宣传工作方法创新过程中就需要坚持教育工作与管理工作相结合的原则。

2. 石油企业思想教育工作与管理工作之间存在密不可分的联系

"思想宣传工作是一切经济工作的生命线"，因此企业经营生产工作和管理工作的实施必然也是以石油企业正确的思想政治教育工作为基础，思想宣传工作对企业管理工作有着指导和保证的作用。假如没有思想宣传工作在前面做铺垫，管理工作将很难进入企业职工的"骨髓"，不能深入职工就意味着这些管理方法、管理内容得不到企业职工的理解和支持，反而会让企业职工产生抵制、反感的情绪等。这样不能被企业职工所接受的管理工作是无法在企业运行中正常展开的。同样的，思想政治教育工作在其表现上是"虚"的，思想政治教育工作要想发挥作用还需要通过日常的管理工作来实现。假如石油企业的思想政治教育工作没有在企业管理工作中落实，那么它永远只能是水中月镜中花，对于企业职工而言依然不能很好地践行，职工的思想觉悟也得不到提高，在日常行为中便不能自觉地去遵守企业的管理制度和法律法规。思想教育工作和管理工作就像是人的双足，离开了谁都将行动缓慢甚至跌倒。因此只有在石油企业思想宣传工作方法实施过程中坚持教育工作和管理工作相结合原则,才能将石油企业做大、做强、做优。

(三)方法选择与内容选择相统一的原则

思想宣传工作方法有很多,如一般方法、具体方法、综合方法、评估方法等,但是并不是所有的方法都适用于石油企业思想宣传工作,在方法的选择上要与石油企业思想宣传工作的内容相匹配,对症下药,坚持"一把钥匙开一把锁"的客观规律。

随着石油企业改组改制工作的不断深入,石油企业职工的身份也在发生变化。石油企业内部职工既是企业的员工也是企业的股东,既是企业的管理者也是企业利益的生产者,从大的环境上来讲既是单位人也成了社会人,这样一来企业的职工就有了双重身份。基于这种情况,那么在方法选择上就有依据当时职工的身份和企业对该部分职工所提出的具体要求进行具体方法的实施。这就需要我们运用具体问题具体分析的方法论原则,运用发展的观点去观察问题,时刻关注和考察企业职工的思想政治状况和心理情绪的变化,在企业职工的思想动态变化中找出他们的规律性、代表性、倾向性。以此来准确地把握职工思想变化的影响因素,以变应变并寻求与之相契合的方法。

以上企业职工身份的变化要求我们在石油企业思想宣传工作方法创新的实施过程中坚持方法选择与职工思想内容变化相统一的原则。此外随着企业改制的逐步深入,国家对石油企业的经营发展方向和思想宣传工作内容提出了新的要求。

(四)方法继承与方法创新相统一的原则

思想宣传工作方法创新的目的是为了加强和改进思想宣传工作以提高思想宣传工作的时效性,而不是为了提出"新"时尚。当然我们在企业改革改制中创新思想宣传工作方法不是说要将之前的方法都摒弃,如果完全摒弃了传统的工作方法,那我们现在的方法就如同空中楼阁,没有理论基奠。

除了要创造出新的工作方法之外还需要我们去改进老方法,赋予老方法以新内容、新功能。比如我们传统方法中的宣传教育法。宣传教育一直是我们石油企业思想宣传工作的重要方法之一,在传统宣传工作中更多的是将内容发布在报刊杂志上或者以媒体报告的形式表现出来,这些再往前追溯就是领导干部集中开大会,随后各级领导干部又在自己所在的部门进行宣传指导。这种形式在一定程度上会掺杂部分领导的主观思想和文件解读差异。那么现在随着时代的发展、互联网和物联网的发达,以上这些宣传方式依然是我们将继续的一种形式和途径,但是我们可以拓展其中更丰富的内容,比如将宣传教育工作纳入我们的网页浏览,或者是以趣味漫画等形式映入我们职工的眼帘;再比如利用宣传演讲报告、文体活动演出、专业技术比赛、开展劳动竞赛等企业职工喜闻乐见的模式开展好工作,这样既可以形象地进行宣传教育,同时也更能让我们的企业职工所接受。

另外,在进行批评教育的思想宣传工作交流的过程中不局限于办公室或者家访,我们可以利用微信平台或者QQ等进行非面对面的思想交流,这是为了给职工减压去迎合企业员工的心理需要。

第二节　宣传以企业需要为出发点

一、石油企业宣传思想工作的市场定位

（一）石油企业宣传思想工作走向市场定位，是新时期的客观要求

社会主义市场经济体制的建立和国有企业改革的不断深化，是关系到建设有中国特色社会主义全局的重大问题，是进一步解放和发展社会生产力的一次深刻的变革。

建立社会主义市场经济体制的新时期，石油企业市场化经营的新形势，客观上要求为之服务的宣传思想工作必须走向市场定位。

随着石油企业外部经济环境的变化和内部经营机制的转换，以及减人增效、下岗分流和再就业等措施的实施，各种新情况、新矛盾、新问题不断涌现，影响企业稳定的因素也在增加，石油企业职工队伍的思想、意识、道德观念正在发生着深刻的变化。在此情况下，企业宣传思想工作只有积极主动地从适应计划经济体制向适应市场经济体制转变，才能把握时代的脉搏；只有积极主动地从适应以原油产量为中心的生产管理机制向适应以经济效益为中心的市场经营机制转变，才能跟上新形势的发展。

当前，石油企业宣传思想工作走向市场定位，主要内容和任务是：宣传、教育、引导广大干部职工尽快适应市场经济新形势，摆脱长期以来计划经济对人们思想的束缚，转变思想观念，接受新的管理机制，使各项改革措施落到实处，激发职工群众积极投身于市场经济的大潮之中。为此，石油企业宣传思想工作必须充分发挥自身优势，发挥自身的最大效能，全方位服从服务于企业的经济发展，这既是社会主义市场经济的客观要求，也是石油企业实行市场化经营的现实需要。企业宣传思想工作走向市场定位，要有超前意识，思想先行，应率先进入市场，在市场中找位置，在市场中显身手。

（二）石油企业宣传思想工作走向市场定位，必须紧扣中心、服务大局

国家的政治方向决定企业的宣传导向，而宣传导向又体现政治方向。目前，搞好原油生产，实现降本增效，发展油田经济，是胜利油田各项工作的中心，是胜利油田工作的大局，是胜利油田最大的政治，这就要求油田的宣传思想工作必须牢牢把握发展油田经济这一工作大局，紧扣经济效益这一中心，全方位服从服务于油田经济发展。因此，把宣传思想工作有机地融入企业生产建设和改革发展的中心工作之中，紧紧围绕企业整体工作思路和奋斗目标，制订宣传思想工作计划，扎实开展工作，应是石油企业宣传思想工作的基本思路。其主要工作内容是围绕企业原油生产和生产经营管理工作，大力进行形势任务宣传教育，教育引导干部职工树立大局意识和产品意识，深挖细找工作潜力和经济增长点，实现企业的高速高效发展，围绕深化企业改革。

特别是中国石油石化管理体制的改革，应深入进行改革观念的宣传教育，引导干部职

工彻底抛弃封闭保守的旧观念，自觉树立改革创新的新观念，以实际行动理解改革、支持改革，保持企业的稳定和发展；围绕企业的市场化经营，对干部职工加强市场经济和现代企业管理方面知识的学习、宣传；通过多种形式进行系统的市场经济、现代化管理、成本管理等内容的培训，教育引导职工牢固树立市场意识和成本意识，进一步提高企业的生产经营和经济管理水平；围绕技术进步和技术创新，加大对科学技术知识的宣传、学习和普及力度，通过配备科技书籍、举办科技知识讲座等办法，教育引导职工牢固树立"科学技术是第一生产力"的思想，营造"尊重知识、尊重人才"的舆论环境，为油田的开发建设提供强有力的技术支撑和舆论氛围。

在市场经济新形势下，石油企业宣传思想工作必须把握大局，服从大局，服务大局，自觉为经济建设这个中心服务，做到与企业的目标同向、思路同频、声音同调、行动同步，才能得到各级领导的重视和职工群众的理解支持，并有所作为。

（三）石油企业宣传思想工作走向市场定位，必须虚功实做、务求实效

人们常说，宣传思想工作是务虚的，这是针对企业生产经营工作的"实"而言的。其实，宣传思想工作本身也是实的。它的工作过程是实的，工作内容是实的，工作结果也是实的。企业宣传思想工作走向市场定位，必须坚持一切从实际出发，实事求是的思想路线，努力在"实"字上下功夫，在"实"字上做文章，宣传思想工作才能见到实效。

企业宣传思想工作部门作为精神文明建设的主要责任单位之一，新形势下应根据发展变化了的企业外部环境和内部现实条件，及时调整工作视角，改变工作思路，主动延伸工作触角，把企业宣传思想工作的重点放在夯实基层基础工作，全面提高基层建设整体水平上。夯实基础工作，搞好基层管理，既是现代化企业管理的客观要求，也是保持企业稳定发展的现实需要。

基层是企业两个文明建设的主阵地，是公司改革与发展的基础，是我们一切工作的根本出发点和落脚点。宣传思想工作走向市场定位，就要及时抓住基层建设这一"实"功大做文章。主要方法是：通过加大宣传教育力度，统一思想，提高认识，在企业上下形成"没有基层稳定，就没有企业发展"的工作思路，把工作的着眼点和落脚点切实放在基层；要动员企业各部门、各单位方方面面的力量，通过多种行之有效的方式方法，进一步加大对基层干部职工的培训培养力度，提高干部职工的素质。

经验告诉我们，只要把"实"功做在点子上，只要能为企业解决实际问题，只要能把根扎在基层，只要能给基层以实实在在的帮助，宣传思想工作就能在企业走向市场的过程中找到自己的生存位置和发展空间。

（四）石油企业宣传思想工作走向市场定位，必须发挥优势、创出特色

宣传思想工作同生产经营等其他工作相比，既有共性，又有特点。其特点表现为外延大，内容丰富，融于企业发展的方方面面。发挥宣传思想，工作的特点优势：一是指自身的职能优势，宣传思想工作是做人的工作的，人是生产力诸要素中最活跃的因素，做好了

人的工作，宣传思想工作就会变成企业的优势；二是指所依附的企业优势，宣传思想工作是在一定的环境因素下存在的，它所依附的企业优势大，本身就是最好的宣传思想工作。企业宣传思想工作，要做到发挥优势，创出特色，就必须遵守其内在的规律性，突出其个性特点。

（五）石油企业宣传思想工作走向市场定位，必须抓好载体、形成合力

宣传思想工作是综合性、全员性的工作，它体现在企业每一名职工、每一件事情、每一个过程之中，人人、事事、时时、处处都离不开宣传思想工作，只有调动企业方方面面的力量，打破游离企业生产经营、只在宣传系统内部搞"小循环"的局面，才能使企业宣传思想工作走向市场经济大舞台，才能在市场经济的海洋里，与生产经营同企共舞、同兴共荣。为此，宣传思想工作必须有自己的载体，具体一点讲，宣传思想工作的载体就是活动，活动的载体主要指队伍和阵地。

在队伍建设上，企业应本着"精干、高效"的原则，适应新形势的要求，建立起上下相通、左右相连的宣传思想工作体系，建立起完善的宣传通信报道网络。尤其重要的是要用市场经济手段来管理宣传思想工作，按市场经济规律和思想政治工作规律办事，以物质激励为基础，以精神激励为保证，充分调动宣传思想工作队伍的积极性。在阵地建设上，要以投入到位带动宣传思想工作到位；充分利用报纸、电视、图书馆、体育馆文化广场等文化体育阵地，举办丰富多彩的文化娱乐和体育运动活动，以高品位的文化、健康向上的活动陶冶职工情操；充分利用企业业余党校、职工培训中心、各基层单位培训室等教育培训阵地，采用现代化的宣传教育手段，使宣传、培训、教育工作深入普及到每一个井站、每一座平台、每一名职工。

为使宣传思想工作真正服从服务于企业经济发展，必须结合不同时期的形势任务和原油生产实际，以生产建设和经济效益为中心，继续深入开展已被实践证明、行之有效的各项主题活动。以活动为载体，使宣传思想工作多方位、多层次渗透于企业生产经营的全过程，实现宣传思想工作与生产经营工作的大融合。

二、把宣传工作培育成企业新的生产力

企业发展的方向和内容已经发生了变化，而为思想宣传工作服务的工作方法必然也要随之发生变化。顺应新时代要求的石油企业思想宣传工作方法，必须根据石油企业生产实践的特征，从多个维度进行建构。所以，创新石油企业思想宣传工作方法要从以下几个方面着手。

（一）树立问题意识，创新思政工作方法

石油企业思想宣传工作方法创新需要有问题意识，问题意识的产生，这是一个开放的、动态的发展过程。主要是由思想宣传工作方法的创新要与时俱进发现问题的前瞻性、从企业思想宣传工作方法存在的实际问题出发实事求是地认识问题的多元性、以企业职工为中心注重解决问题的实践性三个层级递进而成，这个动态的开放过程蕴含着历史逻辑性

和现实逻辑性。因此当下石油企业思想宣传工作在方法创新上必须要突出问题意识，将历史与现实的双重逻辑与思想宣传工作理论所处的现实具体情况相结合。

石油企业思想宣传工作方法创新中突出问题意识的实质就是将石油企业思想宣传工作的理论与现实问题相结合，促进石油企业思想宣传工作方法论的生成，以此在实际工作中进行实践指导，在方法创新中突出问题意识。

1. 彰显出石油企业思想宣传工作在观念上的创新

思想宣传工作在石油企业历史发展中有着深厚的历史传统和政治优势，也形成了一套具有石油特色的思想宣传工作体系，石油企业的思想宣传工作者在进行方法创新的过程中需要对已有的理论本身进行历史性的把握，深刻体会到方法的创新只能从当下的问题着手。中石油企业董事长王宜林在认真学习贯彻党的十九大精神上强调在"学懂、弄通"十九大精神的同时也要发现集团中的问题，要将企业的优良传统与十九大精神所要求的新目标和新任务结合起来，充分发挥思想宣传工作为石油企业现代化建设提供思想保障。这就要求我们石油企业思想宣传工作要强调问题意识、坚持问题导向，避免思想宣传工作方法如"乌托邦"成为空想或是摆设，只有善于发现问题、分析问题、解决问题作为思想宣传工作观念创新的突破口，才能真正实现思想宣传工作方法的创新。

2. 突出问题意识增强了思想宣传工作方法的魅力

石油企业思想宣传工作方法的创新在以问题为中心的研究范式下，以科学的问题意识推动思想宣传工作方法创新。首先，在发现问题的环节上，石油企业思想宣传工作从来都是开放的。随着社会的发展和企业生产经营目标的改变，思想宣传工作中会不断地增加新的内容和方法，这其中必然就会产生新的问题和矛盾，面对这样的新变化，石油企业思想宣传工作研究者就需要从历史逻辑和现实逻辑上来建构适应当下企业发展的思想宣传工作新理论和新方法。其次，在认识问题的环节中，工作的科学方法源于对已有问题的准确认识和把握，认识问题、分析问题是问题意识中承上启下的环节，在方法创新中更加不能忽视。它迫切地要求企业思想宣传工作者在个人价值观念和企业价值观念上形成一种集体共识，以此实现石油企业思想宣传工作科学方法的形成。最后，在解决问题的环节上，解决问题也就是解决"怎么办"的问题，这是思想宣传工作方法论的核心内容，也是问题意识的归宿。在石油企业不断发展壮大的过程中，思想宣传工作逐渐成为石油企业强有力的思想武器，然而在认识和改造世界的过程中旧问题和新问题是呈螺旋式周而复始的过程的，随着旧问题的解决，新问题也会随之而来，因此石油企业思想宣传工作方法的创新既要源于现实又要高于现实，要具有前瞻性，这样才能更好地解决问题。

3. 突出问题意识拓宽了思想宣传工作方法的实践路径

实践是认识的来源，新内容和新方法都需要在实践中去检验，而发现、分析、解决问题也是在实践中诞生的，从而拓宽思想宣传工作方法在实践中的感召力、引领力和亲和力。首先，感召力的提高。在石油企业长期的思想政治教育工作中，特别是现在很多职工都认为思想政治教育只是纯粹的理论说教或是概念的叠加，对他们的实际生活没什么帮助。而事实上思想政治教育与企业职工的生活息息相关，思想宣传工作方法创新在坚持问题导向中以解决企业职工普遍关心的主要问题为突破口，推进思想宣传工作的实践，从而显示出思想宣传工作的优越性。当及时地发现并解决企业员工利益有关的关键问题后，企业职工便成了思想宣传工作的实践者，这样便赢得了民心，提高了感召力。其次，引领力的提高。石油企业思想宣传工作的重要目标就是凝聚企业共识，平衡企业职工多元价值与石油企业核心价值指导的张力。因此在解决实际问题过程中就要杜绝流水线式的工作方法，需根据不同阶层职工的特点、不同层次的职工最大公约数凝聚起企业主流价值观，以此提高思想宣传工作的引领力。最后，亲和力的提高。"最高限度的马克思主义＝最高限度的通俗化"将石油企业思想宣传工作的理论内容以最通俗易懂的方式呈现出来，用职工喜闻乐见的形式将深邃的理论内容讲明白，并在解决问题的实践过程中形成重要的方法，真正实现方法源于实践又复归于生活。

（二）落实对石油企业职工的人文关怀

"人文"是与"神文"相对立的思想理念，其核心是人本身就是目的。它的主要特征是尊重人的主体性，肯定人性的价值。所以，人文关怀就是尊重人在社会生活中的个性解放和自由平等，"用人的方式去理解人、对待人、关心人"。在石油企业思想宣传工作方法中，需要我们石油企业思想宣传工作者尊重石油企业员工在思想宣传工作中的主体性地位，从他们的现实生活出发，创造恰当的沟通渠道和交往平台，营造出和谐的对话氛围，主动身入基层，坚持平等原则开展对话与沟通，因为"对话既是自我超越的努力，也是一种在有限之中向无限的开拓，更是一种对精神之谜的尝试解答"。对他们的生活和精神倾注更多的关注，一方面将石油企业对企业员工的要求传达到位，另一方面是为了让企业职工及时地表达自己的利益诉求，主动向思想宣传工作者打开心扉。

石油企业传统的思想宣传工作曾经在我国石油企业生产实践发展的重要时间节点发挥了不可替代的作用。但是，在21世纪睁眼看世界的今天，多了"唯利"的现实和"有色"的眼睛，通常在对企业所灌输的理论性知识的理解和对企业现行政策的拥护取决于职工自身利益是否能够实现。那么，对于石油企业思想宣传工作者而言他们所做的工作要从职工生活中遭遇的物质与精神问题出发，还之以生活的本性，通过"解难""解惑"，实现"传道""授理"，让职工在感受企业人文关怀的同时，领悟到企业的思想宣传工作要求，进而实现二者的高度统一。只有这样，企业员工才能获得自由的、发展的、全面的"利益"。

加强对石油企业职工的人文关怀，应该从两个方面展开工作，即物质生活和精神生活。从物质方面来说，这是对职工进行人文关怀的前提条件，只有满足基础的物质生活需要，才能更进一步提高思想政治素养。这也是思想宣传工作中最深刻、最真实的基础，帮助职工解决生活中的困难，改变生活困境，改善生活条件，提高生活质量，这样才能激发企业职工对企业这个大家庭的情感，使他们感到石油企业思想宣传工作不是"空、假、虚"的，而是实实在在的。从精神方面来说，人作为社会性的存在，不仅有生物性需要，还有更高层次的精神需要。古希腊哲学家亚里士多德说过，人在社会生活中是具有理性的生物。而且，人这种具有社会性的生物的需要具有多层次性，那么，物质和精神需要同样具有多层次性。所以，不能仅仅关注到对企业职工的单一的物质关怀，要更加注重对他们的充满人性化的精神世界的理解和关怀。在思想宣传工作方法上，要关注不同层级员工的需求具有的差异性，关注到他们的个性差异和需求差异，了解他们的个体思想状况。坚持从个体到群体的分析方法，帮助职工认清自身与企业的相互关系，在思想上指导他们沿着企业发展的方向，拓展自身发展的空间，以此激发员工主动向上的积极性、创造性，促进人的自由全面发展。

（三）注重对石油企业职工的心理疏导

在整个石油企业内部职工众多，运用心理学的相关知识对石油企业职工的认知结构、行为、情绪以平等、真诚的方式进行疏导和沟通，以此来调节他们出现的行为失衡、对企业主流意识形态和社会主义核心价值观上出现的认知偏差、情绪上的失控现象。心理疏导的过程要更加注重双方的平等关系，这样才能调节和疏导职工的心灵，给予他们足够的关爱和信任，帮助企业职工构建起良好的精神家园，最终引导他们认识自身在认知、行为上的不足，共同寻找出解决问题的办法。相对心理学上的心理咨询而言，石油企业思想政治工作对职工的心理疏导要有所不同。心理学意义上的心理咨询是针对已有了心理疾病的人员的医治，但是石油企业思想政治工作中的心理疏导并非是对有心理疾病的职工进行的疏导调节，而是实实在在地面向企业职工的工作、生活，关注他们心理健康、人格完善以及潜能的发挥。对于这其中所遇到的问题进行通过思想政治工作者以平等的态度借鉴心理学的相关方法去帮助企业职工解决问题，最终使自己的发展目标与企业整体发展的价值目标达到统一，产生事半功倍的工作效果。

首先，石油企业要重视对企业职工的心理健康管理，不仅要将其作为思想政治工作，同时也要将其纳入到日常的管理工作中去。比如在集团内部举办心理管理师的能力培训班，为所属企事业单位和总部员工提供心理管理师岗位能力培训，这些心理管理师既是企业的心理咨询师又是企业的思想政治工作者，在工作过程中将两者有机结合与渗透。对于已产生了心理疾病的员工进行有效的心理治疗，而对于只有轻度的情绪紊乱的员工只需要做一些疏导、劝导工作即可。在这一工作上某公司便成了石油企业的模范单位，因为该公司被中国职业安全健康协会授予"全国职业安全健康先进单位"荣誉称号。

其次，石油企业无论是子公司还是总部都要邀请心理专家与企业职工进行交谈，以缓解员工心理压力，讲授应对办法，培养积极健康心态。尤其是对地处盐碱荒滩、大漠戈壁等自然环境恶劣的一线员工，他们无论是在生活上还是在工作上都是极为艰苦的，来自生活和工作上的压力都比其他地区的职工要大得多，为他们专门开展类似于"阳光心态与心理知识"的讲座，可以帮助他们释放精神压力，在心情舒畅的精神状态下实现最佳的工作状态和乐观的生活态度。注重对企业职工的心理疏导不能只局限于对企业职工中所出现的问题进行工作，更是要防患于未然，比如，完善员工的休假、疗养制度，推进心理健康建设。

最后，石油企业在战略发展上已形成了五大跨国油气合作区，这其中有很多国家和地区的基础设施较差，那么对于地处偏远、医疗设施缺乏、生活条件比较艰苦的海外作业的职工，企业要坚持开展如"送健康送阳光到海外"这样的活动，对员工们开展心理咨询和心理健康辅导，有效缓解心神压力，时刻为海外工作人员送温暖、送福利。

第三节　提高宣传工作队伍综合素质

做好新闻宣传工作的关键在于人。要树立新闻宣传也是生产力的理念，要舍得投入，努力造就一支政治素质好、理论功底深、业务水平高、人员稳定的宣传队伍。具体来说应做到以下几点。

一、突出"工匠精神"为特色的职业道德教育

社会主义职业道德主要包括爱岗敬业、诚实守信、办事公道、服务群众、奉献社会等内容，是社会主义条件下对劳动者的一般道德要求，而以"敬业、精益、专注、创新"为基本内涵的工匠精神是社会主义职业道德的特色内容。早在石油会战时期，周占鳌和他带领的十一中队就提出了"严在针尖上，细在发丝上""宁要一个过得硬，不要九十九个过得去"的响亮口号，其"五毫米见精神"的故事更是在大庆油田广为流传。其表现出的对工作精益求精的严谨态度，随着时代的发展与变迁历久弥新。当今社会大力弘扬的"工匠精神"是对"五毫米见精神"的传承与发展，也是对铁人精神、大庆精神的发扬。

党的十九大报告对全社会提出"弘扬劳模精神和工匠精神，营造劳动光荣的社会风尚和精益求精的敬业风气"的要求，对石油企业开展以"工匠精神"为特色的职业道德教育有重要的指导作用。近年来，低油价常态的压力使石油企业纷纷通过技术创新降低企业成本，以此作为石油企业求生存的重要手段之一。有人对石油企业在降成本的同时强调工匠精神产生疑问，甚至有人提出这是相互冲突的，还有人质疑在追求效率优先的当代社会培育工匠精神是否具有可行性。笔者认为，类似的观点是对工匠精神价值的曲解。一方面，对企业员工而言，以"工匠精神"为特色的职业道德教育体现在对工作认真负责、敬业乐业的态度上。只有企业员工在热爱自己岗位工作的前提下，才会在工作中投入百分之百的热情，才会产生对产品负责的专业态度。员工对工作认真与否直接决定了产品质量高低。因此，培育员工以"工匠精神"为特色的职业道德教育是石油企业生产出一流产品的重要保障，也是培养石油企业员工对企业的责任感与认同感的重要途径。另一方面，对石油企业而言，以"工匠精神"为特色的职业道德教育可以促进员工创造性的发挥，提升企业的核心竞争力，使企业依靠一流产品与先进技术在众多竞争者中立于不败之地。

在对石油企业员工进行以"工匠精神"为特色的职业道德教育时要注意以下几个方面。

首先，培育与弘扬工匠精神与企业文化建设相结合。目前，许多生产制造业公司将工匠精神作为企业文化的重要组成部分，运用企业文化"润物细无声"的优势将工匠精神渗透到每一位员工的心中，更是落实到每一岗位的实际生产过程中去。石油企业思想宣传工作可以借鉴这一载体，积极进行以"工匠精神"为特色的职业道德教育内容的思想宣传工作。

其次，在石油企业每一生产部门设立标杆榜样，重点表扬将"工匠精神"落实到生产中的员工个人，发挥其模范带头作用。例如，中国石化集团公司化工分部裂解车间班长张恒珍在从事乙烯制造这一高危行业时始终保持操作"零差错"的记录，用精益求精的工匠精神感染车间的其他人。

最后，要在全企业范围内营造尊重工匠、崇尚"工匠精神"的良好氛围。彻底改变部分员工对工匠的曲解，形成尊重劳动、尊重知识、尊重创造的企业文化氛围，为加强以"工匠精神"为特色的职业道德教育创造良好的环境。

二、强化"价值引导"为内核的网络信息安全教育

党的十九大报告中指出："要坚持正确舆论导向，高度重视传播手段建设和创新，提高新闻舆论传播力、引导力、影响力、公信力。"由此可见，党和国家高度重视意识形态工作领导权。但是当前随着互联网的普及，出现了不法分子运用网络恶意抨击和抹黑我国的现象，如何遏制这种现象的发生成为棘手的问题。对于石油企业思想宣传工作而言，运用网络为载体对企业员工进行石油企业思想宣传工作的宣传与教育愈加受到推崇，但同时石油企业员工作为网民同样易受到不良言论的影响。因此，把握石油企业思想宣传工作内容时代化的重要着力点之一就是要强化"价值引导"为内核的网络信息安全教育，注重提升石油企业员工对网络信息的判断力与甄别力。

加强对石油企业员工进行"价值引导"为内核的网络信息安全教育具有积极的现实意义。一方面，帮助石油企业员工清晰地辨别不实言论，坚定政治信仰。现如今，西方国家运用网络向我国输出资本主义的政治制度、价值观等方面的问题尤为突出，甚至有少数网民利用极端事件恶意造谣，污蔑中国社会甚至中国共产党。例如利用贫富差距、腐败现象等借机全盘否定党的作用；极少数人打着学术研究的旗号发布马克思主义过时论等错误言论以博得网友的关注。加强对石油企业员工的网络信息安全教育可以使员工坚决抵制上述不良言论的发生与传播，坚定政治信仰，牢把信息安全关。另一方面，避免石油企业员工受到错误言论的影响，保证石油企业思想宣传工作的良好效果。石油企业思想宣传工作的内容均是积极的、正面的，网络信息安全教育也是如此。加强网络信息安全教育的最大作用在于使石油企业员工在面临网络上的错误言论时做出正确的判断，进而坚决抵制。这样一来就不会出现网络中的错误言论导致减弱石油企业思想宣传工作效果的情况，思想宣传工作的各因素易形成积极合力，更易保证石油企业思想宣传工作的良好效果。

加强石油企业员工的网络信息安全教育可以从以下几个方面着手。

第一,坚定不移地以新时代中国特色社会主义思想为行动指南,巩固马克思主义在文化领域的引领作用。网络信息会对人们产生不良影响的根本原因在于人民的理想信念不够坚定,因此进行网络信息安全教育的首要任务就是要加强理想信念教育,坚定人民的政治信仰,这也是石油企业思想宣传工作的核心内容之一。在当代,坚决拥护中国共产党的领导,坚持以新时代中国特色主义思想为行动指南,坚定马克思主义在文化领域的引领作用,践行社会主义核心价值观是加强网络信息安全教育的根本所在。

第二,吸引石油企业员工对主流媒体的更多关注,使石油企业员工接触更多的社会正能量。我国网络党刊、党媒的发展迅速,新华网、人民网、人民日报微信客户端等主流媒体随着互联网的发展对人们的影响越来越大。近年来,主流媒体的微信、微博客户端具有较强的可读性与吸引力。因此,加强石油企业员工对主流媒体的关注,接受更多的社会正能量,对于坚定人们的信心等方面具有积极意义。

第三,对石油企业员工加强网络安全法律法规的教育,用法律手段规范人们的行为。对石油企业员工进行网络安全法律法规的教育是为了给予警示作用,使他们明确发布网络不良信息的严重后果,彻底打消个别员工的错误想法。

第四,增强石油企业员工共同净化网络环境的责任感。对于某些严重影响网络环境的恶劣信息,应鼓励石油企业员工对其进行依法举报,努力培养员工"净化网络环境,人人有责"的意识。例如,向石油企业员工推广"12321网络不良与垃圾信息举报受理中心"的使用方法,使员工在举报过程中进一步增强网络信息安全意识。

三、倡导"全员创新"为要点的创新创业精神

石油企业创新创业精神教育是指思想宣传工作者有目的、有计划地培养员工的创新素质,提高员工创新能力的同时,培养员工的进取心、创造性、探究精神、冒险精神等心理素质的教育活动。在"大众创业、万众创新"的号召下,培育创新创业精神教育已经成为不可逆转之势。一方面,开展创新创业教育是推动企业经济建设,提升企业竞争力的要求。石油企业员工的创新意识与创新能力直接决定了石油企业创新能力的高低。因此积极开展创新创业教育不仅可以提升企业的创新能力,将创新能力转变为生产力,从而促进企业经济的快速增长。同时,创新能力越来越成为当代企业的核心竞争力,唯有创新才会进步。特别是对于石油企业的研发部门来说,尤其需要具有卓越的创造力。另一方面,培养高素质的员工队伍需要进行创新创业精神教育。加强企业创新创业精神教育,培养员工的进取心、创造力、探究精神、冒险精神等心理素质便于员工更好地完成石油企业的工作任务,激发出企业创造性发展的活力。因此,无论是创新精神、能力还是进取心、创造力等素质均是衡量员工的重要指标,也是建设高素质员工队伍的必备条件之一。

创新创业精神的培养贵在全员,要树立"人人创新、处处创新"的全员创新理念。创新创业精神培育的对象不仅局限于科研工作者,更要树立基层员工、基层单位全员创新的浓烈氛围,增强企业的创新活力与成效。某采油厂的高级采油技师何登龙在采油岗位上刻

苦钻研、勇于创新。初中文化水平的他通过自身的努力，解决了170多个生产难题，为采油技术提出85条建议，取得创新性成果59项，同时他发明的"绷绳耐磨器"还获得了国家专利。据资料显示，该采油厂开展的全员创新性活动取得了丰硕的成果。几年来，共获得国家专利57项、公司重大技术革新成果83项。事实证明，任何岗位的员工都应具有创新能力。时代的发展、企业的变化使创新影响到企业的方方面面，创新不再是科研技术人员的专利。由于创新创业精神教育属于精神层面的教育，不能单纯地通过理论教学达到目的，因此需要依托以实践活动为核心的载体进行教育。

首先，思想宣传工作者要精心设计针对石油企业各生产部门不同情况的活动。例如举办"创新技能大赛"等竞技型比赛，使石油企业员工通过各项技能的比拼提高创新能力与创造力；开展"创业精神分享会"等具有感染力的讲座，邀请各行各业的专家分享他们的创新创业经历，激发石油企业员工对创新创业的浓厚兴趣等。

其次，要为创新创业精神教育的培育营造良好的氛围。各生产单位应针对创新创业项目设立专门的基金，大力支持石油企业员工参与各项创新项目，为石油企业员工的创新精神培育提供物质保障。同时要设立专门的创新奖项，鼓励具有创新创业精神的员工等。

最后，创新创业教育应以提高基层员工实际操作技能和业务理论水平为重要着力点，不断提高员工的业务素质与能力，为创新思维与创造能力的发挥奠定牢固基石。

四、注重"学会调适"为目标的心理健康教育

心理健康教育之所以必要是因为随着社会压力的增大，心理健康问题逐渐成为影响现代人健康生活的突出问题之一。现代人在面对问题时易表现出焦躁、孤独、抑郁等不良情绪，更有甚者因缺乏科学的心理疏导最终演化为心理疾病。因此，石油企业思想宣传工作内容之一的心理健康教育要以教会员工"学会调适"为目标，这也是石油企业"以员工为本"理念的生动体现。

以"学会调适"为目标的石油企业心理健康教育是指石油企业思想宣传工作者运用心理学的知识与手段，有计划地对石油企业员工进行心理辅导与良好心理素质的培养。旨在通过解决石油企业员工所产生的心理困惑及心理问题，使员工保持积极健康的心理状态的教育活动。石油企业心理健康教育所包含的内容非常丰富，既包括心理辅导、人际关系指导、情感宣泄指导等心理健康的维护，又包括对出现心理问题的员工行为进行矫正与治疗。

近年来随着某些极端事件的发生，石油企业心理健康教育受到普遍关注，企业逐渐意识到加强企业员工心理健康教育的现实意义。

（一）加强石油企业心理健康教育是企业员工的迫切需要

目前，石油企业员工承受着来自方方面面的压力，企业员工想要谋取更高的职位与更好的发展，需要在日常工作中保持高度的紧张状态，竞争激烈的工作环境是石油企业员工面临的压力之一。除此之外，处理员工与领导、员工与客户、员工与员工等人际关系与婚

姻家庭、子女教育等方面也存在不小的压力。特别是石油企业工作的流动性较大，常年累月的出差使得单身员工的恋爱与婚姻问题得不到很好的解决。种种压力与矛盾的存在使得企业员工易在困难面前情绪爆发，心理问题也随之而来。因此，加强石油企业心理健康教育是为了使员工的情绪得到更好的宣泄，在面对问题时能够坦然应对，是企业人文关怀的重要表现。

（二）加强石油企业心理健康教育也是企业稳定发展的需要

员工的消极情绪不仅对其个人生活带来极大的困扰，也会严重影响工作质量与效率。以"学会调适"为目标的石油企业心理健康教育可以从以下几个方面入手。

一是密切关注石油企业员工的心理变化，做到"未病先防"。石油企业思想宣传工作者并非专业的心理从业人员，因此不能解决严重的心理疾病问题，但可以通过密切关注员工的心理变化，在员工出现情绪异常等现象时及时进行疏通与引导，防患于未然。

二是在同一生产部门内划分心理健康小组，定时开展小组活动，利用企业员工自己的力量解决问题。由于同一小组的员工之间相互熟悉与了解，员工更易敞开心扉表明自己的困惑，心理疏导也就更具实效性。

三是特别关注企业中的困难员工与特殊员工。企业中的经济困难员工与特殊员工是极易爆发消极情绪的群体。石油企业思想宣传工作者要通过经常性的谈话与交流及时倾听他们的需求，从问题根源处着手避免员工不良情绪的累积与爆发。实现石油企业思想宣传工作内容时代化要牢牢抓住企业党建工作、企业文化建设两个重要着力点，强化职业道德教育、网络信息安全教育、创新创业精神教育、心理健康教育四个方面的内容，在新形势下融入时代新元素，创造出具有石油企业特色的思想宣传工作内容体系，是新时代思想宣传工作者的重大责任。

五、改善石油企业员工培训方式

（一）转变管理理念

在目前主要以专业技能和理论为发展资本的经济社会，只有将劳动力视为主要的资源，通过不断的培训改造，经过企业管理对人力的合理调配，最大限度地使劳动力发挥技能优势，不仅能促进企业人员的全面发展还能助力企业的发展。强调以人为本，着重重视企业的员工培训，并秉持着对员工负责的态度，制定能够实现其自身价值的全方位培训条件，促使员工能够在专业技能方面上不断提升，丰富自身才能，为企业发展提供自己的一份力。例如，某公司在公司内部建立"传帮带"的人才培训机制，主要以骨干老员工带领低级员工的形式，来展开"一人一单式"的培训方式，形成新老结合的新型培训机制，通过老员工的工作经验来对新员工进行日常化培训。公司明确员工能力与公司发展联系的密切性，坚持将员工职业生涯与公司发展相结合，通过新型的培训理念，定期对员工进行培训教育。不仅锻炼了低级员工的专业技能，还带动了其工作的主动性和创造性，加大发挥企业内部员工的自身潜力。

（二）树立全新培训思想

员工培训不仅在于其学习的内容，更重要的是通过此方式而营造的内部学习氛围，方便提升员工的学习能力和规划学习方向，创建企业内部的学习性组织，帮助员工发展能够影响整个职业生涯的学习技能，全面建立企业员工的价值观，通过员工自身的不断发展从而带动企业全面发展。在对企业员工进行定期培训时，应当创建优秀员工组织，以企业队伍的形式投入到实际的工作中去，更好地促进企业的经济效益和社会收益。另外，应将培训当作一项建设企业员工制度化和管理企业人力资源的活动，在培训期间不断提升员工的主动性、创新性，以确保企业利益的提升，完善员工的综合素质和专业能力，使员工的职业生涯能够从中受益。加大对企业员工培训整体思想的要求，不仅要树立一种全方位、多层次的理念，还要对全体员工进行整体培训，充分结合员工的职业生涯进行有针对性的设计，将实际的培训改造成一项职工改善自身机会，促进职业技能提升的同时，也能锻炼其职业素养的提高。

（三）确立实际培训内容

针对培训需求的不同程度进行分析，在规划各项培训活动的初期，培训部门应着重对企业内部人员的技能、经验等进行全面的分析，确定企业的培训内容。另外，培训部门需要适时对培训内容进行重新整理。一方面，极力确保培训质量，应按照不同学历、岗位、技能水平、经验等多方面综合因素进行培训课堂调整；另一方面，提升员工的素质水准和公司形象，不仅能够对员工的综合素质进行改造，同时也能扩大公司的影响力。针对所培训的对象，应确定到每一个员工和公司各部门中。例如，某公司在开展员工培训时，强调培训内容需精准有效，使员工提升精准意识，注重调研过程，分析清楚各员工素质状况和需求方向，培训部门要针对专业、技术书评，区分员工层次，针对各类员工的实际需求制定不同的培训内容，科学地对组员进行规划，合理编排小组，结合实际课程的进展，进行培训内容的调整。确保对企业内部的资源合理规划，最大限度激发员工潜能，以达到提升技术水平的目的，促进企业的稳定发展。

（四）完善培训方式

员工培训的具体实施和形式应具体问题具体分析，根据员工的实际情况进行调整，灵活调整课时时间，在培训时间上也应该根据受训员工的个人情况和学习方式，进行科学规划。比如，定期举办讲座、多媒体课件、案例教学等多种方式，以提升实际培训的效果，确保员工技能的不断提升，丰富知识面，从而提高和工作的契合度。高层的管理人员应着重进行知识面、管理水平等培训，以便于能够增强对企业的管理。在企业的一线工作人员中，应进行系统的操作技能和职业知识的培训，丰富对自身职业的了解程度。专注于对企业实际建设有用处的培训，摒弃一些不符合企业发展实际需求的、浮于表面的培训，以提高企业以及员工的发展，增强整体战斗力。例如，某公司在提高全体工作队伍建设中，从提升员工的专业技能和职业职能入手，采用"三步法"的培训方式对底层员工进行针对性的培训，通过师带徒的方式，使培训工作更加人性化，在员工的专业技能提升中起到良好的效果。

（五）构建待遇机制

应借助培训的学习氛围，加强对企业内部文化环境的改造，对人才的管理加以强化，人才资源进行合理调配，企业内部的管理机制加以完善。尽最大能力挖掘员工的潜能，并为其创建能够发挥自身水平的舞台，为提升员工技术水平创造有利条件。构建企业内部的人员考核体系和自我评价，调整人员的调配制度，将外界竞争的意识引进到调配体系中，确保员工的职位、福利制度、业绩有相应的管理标准，可以适当地以物质奖励来充分调动员工学习的积极性，打造一个良好的学习氛围。另外，也可将这种物质奖励带入到工作中，对实际的工作加以评测，定期进行员工奖励。

六、构建企业员工激励模式

（一）构建激励模式的原则

在构建基层员工的激励模型时，要参考基层员工的工作特点、能力特点、心理需求和对激励因素的喜好，保障激励模型能够有效运行并获得员工满意的结果。其构建激励模型实质是要求管理人员从基层员工的心理需求和影响激励因素角度出发进行人性化设计，通过物质激励和非物质激励方式满足基层员工各层次的心理需求，从而更好地激发基层员工工作热情和主观能动性，使设计的激励模型能够达到预期效果。管理者在设计基层员工激励模型过程中需要遵守以下几点原则。

1. 物质激励与精神激励相结合

在构建激励模型过程中，不要忽视金钱的作用。首先要非常注重物质激励方式，其次管理者也要注重精神激励方式，管理者随时随处的一句鼓励话语、一个肯定的肢体动作或关键时刻伸出援助之手"雪中送炭"，不仅减低企业成本，并且提高员工的忠诚度和工作积极性。因此，使用物质激励和精神激励相结合原则构建激励模型不仅能使物质激励满足基层员工的低层次需求，也能使精神激励满足基层员工的高层次需求，通过两者共同作用来起到激发员工的效果。

2. 正激励与负激励相结合

诺贝尔心理学奖获得者卡尼曼曾经说过：在可计算的大多数情况下，人们对损失的东西价值估计高出得到相同价值的两倍。员工得到的比期望多则会开心，失去的比预期多则会非常愤怒痛苦。如果只有或过于正激励容易使员工在追求利益的过程中用不良手段而失去优良本性，在企业内部形成明争暗斗、尔虞我诈的风气；而负激励能够修正员工的行为，抑制不良现象发生，保障企业未来发展。因此，建立激励模式要正强化与负强化相结合——奖惩明确、奖罚分明、科学的绩效考核保持激励的公平性。

3. 内在激励与外在激励相结合

赫兹伯格认为企业管理者采用给予员工涨工资、奖金以及各种形式的福利可以提高员工基本生活和健康水平，设置晋升岗位和荣誉称号让员工工作有激情，这些激励与工作本身无直接关系，属于外在激励；而员工对工作本身的兴趣以及从中体会到的个人价值和责任感属于工作本身激发员工的内在积极性，被称为内在激励。单独的内在激励或外在激励对员工的作用是有限的。因此，管理者建立激励模式要注意内在激励与外在激励相结合，使员工不仅产生对企业的满足感，而且对工作也产生满足感。

4. 按需激励

按照激励的概念，员工的行为和动机是由心理需求驱动的，人的需求是动态变化的，当一种需求得到满足，就会转向其他需求。管理者应当针对基层员工的具体情况进行个性化和人性化激励。个性化激励是在激励模型的建立过程中要根据基层员工的个人需求而定制激励制度；而人性化激励是在激励模型的建立过程中要以人为本，充分将物质激励和精神激励有效结合，确保激励模式能够达到预期的激励效果。因此，构建激励模式时要认清个体差异、实施个别化奖励、按需激励，不仅满足基层员工个性化需求，而且保持人与职务相匹配。

5. 组织目标与个人目标相结合

组织目标是指单位或部门争取达到一种预期的目标或结果，它是组织机构开展各项活动的依据和动力，代表着一个组织的未来方向。员工在组织机构中从事某项工作并帮助组织实现战略目标时，组织能够帮助员工实现自己的个人目标，并且满足其个人需求。因此，管理者在构建基层员工激励模型时要保持组织目标与个人目标相一致，实现最大限度的兼顾，让员工个人认为期望目标和效价是可以达到的。

6. 严格管理与思想工作相结合

"国有国法、家有家规"，企业无严格制度不仅会带来管理上的混乱，甚至会使企业倒闭、破产。从严管理是管理者保证企业安全生产、顺利落实规章制度的有效手段。但是，单独的行政手段不能解决所有问题，通过对员工思想教育，提高职工的思想觉悟和遵守企业规章制度的自觉性，降低或取消员工对惩罚的抵触情绪。因此，管理者在构建基层员工激励模型时要把严格管理与思想工作有机结合在一起，引导员工自觉把规章制度转化为自己的行动规范，化解企业与员工之间的矛盾。

（二）构建激励模式

根据构建激励模式的原则和第四章影响激励因素调查问卷的研究结论，提示企业管理者在构建基层员工激励模式过程中不仅要包含薪酬福利、安全保障、职位发展、精神激励等因素，还要尝试将激励过程建立成循环模式，激励效果能够及时反馈给管理者，从而进一步完善激励机制，充分发挥激励的作用。石油开采企业基层员工激励与生理、安全、尊重因素呈正相关性。

首先，薪酬福利激励主要通过基本工资、绩效奖金、福利待遇等方式满足基层员工的生理需要，而工作环境机制主要通过文体活动、团队合作、培训等方式满足基层员工的生理需要；其次，安全需要主要通过企业制度（主要是安全管理规定）、发放劳动保护用品等激励措施满足基层员工的安全需要；最后，尊重需要包含员工发展机制和企业发展机制，其中员工发展机制主要通过技术技能晋级、职务晋升、参与公司战略决策、工作业绩被认可等方式满足基层员工的尊重需要，而企业发展机制主要通过企业文化（企业的价值观、信念、典型人物事迹）、企业发展目标等方式满足基层员工的尊重需要。在激励过程中，企业管理者要针对不同需求的员工选择不同的激励因素，并且要注重激励的艺术性。

实施薪酬福利外的其他激励不是一朝一夕就能完成的，即使完成了也还要不断地持续激励，因此这个激励模式实施要分步进行，管理者使用时间节点制订激励实施计划，按照计划持续稳定运行，并且根据基层员工及时反馈信息定期修改激励机制。

（三）建议实施保障措施

企业持续稳定的发展离不开科学的激励模式。激励模式建立后，还需要进一步采取内部和外部保障措施来确保激励机制运行顺利，使其发挥最佳的激励效果，目的是打造一支生产高效、团结稳定的基层员工队伍，实现企业的可持续发展。

1. 内部保障措施

"水不激而不跃，人不激而不奋。"如果良好的激励模式没有受到上至管理者、下至基层员工的重视、内部保障措施的支持，就会流于形式，不能起到提高员工积极性的效果。因此可以通过三项内部保障措施来督促和保证激励机制的顺利实施。

（1）建立企业制度体系，保障激励模式落实过程顺利

企业制度体系是管理者为了让企业正常运营发展而制定的各种办事规程或行动准则的一个有机整合体，它能够约束员工的行为。在国家深化改革的形势下，管理者越来越重视管理制度体系建设，加强管理制度体系建设是提高企业核心竞争力、保障激励模式顺利运行的有效途径。

制度保障。在实施激励措施时，应制定、实施与之相匹配的约束政策。激励措施没有顺利实施的主要原因是注重激励、忽视约束，导致激励施行者的权利无约束地扩张，这样不但会导致不同利益体之间的摩擦与冲突，而且容易造成宏观失控。在制定企业约束制度时，不是靠领导的政治觉悟和个人良心来实现的。要注意以下三点。

第一，对企业整体来说，要切实防范为了激励而使工资增长过多过快。如果基础工资无限制增长，会给企业管理带来很大的危机。因为分配不但关系到总需求和投资能力，而且还对企业管理产生影响。

第二，对经营者的奖励权限来说，必须由董事会制定约束制度，解决重点与重"讲"的问题。在现代企业制度下，由于总经理负责制，极易出现奖励措施随机由经营者脱口而出。董事会至少要对经营者决定一次性奖励和最高限额做出规定。

第三，对企业经营者的经济激励行为，重奖是必要的，但是要有合理的考核指标。

体系保障。建立良好的立体激励体系，不断加强激励的系统性。要体现出全覆盖、全过程和复合型激励。全覆盖激励是指从企业管理者到基层员工职工，从关键岗位到普通岗位，从管理层到执行层，全覆盖多层级地进行激励，形成一个完整、有效的激励体系。而

当激励机制落实到企业生产经营与生活的全过程时,形成全过程激励。复合型激励是指激励措施应该是丰富多样的,如典型人物事迹激励、强化激励、精神激励、考核激励等,形成一套复合多功能型的激励体系。

良好的激励体系是激励正效应发挥的重要条件。在激励运行过程中,要根据人的需要不同,有针对性地调整激励手段,同时实施物质激励和精神激励;要把握好激励的时效性,拓宽精神激励的内容,形式也应新颖多样。例如,培养后备干部、分配有吸引力的工作、搭建展示自我的平台、常与之交心谈心、提升标杆引领作用、落实基层建家工作等。只有建立激励体系,才能保障激励措施长期有效。

(2)营造和谐工作环境,保障激励模式发挥有效作用

社会心理学家认为,环境是形成和改变人们观点的重要因素。其中企业环境对员工的行为、观点和信念给予重大影响。员工对激励的思想认识和接受程度,很大程度上取决于企业和谐的激励环境。在和谐的激励氛围中,激励才能发挥作用,并且保证反馈信息不会失真。

企业和谐的激励环境,就是创造"以人为本"的激励感受环境,从"员工是企业主体"出发,想办法为员工成为企业的主角创造条件,形成"尊重人、理解人、关心人"的激励氛围,使员工有企业主人翁意识,尽到主人职责,进而将企业目标变成员工群众的共同目标,这样才能使员工感受到自己与企业是命运共同体,他们之间是相互依赖、互惠互利、共同发展的关系。企业在创造"以人为本"的激励感受环境过程中,打破传统意识形态中"人"的作用,加强员工思想政治教育,树立正确的世界观、人生观、价值观、道德观,帮助员工对获得利益的原则有一个正确认识,使员工奋发图强,形成与企业的风险共担、利益共享的利益共同体。

(3)增加企业民主参与、监督管理环节,保障激励模式越来越完善

企业激励模式是由管理者制定的,制定的制度难以避免倾向于管理层,因此需要增加员工民主参与、监督管理环节,定期修订完善激励模式,使其更好地适应企业现状。

职工代表大会监督。在我国现代企业制度下,企业职工代表大会要充分发挥其作用,企业管理人员至少一年一次向职工代表报告工作业绩,听取建议,完善政策;基层员工代表有权对管理者的行为进行适当制约,对制订或修订的制度提出修改意见和监督检查。与此同时,职代会要选择优秀的基层员工代表参与董事会和监事会,与管理者共同制订和修订管理制度。当基层员工提出的合理化建议被采纳后,企业应对该员工给予一定的奖励,鼓励大家为企业发展献计献策。通过此方式,企业的激励模式或激励机制不仅得到有效修订,使其更好地发挥激励作用,并且基层员工会因参与企业管理过程而倍感荣耀,自觉提高工作积极性。

工会监督。建立和健全有效的职工成长激励机制,应紧紧围绕企业基层员工的心理特征而进行。工会作为党联系职工群众的桥梁和纽带,不仅要发挥工会民主渠道作用,维护职工在激励模式中的合法权益,并且要定期进行职工对企业激励机制满意度的调查研究,

根据调研分析结果，督促企业管理者对激励制度进行修订，营造良好的激励氛围，建立起行之有效的激励体系。

针对石油开采企业基层员工激励的内部保障措施主要有三个方面。

第一，激励模式和保障措施创新推广，建立石油行业内部激励机制及保障措施共享平台。在企业内部开展各种激励理论、组织行为学的培训班，让基层员工了解激励的重要性，同时使管理者更准确地掌握员工心理，使管理者能够在合适的激励时机开展激励工作。另外，还要积极开展激励方法创新讨论，携手石油行业其他业务板块企业一起搭建一个适用于石油行业的共享激励平台，实现激励模式和保障措施共享。

第二，把激励基层员工这项工作作为企业管理者年度绩效考核的一项重要指标，督促管理者和基层员工共同重视激励的制定、执行、反馈工作。把员工的工作能力、工作状态以及对企业的贡献与员工本人和企业管理者的经济利益挂钩，形成利益共同体。使管理者建立以注重基层员工能力、绩效的价值观，从而使员工的行为目标与企业战略目标有机地相结合，使所有员工都积极向上，充分发挥个体价值，为企业营造不断竞争向上的氛围和活力。

第三，在石油开采企业内建立良好的竞争环境机制。企业建立公平、公正、公开的人事制度，建立广纳贤才、人尽其才、能上能下、充满活力的用人机制是非常重要的。管理者要解放用人思想，更新用人观念，打破工人和管理人员的身份界限。把思想政治好、个人素质高、业务能力强、潜质较好的基层员工聘任到管理岗位上，在企业内部营造出一种公平竞争的氛围，真正实现优秀人才脱颖而出、人尽其才的选任机制，同时有利于强化对管理人员的激励约束机制，形成企业和员工共同成长的良好局面。

2.外部保障措施

激励模式具有复杂多样性，它伴随时代、环境、市场等宏观形式的变化而不断改变，不同的行业、不同的岗位、不同的员工制定不同的激励机制和内部保障措施，但是激励的外部保障措施却大相径庭。

（1）法律法规对激励模式实施过程的保护

在激励模式建立的过程中，要时刻保障员工的合法权益，依法准时与员工签订劳动合同，定期足额支付员工薪酬，努力实现收入随着企业效益提高而合理增长。依法为员工办理养老、医疗等各类社会保险，实施生活福利制度，严格执行国家劳动工时和休假制度，重视职工健康，全面落实安全生产法律法规等制度。要加强社会协同，发挥国家机关、社会团体、企事业单位等各方面作用，依法保障基层员工权益，为激励模式的发展提供坚实的法律保障。

（2）法律法规是对企业和基层员工的约束，保障激励模式实施顺利

我国是一个法治国家，依法治国是我国的基本方针战略。法律法规也是企业制定任何制度或措施的底线。在激励模式实施过程中，需要有《劳动法》《劳动合同法》《环境保护法》《社会保险法》等法律法规支持，同时约束企业和基层员工的行为，引导职工在国

家和企业政策允许的范围内不能以牺牲政治原则和道德准则为条件,来获取激励带来的利益。

针对石油开采企业基层员工激励的外部保障措施除国家法律法规、各地区政府、政协委员会等机构保障外,企业管理者也要多学习、借鉴国内外其他企业的激励模式和保障措施,取长补短。企业管理者制定或完善现有的激励模式,多数是闭门造车,目标是用物质激励方式提高企业生产率、完成生产任务。如果是刚起步的企业,由于管理经验不多,激励有效实施过程会障碍重重,因此,企业管理者要走出去向别的企业学习管理经验,或者请国内外成熟的管理者或专家前来指导、传授管理技巧,取其精华去其糟粕,使管理者不断完善企业的激励机制,并在企业内部开展培训宣讲工作,向各层级的员工讲解、宣传有关事宜。保证激励模式在合适的时间和场景,充分发挥其有效性。

第四节 创新宣传工作方式

一、坚持党对石油企业思政工作领导

初级阶段社会主要矛盾的变化决定了石油企业在生产经营和利益分配过程中也要做出相应的变化和调整。

一方面,党要坚定有力地领导石油企业全体干部职工的思想。"两学一做"的学习教育工作必须常态化、制度化、持续化和规划化,要坚持"诚信、创新、业绩、和谐、安全"的石油企业经营管理理念,坚持"我为国家献石油"的石油企业核心价值观,真正把以习近平总书记为核心的党中央作为团结、引领全体干部职工的思想统一的根据,把职工的责任意识、奋斗意志等融入到企业发展的目标和规划之中。

另一方面,党对石油企业工作规划指导上要更加系统科学。在生产经营上不能再是一味地扩大生产,而是要在增加物质财富和精神财富的基础之上更加注重分配的公平,以协调分配的不平衡和不充分。作为国有企业的"老大哥"理应做好这个表率作用,在生产经营过程中不能只为了企业自身的利益和员工的福利,而是要以消费者的需求为导向,坚持为中国特色社会主义事业的发展服务和为人民对美好生活的需要服务的宗旨,从企业对社会责任和应做的贡献出发,即是说,党委党组织要充分发挥好"把方向、管大局、保落实"的作用。此外,还可以利用现代化网络平台进行具体的党政工作,比如像打造"海油e支部"微信企业号平台、组织开展"基层党组织党性教育"直播、"跟总书记一起宣誓"等活动,进一步增强党在石油企业内部的渗透力、吸引力和影响力。

总之,坚持党对思想政治教育工作的领导,能够使石油企业公司治理和生产经营的领导层、管理层和员工层端正工作态度,增强工作的责任心,提高产品的质量,更好地发挥企业在满足人民日益增长的美好生活需要方面的作用,进而保证企业思想工作和政治工作

的正确方向，取得预期的工作效果。因而，坚持党对石油企业思想宣传工作的绝对领导是石油企业思想宣传工作方法创新不走偏路、不走弯路、更不走回头路的重要保障。

二、注重新媒体在思政工作中的应用

结合新媒体新技术加强对石油企业思想宣传工作的指导，通俗地说就是坚持网上和网下相结合，其实质就是在石油企业思想宣传工作实践中既要在网络上开展思想宣传工作又要在现实中开展思想宣传工作的虚实结合。

网络中的交往方式和信息，已经持续深入地对企业员工的生活方式形成了影响，改变着他们的思想政治品德的发展。

利用新媒体技术指导石油企业思想政治现实工作有着其自身的特点。其一，在网络上企业职工主体特意"书写"的个人身份与他人对该身份的解读会产生微妙的关系。这种身份的隐匿性和随意性消除了职工内心消极和被支配的地位，可以根据自己的意愿选择符合自己的活动。其二，网络具有的多维立体空间，为石油企业思想宣传工作的开展提供了更多的空间，这些多维的空间成为职工表达想法的主要场所。所以，石油企业的思想宣传工作者要利用网络的共享、互动、平等、时效、参与的特性寻找适合石油企业网络思想宣传工作的方法，为企业进行有效的思想宣传工作服务。在网络时代下，要满足围绕石油企业思想宣传工作的要求，就必须积极通过网络媒体（中国石油微门户、中国石油微博等）不断诠释石油企业思想宣传工作新内容。这样一来可以供企业职工参考，选择自己所需要的信息重点关注，而不再是全员灌输。

一方面，要提高网络基地建设的力度，扩大网络工作的范围。石油企业在网络思想宣传工作中必须加强主流文化的引领，不断增强主流文化的权威性和向心力。现在石油企业逐渐建立起了一些专门的工作基地网站和论坛，主要承担着思想政治教育专题工作的任务，集中精力创办一些具有特色的网站，如"石油人""博研石油网""阳光石油论坛"等，通过多种形式、多种方法主动立足于贴近人们最现实的生活需要进行沟通和交往，让职工在网络中既做参与者也做思想引领者。另一方面，网络世界终归属于虚拟世界，当思想宣传工作者在网上浏览归纳出一些典型的和集中性的问题时，这些问题不能在网络上解决的时候而终是需要回到真实的现实生活中来解决，比如可以通过在现实中文艺演出活动、讲座、报告等形式进行深层次的解决。因此，在网络高速发展的时代，石油企业思想宣传工作方法的实施只有实现网上与网下相结合，虚实结合，才能增强感召力和渗透力。那么引导企业职工学会获取、运用、甄别信息知识来充实自身发展需要，同时在网络上时刻关注浏览企业职工平时的生活状况，当了解到职工生活中出现问题并影响了工作和学习时，及时地在网下解决和整治，使他们感受到企业的温暖，认识到生活和工作的真正意义，主动进行自我教育，做到自身的价值观和企业核心价值观的高度统一。

三、提高宣传工作深度

在企业宣传思想工作中，如何强化宣传工作的整体效应，继而确保宣传工作的实际效果，是企业宣传思想文化工作的重要内容。而提高宣传工作的整体深度，是提高宣传效应的有效方法。这种深度的提升在实际工作中包括以下几点。

（一）思想深度的提升

在宣传实践中，没有思想深度的宣传工作是缺乏生命力的。因此在宣传策划与实施中，宣传工作者应将思想意识深刻地融入宣传思想工作体系中，形成宣传工作思想内涵。如石油企业宣传思想工作中，行业荣誉感与奉献精神等传统的思想意识，都是提高宣传深度的重要思想内涵。

（二）准确把握宣传主题主线

在企业宣传思想工作进行中，宣传人员只有准确地把握宣传内容的主题主线，才能有效提高宣传工作的深度，进而确保宣传工作可以深入员工心灵，起到真正的宣传作用。这种对于主题主线的把握，需要宣传工作者理论基础与实际工作能力的有效结合。

（三）关注宣传受众的反馈

在宣传深度研究中我们发现，企业员工等受众群体对于宣传工作的反馈，对于提高宣传工作的深度起到不可忽视的作用。这种作用主要体现在以下两方面：一方面，受众的反馈对于提高后续宣传工作，以及其他主题宣传工作开展有着重要的指导性作用；另一方面，受众的反馈也是开展宣传深度研究的基础性数据，对企业相关研究可以起到数据支持作用。

四、新媒体与传统媒体融合

锐意创新工作载体。在企业宣传媒体研究中，媒体融合对宣传质量促进作用已经成了宣传工作的共识。因此，如何有效地融合宣传新媒体与传统媒体，是促进宣传质量的一种有效措施。这种媒体的融合措施主要包括以下两方面内容。

（一）传统媒体中的信息化发展

在当前企业宣传媒体发展，传统媒体的信息化发展是实现媒体融合的有效方法。传统媒体的信息化发展主要包括以下几种模式：首先是传统媒体信息化改造，如活动室信息化改造、多媒体建设等；其次是借助信息化技术对传统媒体发展提供支持，如报刊的电子化发展等；最后是传统媒体中信息化技术的应用，如利用网络技术提高传统媒体宣传内容的时效性等。

（二）新媒体技术的实践应用

在新媒体应用中，宣传工作者应将工作重点放在新媒体技术在宣传中的实践应用。如宣传者如何利用新媒体技术确保提高企业宣传质量与效率，哪种新媒体宣传技术更符合企业实践工作等。需要注意的是，无论是传统媒体还是新媒体技术，其融合应用的目的都是提高企业宣传思想工作质量。因此，媒体融入不应只注重技术性，而应以实践工作为基础开展研究。

五、结合企业文化建立长效机制

随着企业文化建设的不断开展,企业文化已经成为宣传思想工作的重要内容。因此宣传工作与企业文化建设的结合,是宣传工作者的重要工作内容。由于企业文化建设是一项具有延续性的长期性工作,企业宣传思想工作也应改变传统工作模式,建立长效的运行机制,这种基于企业文化建设的长效机制主要包括以下两方面内容。

(一)平台的长效建设

企业宣传思想工作的平台建设应与企业文化平台融合,形成一种独立的长效运行机制。如网络宣传平台应由专业技术人员、策划人员管理负责,进而形成长效运行机制。

(二)文化理念的长效机制

企业文化是一个企业的精神内核,也是企业自产生之初就存在的一种精神体现。因此,基于企业文化的宣传工作,应与企业文化契合形成长效的工作机制。随着新时期石油企业经济制度、经营模式以及企业文化体系的发展,其宣传思想工作现状也在不断变化。因此在实际的企业宣传思想工作中,我们针对工作现状中出现的问题,从宣传深度、媒体融合以及长效机制建设三个角度开展了对策研究,进而对企业宣传思想工作发展提供支持。

第五节 拓展宣传工作的渠道

加强主题宣传,就是以党和政府的重大战略思想和重要决策部署为主题,坚持正确的舆论导向,大力弘扬时代主旋律。作为企业的新闻宣传工作者,要紧紧围绕企业中心工作和重要部署,精心策划重大宣传活动,不断提高舆论引导能力,为企业科学发展营造良好的舆论氛围,为树立企业良好形象做出积极贡献。石油企业宣传工作的渠道可以通过以下几种方式拓宽。

一、社交媒体平台

随着社交媒体的兴起和普及,石油企业可以在微博、微信、LinkedIn、Facebook等社交媒体平台上开设官方账号,通过发布企业新闻、产品信息、社会责任等内容,与广大公众进行互动交流,以下是一些可能的应用方式。

(一)品牌推广

石油企业可以在社交媒体平台上发布品牌宣传信息,如企业历史、文化、产品特点等,以提升品牌知名度和美誉度。

(二)客户服务

石油企业可以在社交媒体平台上开设客户服务账号,为用户提供咨询、投诉、建议等服务，提高用户体验和满意度。

（三）活动宣传

石油企业可以通过社交媒体平台宣传各类活动，如产品展示、论坛讲座、社会公益活动等，吸引更多参与者。

（四）人才招聘

石油企业可以利用社交媒体平台发布招聘信息，吸引更多优秀人才加入企业。

（五）产业链宣传

石油企业可以利用社交媒体平台宣传企业在产业链中的角色和贡献，提高企业在产业链中的地位和影响力。

需要注意的是，社交媒体平台的应用需要考虑到平台特点和受众特征，制定相应的营销策略和内容规划。同时，企业需要建立健全的社交媒体管理机制，保障信息发布的真实性、准确性和合规性。

二、新媒体平台

随着社会科技的不断进步，新媒体平台在石油企业宣传活动中的应用越来越广泛。新媒体平台的特点是互动性强、传播速度快、信息量大、用户数量众多，是石油企业进行宣传推广、品牌传播的有力工具。石油企业可以通过在行业门户网站、新闻客户端、视频网站等新媒体平台上发布相关内容，吸引更多关注度。

首先，新媒体平台可以通过多种方式传播石油企业的品牌形象和产品信息，比如微博、微信公众号、抖音、快手等。这些平台有着广泛的用户群体，可以通过有趣的内容吸引用户的关注，增强品牌知名度。

其次，新媒体平台还具有社交互动性，可以方便地与用户进行沟通交流，及时了解用户的需求和反馈。通过这种方式，石油企业可以更加贴近用户，提升用户体验。

最后，新媒体平台也是石油企业开展品牌建设和公益活动的重要渠道。通过在新媒体平台发布相关活动信息，可以吸引更多用户参与和关注，提升企业的社会责任形象和品牌声誉。

需要注意的是，新媒体平台的应用需要结合石油企业的实际情况进行策略规划，对内容、形式、频率等进行合理安排，才能达到最佳的宣传效果。同时，也需要注意信息的真实性、合法性和道德性，避免不良信息的传播。

三、内部员工

石油企业可以通过内部通讯、企业文化建设等方式，增强内部员工对企业品牌的认同和推广。

首先，内部员工可以通过参与企业宣传活动来提高自身的认同感和责任感，进而增强其向外传播企业品牌形象的积极性。

其次，内部员工可以利用自身在社交圈内的影响力来扩大企业宣传的影响范围，帮助企业传递正面信息，同时也可以接受公众的反馈和意见，帮助企业及时了解外界的反应和需求。

最后，内部员工还可以通过内部传播渠道，例如，企业内部网站、内部报刊、内部邮件等，将企业宣传信息传递给更多的员工，提高员工对企业文化和品牌形象的认知和理解。

因此，石油企业在开展宣传活动时，应该注重内部员工的参与和培训，激发员工的宣传热情和创新意识，将员工作为企业宣传活动的重要推手之一。

四、外部媒体

通过与各类媒体建立长期合作关系，及时有效地传达企业的声音和形象，提高企业的公众认知度和美誉度。石油企业可以通过以下方式利用外部媒体进行宣传活动。

发布新闻稿件：石油企业可以通过向媒体发布新闻稿件的方式，将企业的最新动态、成果和发展情况传递给公众。

参与专访节目：石油企业可以邀请媒体进行采访，介绍企业的发展历程、技术创新和未来规划，增强公众对企业的认知和理解。

广告投放：石油企业可以通过在电视、报纸、杂志等媒体上进行广告投放，提高企业的知名度和品牌形象。

赞助活动：石油企业可以通过赞助体育赛事、文化活动等公益性活动，达到宣传企业形象的目的。

利用社交媒体：石油企业可以通过社交媒体平台，如微博、微信等，与公众进行互动交流，发布企业动态、产品信息和宣传活动，增强公众对企业的信任和认同感。

总之，石油企业可以利用多种外部媒体渠道，将企业的品牌形象和理念传递给更广泛的受众，提高企业的知名度和公众信任度。

五、行业会议和展览

通过参加国内外的行业会议和展览，展示企业形象和新技术，扩大企业的影响力。行业会议和展览是石油企业宣传活动中非常重要的一部分，可以通过这些活动展示企业的最新技术、产品和服务，增加企业在行业内的知名度和影响力。

在行业会议中，石油企业可以通过演讲、报告和展示展台等形式向行业内的专业人士和其他企业宣传自己的技术、产品和服务以及企业的发展方向和愿景等。此外，企业还可以利用会议期间与其他企业和专业人士进行交流和合作，建立起更为紧密的行业内联系。

在行业展览中，石油企业可以展示最新的产品和服务，并吸引更多的潜在客户和合作伙伴。展览也提供了一个交流平台，企业可以与行业内其他企业和专业人士进行面对面的交流和合作，了解最新的技术和趋势，推广自己的品牌形象和企业文化。

总之，行业会议和展览是石油企业宣传活动中不可或缺的一部分，通过这些活动可以将企业的品牌和形象传播到更广泛的行业内和社会公众中。

六、构建"全媒体，国际化"传播体系

（一）石油新闻宣传转型升级的必要性

1. 传媒形态的变化与多元化的舆论场

互联网改变了新闻传播的形态，特别是移动互联终端的普及率及微博、微信等新的传媒形态发展，使新闻的发布、传播与获取变得更加快捷迅速。主流媒体自上而下发布权威信息的传播模式开始变得日趋多元多样。互联网技术和手机等移动终端模糊了新闻与信息的界限，也降低了发布的门槛。人人都是发布者、传播者的现实改变了传统新闻宣传和舆论引导格局，舆论场由单一分化为多元。对此，业内人士认为，不同舆论场的重合度越高，新闻舆论的引导力越强，否则相反。如何提高主流舆论场与其他各种舆论场的契合度，是石油新闻宣传转型升级需要解决的难题之一。

2. 行业语系与社会语系

传播学理论认为，传播的效果是由接收方完成的。讲政治、讲党性、讲导向，注重权威性、公信力的行业报主流媒体语系与大众化、碎片化、娱乐化的社会语系存在着明显的不同。一方面，石油新闻宣传语系具有很强的行业色彩，如专业的技术名词、鲜明的企业文化特征及本行业长期以来形成的思维方式、表达方式；另一方面，通俗化、可视化、浅阅读的社会公众阅读趋势，使行业语系的表达面临着有话说不出、有理道不明的尴尬境地。如何融汇不同语系，在石油与社会之间架起沟通的桥梁，是石油新闻宣传转型升级需要解决的难题之二。

3. 行业传播力与社会影响力

任何信息或新闻的传播，其传播力都必然受到传播范围的限制。传统意义上行业主流媒体更多地承担着对内统一思想、凝心聚力、引领发展的功能，对外树立品牌形象、提升企业知名度、美誉度的能力较弱。行业新闻传播的局限与社会认知的不对称，加剧了外界对国企的曲解误读。如何兼顾内宣外联，充分发挥行业媒体与社会媒体之间交流沟通的优势，扩大行业新闻的社会传播力和影响力，是石油新闻宣传转型升级需要解决的难题之三。

4. 传播对象阅读习惯的变化

受众是新闻传播的对象。狭义上的石油新闻受众主要是企业内部各级领导干部和员工，也包括油田矿区社区居民；广义上的受众是各利益相关方，包括政府机关、国内外合作方、企业周边居民、消费群体等。随着互联网技术的发展和电子阅读习惯的养成，越来越多的石油新闻受众从主要依靠纸媒获取新闻到纸媒、新媒体多选，如何借助新媒体的表现方式，使行业新闻阅读更加通俗、简便、快捷，是石油新闻宣传转型升级需要解决的难题之四。

（二）"主流、全媒体、国际化"转型升级战略内涵

1. 主流

主流是媒体的性质和功能。就是以服务集团公司中心工作和形象建设为中心，坚持正确舆论导向和政治方向，坚持正面宣传为主方针，做强做优主报和新闻中心网站，做专做精子报子刊，巩固加强中国石油新闻舆论主阵地，增强新闻传播力和舆论引导力，建设行业一流、国内领先的全媒体矩阵，唱响"我为祖国献石油"主旋律，传递发展"正能量"，为集团公司改革发展营造良好环境。

坚持主流媒体的定位，才能守住石油新闻的根脉。中国石油报系目前已经形成"四报十五刊两网"全媒体格局，年均发稿6000多万字。四报期发行量90万份，其中《中国石油报》期发行量16万份，覆盖集团公司所属企业班组；《金秋周刊》进入55万离退休职工家庭，是唯一列入中组部全国老干部工作报刊序列的行业报。石油新闻中心网站、数字传媒日点击量均居行业新闻网站前列。

新华社"舆论引导有效性和影响力研究"课题组提出，判断主流媒体有六条标准，其中居于前三的分别是：一是，具有党、政府和人民喉舌的功能，具有一般新闻媒体难以相比的权威地位和特殊影响；二是，体现并传播主流意识形态与主流价值观，具有较强影响力；三是，具有较强公信力，报道和评论被大多数人群广泛关注并引以为思想和行动的依据。

上述标准对于认识石油新闻媒体的主流媒体作用和地位有着很强的借鉴意义。在中国石油所属企业中，中国石油报系新闻产品的覆盖面、权威性和影响力都符合主流媒体的定义。

2. 全媒体

全媒体是对纸媒、网络、移动互联终端等多种传媒方式的集成。相对于纸媒及电子版和PC端固定阅读方式来说，全媒体的表现方式更加多样，包括纸媒报刊及电子版阅读，也包括以微信、微博和移动客户端为主的"两微一端"。全媒体转型升级，就是要融合不同传播方式的优势，满足读者群体的不同阅读需求。具体实施就是以数字化为手段，以石油新闻产品生产线和全媒体传播链为"两翼"，整合资源、优化结构、重组流程，打造融合报刊、网站、视频、手机报、微博、微信和数字传媒移动终端等为一体的石油新闻信息传播体系。

3. 国际化

国际化是对石油新闻采集和传播范围的延伸。无论是世界经济的全球化、一体化，还是石油行业的跨域、跨界、跨国发展，都需要石油新闻采集和传播向跨域、跨界、跨国的方向延伸。国际化的理念需要国际化的思维、国际化的知识、国际化的采编网络来保证。需要新闻人具备对国际行业发展态势、地缘政治等多方面的素质和能力；在传播范围的覆盖方面也要具有跨域传播、国际传播的能力。具体实施就是新闻传播理念、新闻采编要紧随集团公司建设世界一流水平综合性国际能源公司的发展战略，立足国内、面向世界，把

石油新闻的舞台拓展到海外五大合作区、三大运营中心，在亚太地区乃至全球范围内展示中国石油的业绩实力，树立中国石油的品牌形象。

"主流、全媒体、国际化"是有机统一的整体。"主流"是传媒的属性定位，"全媒体"是新闻转型升级的方向定位，"国际化"是新闻视野和传播的范围定位。

（三）"主流、全媒体、国际化"战略架构

1. 管理架构

报社专门设立媒体融合领导小组和新媒体编委会，加强顶层设计和做好媒体融合发展的协调管理。在巩固纸媒新闻采编力量的同时，加大对新媒体采编力量的资源整合，充实有新闻实践功底、懂网络语言表达的"全媒型"采编骨干。以话题设置为导向，组成若干项目组，灵活高效地适应新媒体的业态运行。

2. 网络架构

报社采编部门打破传统按版面设置的格局，采取大部室格局重新配置人力资源。原新闻采访中心与网络新闻部合并，增强新闻采访和产品制作的协同效应；以设在全国各企事业单位的69个记者站为国内行业新闻主要采集点，保持行业新闻采集的时效和深度广度；以中石油海外项目为依托，设立伊拉克、哈萨克斯坦、委内瑞拉、坦桑尼亚、缅甸、中东等海外记者站，形成国际化石油新闻采集和传播网络。

3. 形态架构

以中国石油报和"两微一端"（微博、微信和"油立方"APP客户端）为主要载体，以手机报、手机网、石油新闻中心网站等为重要延伸，扶持有发展潜力和影响力的自媒体为补充，构建"一次采访、多种生成、资源共享、中心集散、多元传播"的全媒体立体传播"中央厨房"。

4. 队伍架构

在中文、新闻、石油专业新闻采编人员基础上，招收英语、俄语、法语专业大学毕业生，消除跨国采访的语言障碍和及时了解国外有关石油及能源新闻；定期组织报社总部和国内记者站进行轮岗交流、跨域采访，加强与社会各阶层、国内外利益相关方的互动交流，培养采编人员石油新闻的社会视角、国际视野；举办海外业务和国际市场知识培训班，一线采编人员分期轮训；与石油经济技术研究院等研究机构进行战略合作，形成专家资源网和外脑智库。

（四）对石油新闻宣传转型升级的思考

1. 转型方向

与舆论导向媒体融合、转型升级是石油新闻主动适应传媒发展趋势的形态再造和流程再造，目的是为了更好地增强影响力、扩大传播力。转型升级是为了更好地发挥石油新闻主阵地的作用，而不是变成社会类、都市类，甚至社交娱乐类媒体。党中央、国务院《关于深化国有企业改革的指导意见》指出，国有企业是推进国家现代化、保障人民共同利益

的重要力量,是我们党和国家事业发展的重要物质基础和政治基础。作为党组声音与行业新闻传播的主渠道,石油新闻无论怎样转型升级,都必须把党性原则和舆论导向放在第一位,在大是大非面前旗帜鲜明,自觉与党中央和集团公司党组保持高度一致。同时,遵循新闻传播规律,在方式方法上不断推陈出新。

2. 深耕行业

与走出石油置身于经济一体化、全球化的大背景下,石油行业的封闭状态和信息孤岛现象早已被打破。石油新闻要在深耕行业的同时,打破传统的内宣格局,学会站在国家战略的高度,以社会公众的视角,用传播对象更易于接受的表达方式,多维度思考问题、解读石油。把行业语言"翻译"成大众语言,把行业的关注重点与社会公众的关注热点有机结合,才能更好地发挥对内凝心聚力和对外增信释疑的作用。凝心聚力来自于对党组声音的准确理解、有效传播,来自于对各企业先进经验和典型的有效传播;增信释疑来自于石油新闻传递的内容和角度是否体现了各利益相关方的诉求,也来自对行业新闻解读的客观性、通俗化。

3. 优势互补

协同发力在媒体的融合发展过程中,需要协调处理好传统媒体和新媒体的关系,两者既不是简单叠加,也不是绝对的对立替代。综合考虑传统媒体和新媒体的传播特点、读者习惯,优势互补、协同发力,才能取得最佳效果。具体来说,就是要在巩固和加强中国石油报系已有纸媒的新闻舆论主阵地的同时,协调有序地分层次开发报纸电子版 PC 端阅读、手机移动终端阅读等。

4. 表现形式

传播内容全媒体不仅仅是表现形式的多样化,更重要的是传播内容的质量。当读者在海量信息的新媒体阅读中逐渐回归理性之后,必将对传播内容的思想性、权威性、公信力提出更高的要求。对于石油新闻来说,无论是纸媒还是新媒体,离开了石油和新闻这两个核心元素,就失去了自身的特点和存在的必要。因此,要坚持"内容为王"的理念,把内容建设放在第一位,在坚持正确舆论导向的前提下,更加注重原创作品及真实性、思想性、可读性等新闻品质要素。

"主流、全媒体、国际化"转型升级探索与实践,在业界内外引起了广泛关注和好评,石油新闻的传播力、影响力得到了较大提升。全国新闻传播核心期刊专家评审组对中国石油报"一带一路·能源之路万里行"全媒体新闻行动给出的评价是:"以强烈的时代担当,积极参与社会进程。将能源变革的宏大主题与民生话题优雅交融,以其鲜明的主题,深刻的思想,浓烈的油味,见证石油,记录巨变,书写成功,是一组接地气、舆论导向好的报道。"

参考文献

[1] 吴汉圣. 强化政治担当 提高政治能力 扎实做好新时代机关意识形态工作[J]. 时事报告（党委中心组学习），2019（6）：3.

[2] 位铁强. 加强宣传思想和意识形态工作的战略性思考[J]. 河北水利，2020（5）：1.

[3] 孙婧，李锦华. 上市企业形象宣传策略探析[J]. 传媒论坛，2020（12）：156-157.

[4] 徐山. 加强船舶企业内部宣传工作的实践与思考[J]. 船舶物资与市场，2020（5）：73-74.

[5] 白璐. 浅析如何加强企业安全保卫思想政治工作[J]. 才智，2020（15）：232-233.

[6] 李雷，李芝琦. 关于做好国企宣传工作的思考[J]. 铁路采购与物流，2020（5）：2.

[7] 李昌芳. 企业政工宣传工作存在的问题与创新策略浅述[J]. 农家参谋，2020（11）：196.

[8] 王凯. 基于新闻传播优势的企业宣传工作探讨[J]. 现代商贸工业，2020（3）：45-46.

[9] 张勇. 新媒体环境下如何做好油田企业新闻宣传工作[J]. 科技传播，2018（6）：36-38.

[10] 乔鹏飞. 加强国有企业新闻宣传工作的措施分析[J]. 企业改革与管理，2018（2）：10-11.

[11] 杨宇，于宏源，鲁刚，等. 世界能源百年变局与国家能源安全[J]. 自然资源学报，2020，35（11）：2803-2820.

[12] 谢祖墀. 战略的第三条路——连续跳跃理论[J]. 清华管理评论，2017（Z1）：28-34.

[13] 谢祖墀. 企业发展战略的第三条路[J]. 现代商业银行，2017（5）：86-88.

[14] 何华月. 基于关键指标的波特五力模型分析[J]. 会计师，2015（3）：19.

[15] 蓝海林. 企业战略管理：承诺、决策和行动[J]. 管理学报，2015（5）:20-23.

[16] 靳光辉，刘志远，花贵如. 政策不确定性、投资者情绪与企业投资——基于战略性新兴产业的实证研究[J]. 中央财经大学学报，2016（5）：60-69.

[17] 陈刚，何敏，郝瑾. 我国中小型企业发展战略研究[J]. 中小企业管理与科技（上旬刊），2018（9）：1-4.

[18] 卢启程，梁琳琳，贾非. 战略学习如何影响组织创新——基于动态能力的视角[J]. 管理世界，2018，34（9）：109-129.

[19] 罗卫华. 企业文化对企业战略发展作用探讨[J]. 当代经济，2018（18）：68-69.

[20] 赵刚. 从企业管理主题变迁透析战略管理理论的新发展[J]. 现代营销，2018（10）：5-6.

[21] 陈劲，曲冠楠，王璐瑶. 基于系统整合观的战略管理新框架[J]. 经济管理，2019，41（7）：

5-19.

[22] 李琪，张海鹰，张源显.试论企业战略管理的创新[J].管理观察，2019（24）：27-28.

[23] 张晓鹏.企业发展战略转型与路径选择[J].现代经济信息，2019（18）：116.

[24] 曾涛，刘茂仓.斯伦贝谢在行业低迷期的发展战略[J].国际石油经济，2018，26（9）：16-25.

[25] 曾涛.新贝克休斯数字化与纵向一体化发展战略研究[J].国际石油经济，2017，25（9）：7-13.

[26] 王天娇，施晓康，夏凉.国际油服公司发展面临严峻挑战[J].中国石化，2019（4）：73-77.

[27] 马郑玮，赵君，张艳，等.细数国内油服短板[J].中国石油石化，2019（11）：40-41.

[28] 赵成.企业战略管理现状阐述与探究[J].中国集体经济，2018（1）：44-45.

[29] 余岭，夏初阳，熊靓，等.2019年国际大石油公司经营业绩与战略动向[J].国际石油经济，2020，28（4）：75-81.

[30] 柯晓明.后疫情时代世界石油市场变化趋势研判[J].国际石油经济，2020，28（5）：27-34.

[31] 刘朝全，石卫，罗继雨."欧佩克+"限产行动力及其市场影响研究[J].国际石油经济，2020，28（5）：20-26.

[32] 高烽娜."红船精神"的时代价值及其弘扬路径研究[D].青岛：青岛大学，2020.

[33] 潘丽丝.井冈山精神研究[D].郑州：华北水利水电大学，2020.

[34] 代舒禹.论中国革命道德的生成发展与时代意蕴[D].沈阳：沈阳工业大学，2020.

[35] 白梓煜.苏区精神及其时代价值研究[D].长春：长春理工大学，2019.

[36] 吴莹.中华民族英雄精神的当代价值研究[D].兰州：西北师范大学，2019.

[37] 张晓慧.西柏坡精神研究[D].保定：河北大学，2019.

[38] 段渝佳.中华民族伟大复兴视域下革命文化传承与创新研究[D].南昌：江西理工大学，2020.

[39] 宋喜阳.井冈山革命文化的历史维度与当代价值[D].南昌：南昌大学，2020.

[40] 曹丛丛.革命文化及其时代价值[D].郑州：河南财经政法大学，2019.

[41] 程鹏.中国共产党革命文化的传承研究[D].沈阳：沈阳航空航天大学，2019.

[42] 余秋里.余秋里的回忆录（下册）[M].北京：人民出版社，2011：523.

[43] 邵春保.弄清十个基本问题　保持清醒政治头脑[J].学理论，1997（2）：4-5.

[44] 坚持党对国有企业的领导不动摇[N].人民日报，2016-10-12（1）.

[45] 王志刚.对弘扬石油精神的几点思考[J].石油政工研究，2017（4）：14-16.